KB274216

알타이언어 현지 조사 질문지

알타이언어 현지 조사 질문지

Linguistic Questionnaire for Investigation of Altaic Languages

Thaehaksa

알타이언어 현지 조사 질문지

최문정 신용권 손남호 김윤신 김건숙

김주원 고동호 송재목 권재일

태학사

이 저서는 2006년 정부재원(교육인적자원부 학술 연구 조성 사업비)으로 한국 학술진흥재단의 지원을 받아 연구되었음(KRF-2006-322-A00054)

알타이언어 현지 조사 질문지

1판 제1쇄 발행 2011년 6월 23일
1판 제1쇄 인쇄 2011년 6월 30일

지은이 최문정 신용권 손남호 김윤신 김건숙
　　　　 김주원 고동호 송재목 권재일
펴낸이 지현구 **펴낸곳** 태학사 **등록** 제406-2006-00008호
주소 경기도 파주시 교하읍 문발리 파주출판도시 498-8
전화 마케팅부 (031) 955-7580~2 편집부 (031) 955-7584~90 **전송** (031) 955-0910
홈페이지 www.thaehaksa.com **전자우편** thaehak4@chol.com

ⓒ 한국알타이학회, 2011
값은 뒤 표지에 있습니다.

ISBN 978-89-5966-443-6 93790

머리말

알타이언어 현지 조사를 위한 『언어 조사 질문지』(이하『질문지』)는 한국알타이학회가 서울대학교 인문학연구원을 통해 한국연구재단(구 한국학술진흥재단)의 지원을 받아 연구 과제를 수행하는 과정에서 제자된 것이다. 본 연구팀은 중국과 러시아, 몽골 지역의 절멸 위기 알타이언어에 대한 현지 조사를 바탕으로 음성·영상자료를 수집하고 그 결과물로 디지털 아카이브를 구축하였다.

알타이언어 간의 계통 연구나 친족 관계 규명에 사용될 기초 자료 수집을 목적으로 한 알타이언어 조사뿐만 아니라 개별 언어의 방언 조사 등과 같이 언어 사용 지역을 직접 찾아가서 현지 조사를 통해 언어 자료를 수집하기 위해서는 잘 준비된 질문지가 필수적이다. 더욱이 제한된 시간 내에 가능한 한 많은 자료를 효율적으로 수집하기 위해서 체계적인 질문지의 작성이 중요하다는 것은 두말할 나위가 없을 것이다.

본 연구팀은 현지 조사를 준비하는 과정에서 먼저 알타이언어의 특성과 언어 사용 지역 현지의 사정을 고려한 질문지를 작성하는 것을 일차적인 과제로 삼았고, 초판 발행 이후 현지 조사의 경험을 토대로 여러 차례 수정을 거쳐 현재의 질문지를 완성하였다. 그 과정에서 여러 가지 어려움과 문제점이 나타났는데, 특히 중국어, 러시아어와 같은 매개언어를 통해 조사할 수밖에 없는 알타이언어 현지 조사의 특성과 관련한 구체적인 문제점들이 대두되었다. 각각의 문제점은 현지 조사 경험과 알타이언어의 특성, 언어 사용 지역의 특수성 등을 고려하여 해결하였다.

이 책은 I부와 II부로 이루어져 있다. I부는 언어 조사 질문지 전반에 대한 내용과 세계 여러 나라에서 만들어진 질문지를 살펴보는 개요의 성격을 띤다. II부에서는 구체적인 사례로 알타이언어 현지 조사를 위한 질문지를 고찰하였다. 『질문지』의 작성 원칙과 구성, 내용을 비롯하여 질문지 작성 과정의 문제, 적용상의 문제와 매개언어와 관련한 문제 등 사례에 나타난 문제점을 서술하고, 각각의 경우에서 현지 조사 경험을 토대로 알타이언어의 특성과 현지의 상황을 고려하여 취했던 해결책을 소개하였다. 또한 부록으로 중국지역용 질문지와 러시아 지역용 질문지 전체를 실어 이후 이 분야의 국내외 연구자가 현지 언어 조사를 준비하는 과정에서 참고하고 활용할 수 있도록 하였다.

이 책은 언어 조사 질문지에 대한 단순한 연구서가 아니다. 이 책에는 절멸 위기 언어에 대한 깊은 관심과 인류의 언어다양성 보존에 대한 사명감에서 출발하여 중국과 러시아, 몽골의 각 지역에서 발로 뛰며 현지 조사를 수행한 생생한 경험이 녹아있다. 모쪼록 여러 차례 수정을 통해 가다듬은 질문지와 책에 담긴 모든 내용이 이 분야의 연구자에게 유용하게 활용되기를 기대한다.

II. 언어 조사 질문지 사례: 알타이언어 현지 조사를 위한 질문지

부 록

Ⅰ. 언어 조사 질문지 개요

I. 언어 조사 질문지 개요

1. 질문지 작성의 목적과 일반적 고려 사항

1.1 질문지 자성이 목저

언어 조사는 언어 자료를 직접 새롭게 수집하는 과정이다. 각 지역에서 현재 사용하고 있는 언어를 연구하기 위해서는 그 언어에 대한 조사가 필수적이기 때문에 언어 조사는 현지 언어 연구의 출발점이라고 할 수 있다. 따라서 언어 조사가 제대로 수행되지 않으면 해당 언어에 대한 연구가 올바른 방향으로 행해지기 어렵다.

언어 조사를 수행하기 위해서는 먼저 무엇을 어떻게 조사해야 할지를 결정해야 하는데, 조사해야 할 사항들을 모아 작성해 놓은 것이 질문지이다.[1] 따라서 실제적인 조사가 이루어지기 이전의 단계에서 조사의 목적에 부합하고 체계적으로 구성된 질문지를 작성하는 것은 언어 조사의 성패를 좌우하는 가장 중요한 과정 중의 하나이다.

언어 조사에서 질문지는 다음과 같은 이유 때문에 필요하다.

첫째, 한정된 시간에 이루어지는 언어 조사를 효율적이고 체계적으로 수행하기 위해서 필요하다. 조사할 항목과 내용을 미리 정하지 않는다면 언어 조사 과정에서 필요한 항목을 적절하게 조사하기 어렵다. 따라서 언어 조사에 사용할 질문지는 조사의 목적, 조사 지점의

---

[1] 언어에 대한 조사는 크게 나누면 지리적인 측면의 언어 조사와 사회적인 측면의 언어 조사가 있다. 이러한 두 측면의 언어 조사를 위한 질문지는 서로 성격과 구성을 달리할 수밖에 없는데, 이 책에서는 지리적인 측면의 언어 조사를 위한 질문지를 논의하는 것이 주된 목적이기 때문에 사회적인 측면의 언어 조사를 위한 질문지에 대해서는 논의하지 않는다. 또한 방언 조사 질문지와 개별 언어 조사 질문지에는 성격상 차이가 있으나, 개별 언어의 조사를 위한 질문지의 사례는 많이 찾아볼 수 없기 때문에 본서에서는 방언 조사 질문지도 참고 대상으로 삼았음을 밝힌다.

범위, 조사 기간, 조사 항목의 수와 선정 기준, 조사 항목의 구성 및 배열, 조사 항목에 대한 질문법 등에 대한 면밀한 고려를 통하여 작성해야 한다.

둘째, 여러 지역에서 행해지는 언어 조사에서 균질적인 언어 자료를 수집하기 위하여 필요하다. 한 지역에서 한 자료제공인을 대상으로 특정 언어 현상에 대하여 언어 조사를 하는 경우도 있으나, 다양한 지역에서 다양한 자료제공인을 대상으로 다양한 언어 현상에 대하여 언어 조사를 하는 것이 더 일반적이다. 또한 한 지역에서 한 명의 자료제공인을 대상으로 행해진 언어 조사라고 할지라도 각 언어의 특징이나 상관관계를 고찰할 목적으로 다른 언어 조사의 결과와 비교를 하기 위해서는 균질적인 언어 자료를 수집하기 위한 수단이 필요하다. 특히 언어 간의 친족 관계 규명을 위한 역사비교언어학적 연구와 언어 간의 체계적인 공통점과 차이점에 기초한 언어유형론적 연구를 위한 언어 조사라면 균질적인 언어 자료를 수집하는 것은 필수적이다.

질문지는 이처럼 효율적이고 체계적으로 균질적인 언어 자료를 수집하기 위한 가장 중요한 수단이며 언어 조사 과정에서 질문지를 작성하는 목적도 여기에 있는 것이다. 질문지의 조사 항목은 특정한 언어 현상을 전문적으로 조사할 목적으로 구성되는 경우도 있지만, 완결된 체계를 가진 일정한 분량의 질문지라면 그 최종 목적은 언어 자료를 효과적으로 수집하여 언어 자료집이나 언어 지도를 작성하거나 데이터베이스나 아카이브를 구축하기 위한 것이 일반적이다.

1.2 질문지 작성 과정의 일반적 고려 사항

언어 조사를 위한 질문지는 형식적인 측면에서 보면 조사할 항목만을 간략하게 제시해 놓은 약식 질문지와 조사 항목과 질문문이 일일이 제시된 격식 질문지로 나눌 수 있다. 알타이언어의 현지 조사에서는 매개언어(meta language)를 사용하는 조사자가 질문지의 항목에 대하여 현장의 상황에 알맞게 질문하는 방식으로 진행되기 때문에 『질문지』는 약식 질문지의 형식으로 되어 있으나, 본 절에서는 격식 질문지를 기준으로 질문지를 작성할 때에 일반적으로 고려해야 할 몇 가지 사항에 대하여 살펴보도록 한다.

1.2.1 자료제공인 정보

언어 조사에 앞서 적합한 자료제공인을 선정하는 것은 매우 중요하다. 따라서 질문지에도 이와 관련된 항목이 제시되어야 한다. 『질문지』에는 앞 부분에 조사 지점 등 조사와 관련된 기본적인 내용과 함께 자료제공인 정보를 수집할 수 있도록 자료제공인 정보란을 제시하고 있다. 먼저 조사 일시, 조사 지점,[■] 조사 장소, 조사자 및 발음 협조자 등을 적는 항목이 있다. 또한 자료제공인 정보에 대한 소항목으로 성명, 연령, 성별, 민족명, 가족 사항, 거주 경력(출생지 포함) 및 언어 특징, 언어 사용 상황, 조사 지역의 특징 등을 제시하고 있다.

언어 조사를 준비하는 과정에서 자료제공인을 선정할 때 일반적으로 고려해야 할 사항은 다음과 같다.

① 조사 대상 언어의 전형적인 언어형을 제공해 줄 수 있는 사람이어야 한다. 아울러 질문 내용을 빨리 이해하고 정확한 응답을 함과 동시에 그와 관련된 다른 사실까지도 예시할 수 있을 정도로 언어에 대한 감각이 뛰어나고 말하기를 좋아하면 자료제공인으로는 적합한 자격을 갖추었다고 볼 수 있다(崔明玉 2001: 25).

② 그 지역에서 3대 이상 살아온 토박이를 원칙으로 하며, 이것이 어려울 경우 최소한 부모가 모두 그 지역에서 태어나고 성장했어야 한다. 부모 중에서는 특히 어머니의 영향이 크다.

③ 교육 정도 및 나이의 측면에서 보면 나이가 많고 교육 수준이 낮은 경우에는 직접 조사에 적합하고, 나이가 젊고 교육 수준이 높은 경우에는 우편 등의 방법으로 자료를 모으는 간접 조사에 적합하다. 일반적으로는 교육을 많이 받아서 공용어나 표준어의 영향을 크게 받은 사람이나 청장년층의 젊은 자료제공인은 피하는 것을 원칙으로 삼아 왔다. 언어사 연구가 주요한 목적이

■ 언어 조사 과정에서 조사 지점을 선정하는 데 李翊燮(1984b), 이승재(2004) 등 기존의 연구에서 고려한 사항은 일반적으로 다음과 같다. 첫째, 이상적인 수는 지역 간의 언어 분화를 상세히 보여 줄 만큼 많아야 한다. 광역 조사인 경우 우리나라에서는 조사 지점을 일반적으로 군 단위로 잡으나, 지리적 또는 역사적인 요인으로 분화가 일어날 가능성이 있는 곳이나 전이 지대에서는 여러 곳을 조사 지점으로 선정할 필요도 있다. 둘째, 조사 지점의 선정은 지리적(지리적 장애물), 역사적(행정구역), 사회적 배경(민속, 가옥 구조)을 고려해야 하고 효율적인 조사를 위하여 이러한 사항을 점검할 수 있는 예비 조사가 필요하다. 셋째, 핵방언권은 같은 방언이나 언어를 사용하고 있다고 의식하고 있는 지역으로 조사 지점의 선정에서 중요하다.

어서 고형을 찾아야 하는 경우에는 그 지역 토박이 노인을 대상으로 하는 것이 좋으나 직접 조사의 경우에도 반드시 나이가 60세 이상이어야 하는 것은 아니다. 특히 기초 조사에서 해당 지역 언어의 곡용형과 활용형을 조사하는 경우에는 3대 이상 그 지역에 거주해 온 고등학교 졸업 이상의 학력을 가진 40세 이상 중장년층 자료제공인을 대상으로 하는 것이 바람직한 경우도 있다(정승철 2006: 82).

④ 신체 조건에서는 치아가 정상적인 상태인가의 여부가 중요하고, 조사 과정에서 문제가 생길 수 있기 때문에 청력에도 문제가 없는 것이 좋다.

⑤ 성별 면에서는 여성이 보다 순수한 언어형을 지니고 있는 경우가 많으나, 일반적으로 성별은 자료제공인을 선정하는 중요한 기준이 아니다.

⑥ 외지 생활 및 공직 생활로 장기간 외지에 나간 경험이 없어야 한다.∎

⑦ 자료제공인의 수를 어떻게 정해야 하는가의 문제에 대해서는 자료의 동질성을 유지하기 위하여 한 조사 지점에 한 명의 자료제공인을 대상으로 조사하는 것이 좋다는 의견과 여러 조건이 동일한 사람이라면 다수의 자료제공인을 조사한다고 해서 자료의 동질성이 훼손되지 않는다는 주장이 있다. 다수의 자료제공인을 조사할 경우 시간적인 면에서 효율적이며 조사 항목이 아주 많은 경우에 상호 보완적인 측면이 있기 때문에 유용한 경우도 있어서 조사의 목적과 규모에 따라 자료제공인의 수는 조정할 수 있다.

1.2.2 조사 항목의 수

언어 조사를 위해서는 조사 항목의 수와 내용을 미리 정해야 한다. 조사 항목의 수는 조사의 목적, 범위와 함께 조사에 소요되는 시간과 경비 등 조사와 관련된 제반 상황을 종합적으로 고려하여 결정해야 한다. 초기의 언어 조사 질문지 제작에 모델이 된 프랑스 언어 지도(ALF)에서 1,920개의 조사 항목이 제시된 이후, 세계의 여러 나라에서 나온 질문지는 대체적으로 1,000~2,000개의 조사 항목을 제시하고 있다. 이는 주로 전국 규모의 언어 조사에 일반적으로 채택되는 조사 항목의 수인데, 보다 세밀한 조사가 필요한 경우에는 4,000~7,500개의

∎ 이 항목과 관련된 자료제공인의 조건에 대해서는 이승재(2004: 53, 58) 참고.

항목으로 된 질문지가 사용된 경우도 있었다. 한국정신문화연구원에서 편찬한『韓國方言調査質問紙』(1980)에는 총 1,782개의 항목이 제시되어 있고, 일본 동경외국어대학 아시아·아프리카 언어문화연구소에서 개정하여 간행한『アジア·アフリカ言語調査票 下』(1979)는 2,000개의 어휘 항목을 제시하고 있다. 아래의 표는 李翊燮(1984b: 44)에 제시된 세계 주요 언어 지도의 조사 항목 수를 비교한 것이다.[■]

표 1 각국 언어 지도 편찬에 사용된 조사 항목의 수

언어 지도명	편집자	항목 수
프랑스 언어 지도(ALF)	Gilliéron	1,920
루마니아 언어 지도(ALR)	Pop	2,100
이태리-스위스 언어 지도(AIS)	Jaberg & Jud	2,000
미국 언어 지도(LANE)	Kurath	814
영국 언어 지도(LAE)	Orton	1,260
프랑스 Massif-Central 지방 언어 지도(AMC)	Nauton	4,000

　우편 조사인 경우에는 일반적으로 더 많은 항목 수를 제시하고 있으며, 어떤 특정한 언어 현상에 대해서만 조사를 하는 경우에는 조사 항목의 수를 100 항목 이하로 적게 잡을 수도 있을 것이다.

　『질문지』에서 제시하고 있는 항목의 수는 어휘 2,700여 항목, 기초회화 340여 항목, 문법 380 항목으로 기존의 질문지에 비하면 비교적 많은 수준이다. 이는 하루 6시간 조사하는 것을 기준으로 하여 3~4일 정도 조사할 수 있는 분량으로 구성된 것이다.

[■] 본 표에 제시된 언어 지도의 조사 항목 중에서 영국 언어 지도(LAE) 작성을 위한 조사 항목을 분야별로 보면 음운 조사 항목 365개, 형태 조사 항목 62개, 통사 조사 항목 41개, 어휘 조사 항목 730개로 어휘와 관련된 항목이 가장 큰 비중을 차지하고 있고 다른 질문지의 경우도 상황은 비슷하다(李翊燮 1979: 95).

1.2.3 조사 항목의 구성과 분류

조사 항목의 선정과 그 구성 및 분류는 일차적으로는 조사의 범위나 목적에 따라서 정해져야 한다. 그러나 질문지가 하나의 독립된 저작으로 간행되는 것이라면 조사 범위나 목적에 따라 다양하게 쓰일 수 있도록 작성하는 것이 좋다. 최명옥(2005: 66-69)에서는 지역어 연구를 위한 조사 항목 작성의 필요성과 더불어 조사 항목의 조건을 제시하고 있는데, 이에 따르면 해당 언어나 지역어 연구를 위한 조사 항목은 이 언어의 체계를 구성하고 있는 음운, 어휘, 문법의 전체나 부분 체계에 대하여 체계적인 연구를 할 수 있을 정도로 조직적이면서 치밀하게 구성되어야 한다. 또한 해당 지역어의 연구를 넘어 지역어 간의 공통점과 차이점을 밝히고 폭넓은 언어사를 구축하기 위한 언어 간의 대조 연구가 필요하다면, 각 주제에 해당하는 조사 항목은 기본적으로는 자매어나 대방언에 공통적으로 존재하는 항목을 선정하고, 연구 가치가 있다고 판단하는 경우에는 이들 언어나 방언 간의 차이를 보이는 주제도 함께 포함시켜야 한다. 조사 항목을 구성하고 분류하는 데 이러한 여러 사항들을 세심하게 고려해야 조사 목적에 부합한 질문지를 만들 수 있다.

다음에서는 질문지의 주요 부분인 음운, 어휘, 문법, 구술 발화의 질문지를 구성하고 분류하기 위하여 어떤 사항들을 고려해야 하는지 살펴보도록 한다.

음운 연구를 위해서는 해당 언어의 음운 목록과 음운 대응 관계, 음운 현상의 지배 원리와 규칙을 밝혀야 한다. 따라서 기존의 음운 질문지는 대부분 해당 언어의 음운 체계와 음운 현상을 조사하고 기술하는 데 중점을 두고 있으며, 실제로 이러한 내용을 밝힐 수 있도록 질문지를 작성해야 한다. 그러나 알타이언어와 같이 아직 제대로 기술되지 않아서 음운 부분을 조사하기 위한 질문지를 별도로 작성하기 어려운 경우에는 『질문지』에서처럼 어휘 부분을 통하여 음운 부분을 조사하기도 한다. 반면에 『韓國方言調査質問紙』에는 음운 부분이 세밀하고 체계적으로 구성되어 있는데, 이러한 질문지는 전국적인 범위의 언어 조사뿐 아니라 어느 특정 언어(방언)의 공시적 음운 현상이나 음운 체계를 조사하는 데에도 이용할 수 있다. 다만 음운 현상들을 파악하기 위하여 제시한 어휘 중에는 어휘 및 문법 부분과 중복되는 것들이 많아서 조사의 효율성 측면에서 문제가 될 수도 있다. 따라서 질문지의 구성에서 음운, 어휘, 문법 등의 각 부분은 독립성을 가지고 그 분야를 충분히 조사할 수 있을 정도의 독자적인 구성이 되어야 하지만, 또한 어느 정도는 전체적인 구성의 측면에서 유기적으로 관계를 맺을 필요도 있다.

어휘 질문지는 대개 의미 부류별로 분류하는데, 이는 질문의 편의를 위해서나 조사 지역의 어휘 체계를 체계적으로 보여 줄 수 있다는 점에서 유용한 방식이다. 어휘 조사 항목은 어휘의 크고 작은 부분 체계를 고려하여 전체적인 체계의 연구가 가능하도록 구성해야 한다. 예를 들어 자연적으로 형성된 부분 체계로는 신체 어휘나 친족 어휘, 색채 어휘 등이 있고 인위적으로 형성할 수 있는 부분 체계로는 온도 어휘, 맛 어휘 등이 있다(최명옥 2005: 73). 질문지에 따라 분류 방식은 차이가 있어서 『韓國方言調査質問紙』나 『지역어 조사 질문지』(2006)는 큰 범주의 의미 부류 아래에 하위 의미 부류를 두고 있으며, 『アジア・アフリカ言語調査票 下』는 의미 부류를 별도로 제시하지 않고 있다.

문법 질문지를 작성하는 경우, 문법 형태는 대부분 낱말이 아닌 형태소로 되어 있고 어떤 경우는 낱말을 넘어선 통사적 구성을 포함하기 때문에 그 형태의 파악부터 쉽지 않아서 언어학적 지식이 없는 토박이 자료제공인에게서 문법에 대한 올바른 답을 얻기 어렵다는 문제점이 있다(이기갑 2005: 120). 기존의 문법 질문지는 일반적으로 형태 부분의 조사를 위한 항목과 통사·의미 부분의 조사를 위한 항목으로 나누어져 있다. 이기갑(2005: 135)에서는 기존의 문법 조사 질문지는 대부분 약식 조사를 위한 항목을 담고 있어서 앞으로의 질문지에는 좀 더 세밀한 수준까지 조사할 수 있는 내용을 포함해야 한다는 점을 지적하고 있다. 문법 질문지를 작성하기 위해서는 질적인 면을 개선해야 할 뿐만 아니라 조사 항목의 양도 더 많아져야 하며, 문법의 전체적 체계를 모두 망라하는 항목을 개발함으로써 해당 언어 문법의 총체적 조사를 시도해야 한다는 것이다. 예를 들어 한국어의 경우 지역어의 형태 연구는 먼저 어간과 어미의 형태소 체계를 밝히는 것에서 시작되고, 다음으로 어간과 어미의 형태소 체계를 밝히기 위한 조사 항목은 다시 활용 어간·어미와 곡용 어간·어미의 형태소 체계를 밝히기 위한 조사 항목으로 나누어 작성해야 한다(최명옥 2005: 73-76). 또한 문체법, 부정법, 피동법이나 사동법 등과 함께 활용 어미나 곡용 어미 중의 일부를 단위로 하는 연구도 포함되며 아울러 이들에 대한 연구는 체계와 함께 통사 기능이나 의미 특성을 밝힐 수 있도록 조사 항목을 치밀하고 세부적으로 작성해야 한다.

언어 조사 과정에서는 음운, 어휘, 문법의 각 부분에 대한 세밀한 고려를 통하여 작성한 질문지를 이용하는 것이 일차적으로 중요하겠지만, 이를 보완하기 위하여 일상적인 대화나 자연 발화를 포함하는 구술 발화의 조사 가능성도 고려하는 것이 좋다. 이를 통하여 딱딱한 질문 방식에서 얻어 내기 어려운 생생하고 자연스러운 언어 자료를 조사할 수 있는데, 효율적이고 내실 있는 조사가 되려면 역시 사전에 질문지를 준비하는 것이 필요하다. 구술 발화 질문지의 내용과 구성은 조사 지역의 문화적 특징을 잘 반영하면서도 언어적 특성까지 고루 보여 줄 수 있도록 구성하고, 조사의 진행을 매끄럽게 하면서도 필요한 내용을 빠짐없이 효율적으로 조사할 수 있도록 조사 내용이 체계적으로 배열되어야 한다(박경래 2007: 79-87).

알타이언어를 조사하기 위한 목적을 가진 『질문지』의 경우에는 현지의 사정에 따라 중국어와 러시아어 및 몽골어를 매개언어로 사용하기 때문에 질문지의 작성 과정에서 이와 관련된 문제도 고려해야 한다. 알타이언어 조사의 경우에 매개언어를 모르는 화자들이 가장 이상적인 자료제공인이기는 하지만 현실적으로 순수한 모어 화자를 찾기도 어렵고 그 모어로 조사할 수 있는 사람도 극소수이다. 현재까지의 조사에서는 모두 이 세 매개언어 중의 한 언어와 자신의 고유 언어인 알타이언어의 이중 언어 사용자를 대상으로 하였기 때문에 『질문지』는 매개언어를 사용하여 작성할 수밖에 없었다. 매개언어를 사용하는 질문지의 경우 질문지의 항목이 매개언어별로 일대일 대응을 이루기 어려운 경우가 많기 때문에, 이와 관련된 일반화 원칙을 수립해야 하고 해당 지역 언어의 특성에 맞는 항목을 만들어야 한다.

위에서 언급한 음운, 어휘, 문법, 구술 발화의 각 질문지는 각 부분이 하나의 체계적인 완결성을 가지도록 구성해야 하고 아울러 각 부분의 상호관계도 고려하여 작성해야 한다. 또한 질문지 조사 항목의 분류 체계도 체계적인 기준에 의하여 설정되어야 할 것이며, 항목을 어떻게 세분할 것인가의 문제는 항목을 어떻게 배열할 것인가의 문제와도 관련이 있다. 조사 항목의 배열 순서와 관련된 문제는 1.2.5에서 살펴보도록 한다.

1.2.4 조사 항목의 선정

언어 자료의 수집은 개별 조사 항목을 통해 이루어지는데, 언어 조사의 목적이 무엇이냐에 따라 질문지의 내용이 달라지며 어떤 조사 항목을 넣고 뺄 것인가의 문제도 그 목적에 달려 있다. 주로 음운, 어휘, 문법 부분으로 이루어진 언어 조사 질문지에서 일반적으로 어휘 항목이 질문지의 중심이 된다. 그 이유는 자료의 수가 많고 분화 현상을 잘 나타낼 수 있으며 조사하기도 수월하기 때문이다. 洪允杓(1981: 136)에 따르면 만약 방언 지도를 작성하기 위한 것이라면 방언량이 풍부한 민속적인 어휘를 선택하는 것이 효과적일 것이며 조사 지점이 농촌이나 어촌일 경우에는 농업이나 어업과 관련된 어휘를 많이 할당하는 것이 효과적일 것이라고 한다. 또한 李翊燮(1984b)에서는 언어 조사 항목의 선정에 대하여 다음과 같은 원칙을 제시하고 있다.[*]

① 조사 항목은 가능한 한 확고한 의미를 쉽게 파악할 수 있는 것을 선택해야 한다.
② 확고한 의미를 손쉽게 잡아내기 어려운 것들은 적절한 예를 활용해야 한다.
③ 조사의 목적에 맞는 항목을 선택해야 한다. 일반적으로 전통적인 것을 선택하는 경향이 있으나 음운 현상의 반영 등을 고려할 때는 차용어를 선택할 수도 있다.

개정된 『アジア・アフリカ言語調査票 下』(1979)에서도 기존의 자료를 기초로 하여 빈도수와 주관적인 중요도를 기준으로 2,000개의 항목을 선정하고 있다. 이러한 고려 하에서 김주원 외(2008)에서는 어휘 조사 항목의 선정 기준에서 다음 두 개의 항목을 반드시 포함해야 한다고 지적하고 있다.

① 기초적이고 명확한 항목
② 조사의 목적에 부합하는 항목

『질문지』도 기초 어휘를 중심으로 작성하였으며, 알타이언어를 사용하는 조사 지역의 특성을 고려하여 유목, 목축에 관련된 어휘와 현지의 자연적, 문화적 특징을 반영하는 어휘들을 중요한 어휘 항목으로 가능한 한 많이 포함시키도록 선정하고 있다. 또한 중요도에 따라

---

[*] Nida(1947)에서도 조사 항목 선정 기준에 대하여 다음과 같이 언급하고 있다. 첫째, 지시할 수 있는 대상을 선택해야 한다. 둘째, 어휘 관계를 파악할 수 있도록 선택해야 한다. 셋째, 음운적 동화의 여부를 알아보기 위해서는 차용어도 선택할 수 있다.

네 개의 등급으로 나누었는데, 이는 현지 조사 과정에서 조사 대상 언어와 자료제공인의 상황을 고려하여 효율적인 조사를 할 수 있도록 한 것이다.

일반적으로 어휘 항목 다음으로는 음운 항목이 많은 분량을 차지하고 형태와 통사 항목은 상대적으로 적은 분량을 차지한다. 광역 단위의 언어 조사에서는 특정 언어형이 분화된 모습을 살펴보는 것에 중점을 두기 때문에 조사 항목을 선정할 때 각 언어의 특성을 잘 드러내 줄 의미 있는 분화형을 가지는 항목부터 선정하는 것이 중요하다.

1.2.5 조사 항목의 배열 순서

질문지에서 조사 항목의 배열 순서는 조사의 순서 및 효율성과 밀접한 관련이 있기 때문에 질문지의 구성에서 중요한 요소이다. 자료제공인의 생활과 밀착되어 있으며 손쉽게 답할 수 있는 항목이 우선적으로 제시되어야 하고, 의미적 유사성이나 연상 관계에 의해 자연스럽게 조사가 이루어지도록 적절하게 항목을 배열해야 한다. 항목의 배열은 조사 과정에서 이야기가 자연스럽게 이어질 수 있도록 해야 하는데, 개별 조사 항목들은 개별 항목으로서 의의를 가짐과 함께 전체 속의 한 부분이 될 수 있도록 유기적으로 조합하며, 통일성과 긴밀성이 유지되어 화맥이 단절되지 않도록 한다(곽충구 2005: 102-103). 예를 들어 『韓國方言調査質問紙』에서는 조사 지역이 주로 농촌인 점을 고려하여 '농사, 농기구, 도정, 음식' 등과 같이 주제별로 묶은 다음 그 안에 관련 조사 항목을 배열하였다.

현지 조사에서는 어떤 화제를 먼저 꺼내서 대화를 이끌어 가는가의 문제가 중요하기 때문에 자료제공인에게 익숙하고 일상생활과 관련되어 흥미를 느낄 수 있는 사항부터 질문하는 것이 좋다. 이를 통하여 자료제공인이 충분히 대답할 수 있는 것이라는 자신감과 함께 흥미를 가지도록 하고 자료제공인이 조사자에게 가르침을 준다는 의식을 심어 준다면 적극적으로 조사에 참여할 수 있을 것이다. Pop(1950: 720-722)에 따르면, 언어 조사가 조사자에게 참고 자료를 제공하는 연구이고 동시에 자기 고장의 역사를 자세히 취급하는 연구라는 것을 자료제공인에게 보여 주기 위하여 질문지의 첫 부분은 조사 지점의 지리, 인종, 역사, 경제, 종교, 문화, 행정 및 언어의 양상에 대한 질문을 많이 포함하는 것이 유익하다는 점을 지적하고 있다. 또한 각 언어의 특성을 가장 잘 드러내 줄 의미 있는 어휘의 분화형부터 선정하며, 조사 목적에 따라 조사 항목의 배열 순서와 관련 주제별 조사 항목의 수를 결정한다. 자료제공인이 조사에 익숙해지고 조사의 목적을 어느 정도 인식해야 대답이 나올 수 있는 음운이나 문법 항목은 되도록 배열 순서를 뒤로 하여 집중적으로 조사하는 것이 효율적이다.

어휘 항목의 배열 순서를 체계적으로 구성하기 위해서는 어휘의 의미 부류를 일차적으로 고려해야 한다. 예를 들어 수렵과 관련된 어휘 항목의 부류를 묻는 경우 대답을 쉽게 얻어 내기 위하여 수렵의 대상이 되는 동물들도 이 부류에 배열하여 질문할 수 있을 것이다.

알타이언어에 대한 조사는 제한된 시간 내에 효율적으로 조사해야 하기 때문에, 중요도 등급과 의미 부류를 배열 순서 결정의 중요한 기준으로 고려하였다. 『질문지』에서는 어휘 항목을 중요도 등급과 의미 부류를 기준으로 배열하였는데, 이 중 중요도 등급을 우선적으로 고려하였다. 먼저 가장 기초가 되는 1, 2등급 어휘를 의미 부류별로 배열하고 이어서 조사하기 어려운 3등급과 4등급 어휘를 각각 의미 부류별로 배열하였다. 이는 절멸되어 가는 언어가 많은 알타이언어의 상황을 고려하여 조사의 효율성을 높이고 자료제공인이 대답을 보다 쉽게 할 수 있도록 한 것이다.

1.2.6 질문문

실제로 조사를 행할 때에는 여러 가지 질문법을 통하여 자료제공인에게서 최대한의 대답을 이끌어 내야 한다. 각 조사 항목을 어떠한 방식으로 질문할 것인지에 대하여 사전에 세심하게 고려하여 가능하면 다양한 질문법이 반영될 수 있도록 질문지를 작성하는 것이 좋다. 즉 현장에서 조사 항목에 대한 정확한 응답이 가능한 한 신속하게 나올 수 있도록 적절한 질문문의 방식을 사전에 만들어야 한다. 질문지에서 제시될 수 있는 질문법에는 다음과 같은 것들이 있다.

1) 직접 질문법

"이것을 이 지역의 말로는 무엇이라고 합니까?"와 같이 표준어(또는 매개언어) 형태를 주고 조사 대상 언어의 방언형(또는 언어형)을 묻는 질문 방식이다. 번역식 질문법이라고도 하며 표준어나 매개언어에 대한 의식이 있는 사람에 한하여 적용할 수 있다. 이 질문 방식은 현지에서 잘 인지

하고 있거나 지시하기 쉬운 사물의 명칭을 조사할 때나 문법 항목의 조사에 많이 사용되지만 표준어나 매개언어에 이끌릴 수 있다. 따라서 본 조사가 종료된 후 의심스러운 언어형을 확인하거나 보완 조사를 하는 경우에 주로 활용한다. 알타이언어 조사 과정에서는 조사자가 주로 매개언어를 사용하여 질문하기 때문에 대부분 이 질문법을 사용하고 있으나, 올바른 언어형을 얻어 내는 데 적절한 질문법은 아니어서 면접 조사에서는 제한적으로 사용해야 한다.

> 예1) '벼'를 여기서는 무엇이라고 합니까?
>
> 예2) '밥을 먹었습니까?'에서 '먹었습니까?'를 여기서는 무엇이라고 합니까?

2) 간접 질문법

사물이 가지고 있는 주요 특징 및 개념을 제시하거나 사진, 그림 등을 보면서 설명하는 방식을 통하여 우회적으로 조사 항목과 관련된 정보를 제공함으로써 원하는 언어형을 이끌어 내는 질문 방식이다.

① 명명식 질문법(naming question)

사진이나 그림 또는 현장 주변에 있는 사물을 가리키거나 동작을 보여 주면서 묻는 방식으로 어휘 부류들은 그림이 모호하게 제시되는 경우 자료제공인이 혼동할 가능성이 있기 때문에 이에 대한 보완이 필요하다. 사진이나 그림을 제시할 수 없는 경우에는 조사 항목의 형태나 특징 및 용도 등을 최대한 구체적으로 지시하여 질문해야 한다.

> 예1) (사진, 그림을 보면서) 이것을 뭐라 합니까?
>
> 예2) (어떤 동작을 하면서) 이러는 것을 뭐라 합니까?
>
> 예3) 이 지역에서 많이 잡히는 뿔이 긴 동물을 무엇이라고 합니까?

② 완결식 질문법(completing question)

문장의 일부를 제시한 후 나머지를 채우게 하는 방식으로 대체로 용언 등 문법 항목의 조사에 많이 사용한다. 이러한 질문법의 가장 전형적인 것은 대조에 의한 질문인데, 문법 형태들이 서로 기능적 대립 관계를 이루는 경우 어느 한 항목을 제시함으로써 나머지 항목을 찾는 방법을 말한다(이기갑 2005: 133).

> 예) 아침에는 죽을 먹었고 지금은 밥을 (   ).

③ 이야기식 질문법(talking question)

어떤 어형을 묻고 있다는 인상을 주지 않으면서 이야기식으로 진행하는 방식으로 하나의 부류로 묶일 수 있는 조사 항목들을 한꺼번에 말하도록 하여 동시에 여러 언어형을 수집할 수 있다. 따라서 담화를 하듯이 자연스럽게 조사를 진행할 수 있고 해당되는 사물을 아는 대로 나열하게 함으로써 시간을 절약할 수 있는 등의 여러 가지 이점이 있다. 다만 응답한 언어형이 과연 조사자가 찾고자 하는 것과 동일한 대상을 가리키는 명칭인가를 확인하기 어려운 단점이 있다(李翊燮 1984a: 35). 구술 발화 조사에서는 주로 이 질문법을 사용한다.

> 예1) 고기를 잡을 때는 무엇으로 잡습니까?
> 예2) 이 지역에서는 어떤 작물을 심습니까?

④ 대치식 질문법(conversion question)

서로 대립이 되는 예비 조건 하나를 제시하고 바꾸어 채워 넣게 하는 방식으로 크게 보면 완결식 질문법의 범주에 넣을 수 있다. 문법 형태를 얻어 낼 때 유용하지만 일반적으로 쓸 수 있는 질문 방식은 아니어서 꼭 알아내야 할 언어 형태를 도출하는 데 최후의 수단으로 사용할 수 있다.

> 예1) 들어 보면 바위는 무겁고 솜은 (   ).
> 예2) 아이는 밥을 먹었고 할아버지는 진지를 (   ).

⑤ 역질문법(reverse question)

먼저 형태를 제시하고 그 의미를 묻는 방법으로 의미를 도출해 내는 데 많이 쓰인다. 역질문법은 조사자가 언어형을 제시하고 그 언어형에 대한 의미를 정확하게 조사한다거나 또는 의심스러운 언어형이 제시되어 실제로 쓰이는지의 여부를 확인하고자 할 때 쓸 수 있는 것으로 직접 질문법

처럼 해당 어휘가 가진 의미를 낱낱이 조사하는 것과 같은 확인 조사나 추가 조사 때 사용할 수 있다(곽충구 2005: 105).

> 예) 여기서는 '오니꺼'라는 말은 안 씁니까? 쓰면 어떨 때 쓰지요?

3) 선택식(열거식) 질문법

관련되는 언어형을 나열해 놓고 필요한 어형을 취하는 방식이다. 그러나 이러한 열거의 방식은 자연스러움의 정도 면에서는 가장 떨어지는 것이어서 잘못 사용할 경우 부정확한 언어형을 채취할 가능성도 있으므로 다른 방법을 모두 사용해 본 후 마지막 방법으로 사용하는 것이 좋다(이기갑 2005: 133). 선택식 질문법은 나올 수 있을 가능성이 있는 대답(언어형)을 모두 나열하여 선택하거나 써넣게 하는 방식이기 때문에 본 조사 후 확인 질문을 하는 통신 조사에 유용하다.

> 예) (관련 언어형을 나열하고) 이 경우에 이 중에서 어떤 말을 씁니까?

질문지에서는 위에 제시된 질문법이 일반적으로 사용되지만, 이 이외에도 사용할 수 있는 질문법이 있다.■ 짧은 시간에 정확한 응답을 얻어 내는 것이 좋은 질문법이기 때문에 격식 질문지라면 해당 조사 항목에 알맞은 질문문을 고려하여 질문지에 제시하는 것이 중요하며, 『질문지』와 같이 질문문을 제시하기 어려운 약식 질문지라고 하더라도 대답이 곧바로 안 나올 경우에는 보충 질문을 해야 하므로 미리 효율적인 질문 방식을 고려해야 한다.

1.2.7 보조 자료

언어 조사 과정에서 조사자의 질문이나 설명이 부정확하다면 자료제공인도 정확한 응답을 하기 어렵다. 따라서 조사자와 자료제공인 사이에 의사소통이 정확하고 신속하게 이루어

■ 李翊燮(1979: 98)에 따르면 질문지에 사용하기는 어려우나 "이러이러케는 말하지 않습니까?"와 같이 기대되는 언어형을 이쪽에서 먼저 제시하는 암시적 질문법 등도 언어 조사에서 사용할 수 있다.

져 조사의 목적을 잘 달성할 수 있도록 하기 위하여 어떻게 하면 자료제공인에게 정확하고 효율적으로 질문을 할 것인가의 문제는 언어 조사 방법론에서 중요한 연구 과제이다. 언어 조사에서는 질문을 효율적으로 하기 위하여 사진이나 그림과 같은 보조 자료를 사용하는 방식이 사용되어 왔다. 예를 들어 이태리-스위스 언어 지도(AIS)의 조사자들은 이미 대상을 가리키는 명칭만을 기록하는 것을 넘어 그 대상에 대한 그림이나 사진을 제작하여 별책으로 간행하기도 하였다(Pop 1950). 홍윤표(2005: 221-222)에서는 언어 조사에서 그림이나 사진을 사용하는 직접적인 목적을 다음과 같이 제시하고 있다.

① 조사자와 자료제공인 사이의 의사 전달의 효율성을 위하여
② 질문의 원활성을 위하여
③ 질문과 답변의 정확성을 위하여
④ 시간적 효율성을 높이기 위하여
⑤ 자료제공인의 관심을 높이기 위하여

위와 같은 목적을 위하여 그림이나 사진 정보를 활용하기는 하지만 이들 자료를 활용할 때 발생할 수 있는 문제점도 고려해야 한다. 홍윤표(2005: 222-223)에서는 이러한 문제점에 대하여 다음과 같이 언급하고 있다.

① 자료제공인의 관심을 그림이나 사진 자료로만 집중시켜서 방언 조사의 효율성을 떨어뜨릴 수 있다.
② 자료제공인과 마주 앉아 조사하는 조사자가 그림책이나 그림을 자료제공인에게 보일 때에 그림을 거꾸로 놓고 그림을 지시하고 설명해야 하는 어려움 때문에 조사자의 집중력이 떨어질 가능성이 있다.
③ 그림이 명확하지 않은 경우에는 엉뚱한 답변이 유도되어 낭패를 보는 경우가 흔히 있다.

위에서 제시한 문제점 중에서 세 번째 항목이 가장 큰 문제가 될 수 있는데, 특히 식물이나 도구와 같은 사물은 그림 등을 통해 볼 때는 혼동되는 경우가 있기 때문에 조사 장소

주변에 있는 실물을 사용하여 조사하는 것이 효율적인 경우가 있다. 이러한 문제점 때문에 보조 자료를 활용하는 경우 여러 가지 점에서 주의를 해야 한다.[■] 또한 책으로 제본된 보조 자료 이외에도 현재의 상황에서는 휴대용 컴퓨터를 유용한 보조 자료로 사용할 수 있다. 휴대용 컴퓨터를 통해 조사하고자 하는 항목과 관련된 사진이나 동영상을 보여 줌으로써 자료제공인이 조사에 계속하여 관심을 갖도록 흥미를 유발하는 데 매우 유용하게 사용할 수 있다(박경래 2007: 93-94).

보조 자료는 어휘 조사에서 주로 사용하는 것으로 되어 있으나 음운 조사에서도 활용할 수 있다. 지루해지기 쉬운 음운 조사의 과정에서 그림책이나 사진을 사용하면 조사를 정확하고 신속하게 하여 조사 시간을 단축할 수 있을 뿐만 아니라 자료제공인에게 흥미를 유발시켜 부드러운 분위기 속에서 조사를 지속적으로 할 수 있어서 자료제공인의 응답을 빨리 이끌어 낼 수 있다(김봉국 2005: 147).

[■] 홍윤표(2005: 223-224)에서는 그림이나 사진을 활용할 때 주의해야 할 사항을 다음과 같이 제시하였다.
① 그림이나 사진은 간단 명료한 것이 좋다.
② 질문지는 구두 질문과 그림 질문을 구분하여 편집하는 것이 효과적이다.
③ 보조 자료를 자료제공인에게 보여 줄 조사 보조원이 필요하다.
④ 그림책의 경우 넘기기 편하게 하기 위하여 가능한 한 장정은 스프링식으로 하는 것이 바람직하다.
⑤ 노트북 컴퓨터를 사용하는 경우 반사하는 빛 때문에 잘 보이지 않는 경우가 있기 때문에 위치 조절에 신경을 써야 한다.
⑥ 그림이나 사진이 지방에 따라 다른 형태를 가지고 나타나서 지방에 따라 다른 어형으로 등장할 경우를 고려해야 한다.
또한 질문지의 검토와 그림 정보에 대한 예비 조사를 통하여 참고하거나 개선해야 할 점으로 다음과 같은 사항을 제시하고 있다.
① 하나의 그림 속에서 다양하게 여러 항목을 조사하는 편이 좋다.
② 농기구 등이 지방에 따라 형태가 다르기 때문에 한 어휘에 여러 그림이 있을 수 있다.
③ 도구들이 재질에 따라 모양이 다를 때에도 그림을 다양하게 보여 주어야 한다.
④ 도구들이 모양에 따라 달라도 가능한 한 그림을 모두 제시하여 주는 편이 좋다.
⑤ 그림으로 설명하기 힘든 것들은 가능한 한 질문으로 해야 한다.
⑥ 의외로 사진으로 제시할 수 있는 어휘가 많다.
⑦ 총천연색으로 출력하는 편이 좋다.
⑧ 삽화보다는 가능한 한 사진을 이용하는 방향으로 정하는 것이 좋을 것으로 보인다.
⑨ 꽃, 식물, 열매 등에 대해서는 가능한 한 열매를 이용하는 것이 좋은데 이에 대한 기준을 설정할 필요가 있다.
⑩ 사진의 크기를 일정하게 조정해야 한다.
⑪ 수집한 사진들의 확장자가 다양하다.

2. 질문지의 구성과 구체적 고려 사항

2.1 음운

2.1.1 고려 사항

음운 질문지는 일차적으로는 조사 대상 언어의 음운 목록과 음운 과정을 정확하고 전면적으로 조사할 수 있도록 구성한다. 따라서 음운 목록의 조사에서는 자음, 모음의 목록을 조사하기 위한 항목과 함께 운율적 요소에 대한 조사 항목도 포함된다. 음운 과정의 조사 항목은 먼저 굴절어, 교착어, 고립어 등 해당 언어의 유형을 고려하여 설정되어야 하는데, 예를 들어 한국어의 음운 과정 조사를 위한 질문지에서는 곡용이나 활용에서 나타나는 음운 변동을 확인하기 위하여 조사 항목을 일반적으로 활용형과 곡용형에 대한 부분으로 구분한다. 음운 조사를 위한 항목은 어휘 부분과 마찬가지로 서로 관련되는 것끼리 배열하여 현지 조사 시에 음소의 차이를 비롯하여 음운 목록과 음운 현상을 쉽게 확인할 수 있도록 구성되어야 한다(김봉국 2005: 142-143).

『질문지』에는 음운 부분이 따로 독립되어 있지 않고 어휘 질문지를 통하여 해당 언어의 음운 부분도 조사하도록 구성되어 있다. 이는 알타이언어의 음운 구조가 제대로 기술되지 않은 경우가 많아서 음운 부분을 따로 조사하는 것이 사실상 불가능하기 때문이다. 그러나 알타이언어에 나타나는 음운 목록이나 음운 현상을 보다 세밀하게 조사하기 위해서는 이 부분을 조사하기 위한 전문적인 질문지의 제작을 시도하는 것도 필요할 것으로 보인다. 이러한 질문지의 작성을 위해서는 해당 언어의 곡용 어미나 활용 어미 및 파생 어미의 기저 형태를 확인하는 일이 선행되어야 한다(정승철 2006: 79-81).

2.1.2 조사 항목

음운 조사를 위한 질문지는 크게 음운 목록을 조사하는 부분과 음운 현상을 조사하는 부분으로 나눌 수 있다. 김봉국(2005)에서는 음운 조사 질문지를 먼저 음운 목록 조사를 위한 질문지와 음운 과정 조사를 위한 질문지로 나눈 후, 음운 목록 조사를 위한 질문지는 다시 단모음, 이중모음, 음장과 성조로 그 영역을 나누었고, 음운 과정 조사를 위한 질문지는 곡용형과 활용형으로 나누고 있다.

한국어 방언 조사를 위하여 작성된 대표적인 질문지인 『韓國方言調査質問紙』에서는 음운 질문지가 비교적 세밀하게 구성되어 있는데, 음운 부분의 조사를 위하여 12가지로 분류하여 조사 항목을 제시하고 있다. 음운 질문지의 조사 항목을 어떤 방식으로 구성하는 것이 좋을 것인가에 대한 방안을 찾기 위하여 이 질문지에 나타난 12가지의 조사 항목을 기준으로 하여 검토해 보도록 한다.

『韓國方言調査質問紙』의 음운 목록에 대한 조사 부분에서는 단모음, 이중모음, 음장·성조 항목이 먼저 나타나고 매우 간략하기는 하지만 억양에 대한 조사 항목도 제시되어 있다. 이는 음운 질문지에 일반적으로 포함되는 기본 항목들이다. 단모음 항목에서는 단모음 각각의 음가와 최소대립쌍(minimal pair)의 확인을 통하여 단모음 목록을 확인하고 작성하는 것이 일차적 목적이기 때문에 단모음에 대한 조사에서는 최소대립쌍을 가진 단어를 찾아내는 것이 중요하다. 이중모음 항목에서는 이중모음을 포함하고 있는 형태소나 어휘에 대한 검토를 통하여 이중모음의 존재 여부를 확인하고, 각각의 이중모음의 성격에 대하여 살펴본다. 이중모음의 목록을 확인하고 음운론적인 환경에 따른 이중모음의 실현 여부를 확인하기 위해서는 이런 목적에 부합하는 조사 항목을 선정하는 것이 중요한데, 먼저 목록을 확인하고 선행하는 자음의 음운론적인 환경에 따라 이중모음의 실현 여부를 확인해야 한다(김봉국 2005: 148-149). 또한 언어학에서 음장, 성조, 강세 등 초분절적인 요소들에 대한 관심이 높아짐에 따라 이들 요소에 대한 조사 항목도 면밀하게 구성되어야 한다. 『韓國方言調査質問紙』에서는 이 부분의 하위 항목으로 장모음도(長母音圖), 장모음 체계, 성조 체계, 체언 성조의 변동, 용언의 음장·성조의 변동, 사동·피동의 음장과 성조 등을 수록하고 있다. 이를 통해 단모음과 장모음의 목록, 성조 목록, 체언에서의 성조 변동, 용언과 피사동에서의 음장과 성조 상황 등을 확인할 수 있다. 마지막으로 억양 항목에서는 하나의 문장이 여러 가지 의미로 쓰이는 경우에서 각각의 억양이 어떻게 달라지는지를 살펴본다. 『韓國方言調査質問紙』에서는 "어디를 가니?"라는 문장 하나가 제시되어 매우 간략하나, 억양이 중요한 기능을 하는 언어에서는 이 부분을 보다 체계적이고 자세하게 작성해야 할 것이다.

다음으로『韓國方言調査質問紙』의 음운 과정에 대한 조사 부분에서는 자음탈락, 불규칙 활용, 자음축약, 경음화, 비음절화, 모음조화, 움라우트 등 7개의 항목이 제시되어 있다. 김봉국 (2005: 159-166)에 따르면, 음운 과정을 조사하기 위한 항목을 선정하기 위해서는 일차적으로 해당 지역에 대한 특징적인 음운 현상에 대하여 기존의 자료를 통해 파악한 후, 해당 지역의 음운 현상의 특징을 잘 반영해 줄 것으로 보이는 현상에 대해 음운론적인 환경을 고려하여 조사 항목을 선정하는 것이 좋다고 한다. 또한 조사 항목은 크게 기초 항목과 일반 항목으로 나눌 수 있는데, 기초 항목은 어간말의 음운론적인 환경을 충분히 고려하여 음운 현상을 잘 드러낼 수 있는 중요한 항목들로 구성하되 다양한 형태의 어미를 결합시킨 형태 를 조사하고 일반 항목은 어간의 기본형만을 확인할 수 있도록 자음으로 시작하는 어미와 모음으로 시작하는 어미 두 개만으로 결합형을 조사해야 한다고 지적하였다. 일반적으로 음운 과정에 대한 조사는 자료제공인이 쉽게 싫증을 느낄 수 있기 때문에 조사 항목의 수도 고려해야 하고 가능하면 여러 현상을 한꺼번에 파악할 수 있도록 어휘 항목을 선정하는 것 이 좋다.

마지막으로『韓國方言調査質問紙』에서는 어떤 한자음이 제2음절 이하나 제1음절 및 제2음 절에서 각각 어떻게 실현되는가를 파악하고, 현대적 외래어의 어두에 나타나는 'r, b, g'가 어떻게 실현되는지를 조사하도록 외래어 항목이 제시되어 있다. 알타이언어에도 중국어나 러시아어에서 온 외래어가 많이 유입되어 있기 때문에 알타이언어의 음운 방면에서 나타난 외래어적 요소를 파악하기 위한 항목도 필요할 것이다.『질문지』에는 외래어와 관련된 별도 의 항목이 제시되어 있지는 않으나, 다른 질문지보다 어휘 항목의 수가 많아서 여기에 포함 된 다수의 어휘를 통해 외래어적 요소를 파악할 수 있다.

위에서 제시한 항목들은 주로 한국어 방언의 음운을 조사하기 위하여 설정된 것이기 때 문에 다른 언어의 음운 체계나 현상을 파악하기 위해서는 해당 언어에 맞게 조정해야 한다. 알타이언어의 음운 부분을 조사하기 위해서는 조사 대상이 되는 언어에 맞는 음운 질문지를 작성하는 것이 필수적이며, 알타이언어의 음운 목록과 음운 현상을 잘 파악할 수 있도록 조사 항목을 설정해야 한다. 음운 목록의 조사를 위한 부분은 일반적인 질문지와 마찬가지 로 알타이언어의 자음과 모음(단모음, 장모음, 이중모음)의 목록과 함께 운율적 요소에 대한 조사 항목으로 구성되어야 할 것이다. 음운 과정의 조사 항목은 해당 언어의 유형을 고려하여 설정되어야 하는데, 알타이언어 조사를 위한 질문지에서도 조사 항목을 크게 활용과 곡용 부분으로 구분해야 할 것으로 보인다. 음운 현상에 대한 조사 부분에서는 알타이언어에 일반적인 모음조화, 장·단모음의 대립과 악센트, 유·무기음의 대립 여부, 구개자음, 어두 및 어말 자음군 등에 대한 조사 항목이 포함되어야 할 것이다.

2.2 어휘

2.2.1 고려 사항

언어 조사는 주로 어휘를 조사 대상으로 삼으며, 이에 따라 어휘 항목은 일반적으로 질문지에서 가장 큰 비중을 차지한다. 어휘를 주요 조사 대상으로 삼는 가장 큰 이유는 어휘에서 그 분화를 가장 쉽게 관찰할 수 있기 때문이다. 음운 현상이나 문법 현상은 지역 간의 언어 분화가 어휘 현상보다 활발하지 못한 것이 일반적인 경향이며, 실제 언어 조사의 과정에서도 어휘는 음운과 문법에 비하여 조사하기가 쉽다. 따라서 어휘 항목은 좁은 지역에서의 언어 조사나 광역 단위의 언어 조사에서 모두 유용하게 쓰일 수 있다.

어휘 질문지는 어휘 의미와 어휘 체계를 조사하고 나아가 어원 연구를 위하여 어휘 자료를 수집하는 것을 주된 목적으로 한다. 어휘는 한 지역의 사람들이 오랜 동안 그 지역의 인문지리 또는 자연지리 환경 속에서 살아오며 경험한 사물과 세계에 대한 인식 또는 사유의 방식, 관습이나 제도 등 각양의 생활 양식을 보여 줄 수 있다(곽충구 2005: 83). 또한 그 지역의 언어나 방언이 귀중한 문화 유산이라고 한다면 변화하기 전에 조사, 정리해 두어야 하며, 특히 민속 문화, 생활 문화와 관련된 것이라면 그것을 지시하는 어휘뿐만 아니라 부분 명칭의 조사도 절실하다(강영봉 2006: 41).

곽충구(2005: 113)에 따르면 대체로 의식주를 비롯한 생활 양식과 관련된 어휘가 주종을 이루게 되는데 어휘의 형식면에서는 음운사의 주요 관심사가, 어휘의 의미면에서는 의미의 차이 외에 화자들이 대상을 어떻게 인식하고 그것을 범주화하여 명명하였는지 그 차이를 보여 줄 수 있는 것들이, 어원면에서는 지역에서 독특하게 생성되어 뿌리를 내리고 쓰이는 방언형들이 현저한 방언차를 보여 준다고 판단될 때, 그리고 조어법에서 방언차를 보여 주는 것들이 일차적으로 조사 항목의 후보에 오를 수 있다고 한다. 또한 지역 간의 전형적인 언어적 차이를 보여 줄 것으로 기대되고, 언어 분화의 기술에 의의가 크다고 판단되면 조사 항목으로 선정할 수 있다. 다만 조사 목적에 따라서는 지역적 분포가 제한적인 어휘나 신조어 등도 조사 대상으로 삼을 수 있다. 이와 함께 조사가 효율적이고 자연스럽게 이루어질 수 있도록 조사 항목을 배열하는 문제도 고려해야 한다.

어휘 질문지는 광역 조사와 국지 조사와 같은 조사의 범위에 따라 조사 항목의 선정과 구성이 달라질 수 있다(곽충구 2005: 85-91). 광역 조사는 여러 지역에서 동일한 질문지를 통하여 유사한 조건을 갖춘 자료제공인으로부터 비교적 균질적인 자료를 수집하는 조사이기 때문에, 전국적인 분포를 보이면서 언어차가 클 것으로 예상되는 조사 항목들을 중심으로 조사를 진행해야 한다. 또한 어원, 음운사, 의미, 조어법의 면에서 언어 분화가 현저할 것으로 기대되는 것들을 대상으로 조사의 난이도를 고려하여 조사 항목을 선정한다. 반면 국지 조사는 어떤 특정 지역에서 해당 언어의 어휘 체계를 연구하기 위해 자료를 수집하는 것으로, 그 조사 대상 언어의 어휘 체계를 살필 수 있도록 관련 어휘 간의 의미장을 고려하고 개별 어휘항목들 간의 체계성과 의미론적 관계를 중시하여 조사 항목을 선정해야 한다.

알타이언어에 대한 조사에서도 어휘 부분이 절대적으로 큰 비중을 차지하고 있다. 알타이 언어 중에는 절멸되어 가는 언어가 많기 때문에 가장 기본적인 어휘를 조사 항목으로 선정해야 한다. 따라서 『질문지』에서는 기초 어휘를 중심으로 천문, 친족 명칭, 신체 부위 명칭 등과 같은 어휘들을 우선적으로 선택하였고, 지역적 특성을 고려하여 해당 지역의 생계 수단과 자연적·문화적 특성을 반영하는 어휘를 주요 항목으로 다수 포함시켰다.

2.2.2 조사 항목과 분류 기준

언어에서 어휘는 그 특성상 음운이나 문법 요소보다 수가 월등히 많기 때문에 질문지에서도 어휘 부분의 분량이 많은 것은 당연하다. 『韓國方言調査質問紙』에서는 어휘 질문지가 의미 분야에 따라 13개로 분류되어 있는데 이 13개의 각각에 다시 하위 부류가 이루어져 있다. 『질문지』에서는 알타이언어 조사의 취지와 효율성의 측면을 고려하여 큰 범주에 해당하는 24개의 의미 부류만을 제시하고 하위 부류는 설정하지 않고 있다.

이처럼 의미 부류에 따라서 어휘를 분류하는 방식은 전통적인 유해서(類解書)에서도 보았던 것이다. 『韓國方言調査質問紙』의 경우에는 이와 같은 전통적인 분류 방식과는 달리 현실 생활과 관련이 있는 대상부터 질문하는 방식을 택함으로써, 자료제공인에게서 효과적으로 방언형을 얻어 낼 수 있고 한 항목에서 다른 항목으로 자연스럽게 이행될 수 있도록 하였다. 그러나 沈在箕(1981)에서 언급한 바와 같이 이 질문지의 어휘편은 순전히 우리나라의 전통적인 농촌사회와 그와 관련되는 집단의 언어 사실만을 조사하겠다는 의도를 나타내고 있다.■■■ 이 문제는 알타이언어 조사를 위한 질문지에도 해당되는 것인데, 『질문지』는 알타이언어를 사용하는 지역의 특성을 고려하여 유목이나 목축과 관련된 어휘 항목을 많이 포함하고 있다. 또한 알타이언어를 사용하는 사람 중에는 수렵이나 어업 생활을 하는 민족이 상당수 있기 때문에 이러한 지역의 경우에는 농업에 관련된 어휘보다는 수렵이나 어업에 관련된 어휘가 중심이 되어야 할 것이다.

곽충구(2005: 91-102)에서는 조사 항목 선정과 관련하여 그 타당성을 진단하고자 할 때 고려할 사항을 명사류, 용언류, 부사어류로 나누어 살펴보고 있다. 이에 따르면 명사는 사물에 대한 명칭이나 개념을 나타내는 만큼 어휘 조사의 대부분을 차지하는 것으로 명사 중에서 현저한 방언차를 보이면서 전국적인 분포를 보여 줄 수 있고 조사하기 수월한 것이 일차적인 조사 항목의 후보가 된다고 한다. 이러한 후보에는 농경 방식, 음식, 복식, 가옥 구조 등 의식주 문화를 엿볼 수 있는 것에서 시작하여 인체, 수 등 기초 어휘의 부류에 들 수 있는 것, 친족 명칭, 동식물 명칭 등 인간의 생활 문화 전반과 밀접한 관련을 맺고 있는 것이 있다. 또한 용언은 어원상의 차이를 거의 보이지 않기 때문에 용언을 조사 항목으로 선정할 때에는 형태적 차이를 고려해야 하고 또한 형태 못지않게 의미를 충분히 고려하여 질문지를

- ■ 『韓國方言調査質問紙』에서 제시된 어휘 조사 항목의 부류는 다음과 같다. ① 농사 ② 음식 ③ 가옥 ④ 의복 ⑤ 인체 ⑥ 육아 ⑦ 인륜 ⑧ 경제 ⑨ 동물 ⑩ 식물 ⑪ 자연 ⑫ 상태 ⑬ 동작
- ■■ 『질문지』에 제시된 24개의 의미 부류는 천문/지리, 기상, 시간/기간/계절, 관계/직업, 정치/경제/문화, 군사/교통, 인체, 질병, 거주/용구, 의복, 음식/식기, 동물/수렵, 가축/사육, 조류, 어류, 곤충류, 식물, 금속/보석, 방위, 수량, 대명사, 성질/상태, 동작/행위, 기타이다.
- ■■■ 반면 沈在箕(1981: 154)에서는 『韓國方言調査質問紙』가 가지고 있는 최대의 장점으로 보충란을 설정한 것을 들고 있는데, 720개 기본 항목 중 230항에 달하는 보충란의 설정을 통해 어휘론 연구자들이 궁금해 하던 많은 의문점을 해소해 주는 역할을 할 수 있을 것으로 보고 있다. 또한 이 질문지가 특정한 단어가 지시하는 지시 대상에 대한 정확한 지정 문제에 대하여 상당히 과민한 배려를 하고 있다는 점도 아울러 지적하고 있다.

작성해야 한다.

어휘 항목의 등급을 정하는 문제도 조사 항목의 범위와 관련하여 중요한데, 위에서 언급한 바와 같이 『질문지』의 어휘 부분에서는 조사 대상 언어의 사용 빈도를 고려하여 4개의 중요도 등급을 부여하고 24개의 의미 부류를 설정하였다. 어휘 항목의 수는 총 2,700여 항목을 제시하고 있는데, 『질문지』를 수정하는 과정에서 조사 항목도 점차로 확장하고 어휘의 중요도 등급이나 의미 부류도 수정하였다. 2009년판 중국지역용 『질문지』의 경우, 총 2,787개의 어휘 항목 중 1등급 어휘가 253개, 2등급 어휘가 559개로 합하여 812개이며, 3등급 어휘는 1,323개, 4등급 어휘는 652개로 구성되어 있다. 실제로 알타이언어의 대부분이 절멸 위기에 처한 언어여서 가장 기본적인 어휘만을 조사할 수밖에 없는 경우가 빈번하기 때문에, 조사 기간과 효율성을 고려할 때 이처럼 중요도 등급을 설정하는 것은 필수적이다.▪

알타이언어의 어휘를 조사하기 위해서는 조사 대상 언어의 특성에 맞는 어휘 질문지를 작성하는 것이 필수적이다. 또한 알타이언어에 대한 조사에서는 사실상 음운 항목을 별도의 부분으로 독립시키기 어렵기 때문에 어휘 조사를 통해 기본적인 음운과 형태소 정보도 제공해 왔다. 따라서 알타이언어 조사를 위한 체계적인 음운 질문지를 개발하는 것이 향후 과제가 될 것이며, 현재 상황에서 질문지의 중심이 되는 어휘 질문지를 체계적으로 개선하는 것이 가장 시급한 선결 과제라고 할 수 있다.

2.3 문법

2.3.1 고려 사항

문법 질문지는 언어 조사 질문지의 구성에서 음운 질문지나 어휘 질문지보다 상대적으로 비중이 작게 취급되거나 심지어 제외되는 경우도 많다. 그것은 문법 요소가 방언이나 개별 언어에서 그 분화 양상이 뚜렷하게 나타나지 않을 뿐만 아니라 1장에서 밝힌 바와 같이 문법

▪ 『질문지』에서는 현지 조사 경험에 의거하여 총칭류 어휘, 품사별 등급, 추상명사, 현대 문화 관련 어휘 등에 대한 중요도 등급 설정의 원칙을 정하고 이에 따라 여러 차례 개선 작업을 진행하였다.

형태의 단위가 형태소, 단어 또는 구와 같이 다양하고 자료제공인이 대개 언어학적 지식이 없어서 문법에 대한 올바른 답을 제시하지 못할 수도 있기 때문이다(이기갑 2005: 120). 따라서 언어 조사 질문지에서 문법에 대한 조사 항목을 설정하기가 어렵고, 언어 조사의 현장에서 문법 현상은 조사하기도 쉽지 않다.

조사 대상 언어나 방언의 문법 항목을 세밀하고 체계적으로 살펴보기 위해서는 충분한 양의 항목을 포함하고 정교한 체계를 갖춘 문법 질문지가 반드시 필요하다. 기존의 질문지에서 문법 부분은 질문지 작성을 위한 기법 개발의 측면에서 음운이나 어휘 부분에 비하여 뒤떨어진 상태이기 때문에 이후 이에 대한 연구와 개발이 요구된다.

2.3.2 조사 항목과 선정 기준

문법 항목은 어휘에 비하여 조사가 매우 어렵다. 어휘는 의미와 형태의 관계를 파악하는 것에 중점을 두고 조사하는 항목이고, 의미는 보편적 개념에 기초하므로 조사자가 토박이 화자가 아니더라도 접근하기가 쉽다. 그러나 문법 항목은 기본적으로 동일한 문법 기능일지라도 언어나 방언에 따라 매우 다르게 실현되므로 조사자가 조사 내용의 정확도를 판단하기 어렵다.

이상적으로 말하자면 언어 조사 질문지에서 문법 질문지의 항목은 각 조사 대상 언어에 따라서 달라져야 할 것이다. 각 언어의 형태론적, 유형론적 특징이 다르기 때문에 문법 형태소가 발달한 언어에 대해서는 형태소 차원의 조사 항목이 중요하지만 그렇지 않은 언어에 대해서는 단어나 통사 차원의 조사 항목이 큰 비중을 차지하리라 예상할 수 있기 때문이다. 그렇다면 문법 질문지는 개별 언어 조사용 질문지인가 아니면 방언 조사 질문지인가에 따라서 다른 체계와 구성을 갖추어야 할 것이다. 그러나 조사 언어별로 각기 다른 문법 질문지를 만드는 것은 비경제적일 뿐만 아니라, 그렇게 별도로 작성된 질문지로는 균질한 언어 자료 수집이 어렵다. 따라서 다양한 언어의 문법 항목을 효율적으로 조사할 수 있는 질문지를 만드는 것이 현재 언어 조사 질문지 작성의 큰 과제라고 할 수 있다. 무엇보다 먼저 문법 질문지는 정밀한 내용을 갖출 필요가 있다. 심지어 한 언어의 방언을 조사하기 위한 질문지의 문법 부분도 정밀하게 작성되지 않을 경우 정확한 조사가 쉽지 않다는 것은 이기갑(2005)

에서 이미 지적된 바 있다. 특히 이기갑(2005: 120)에서는 해당 방언의 직관을 가진 조사자의 조사가 더 정밀할 것이라고 언급하고 있는데, 이는 일반적으로 방언 조사나 언어 조사에서 조사자가 직관을 가진 토박이 화자가 아니므로 정확하고 충분한 조사를 위해서는 정밀한 질문지가 필요함을 시사한 것이다.

문법 질문지는 문법 형태소, 문법 기능어, 통사적 구성 등을 포함해야 한다. 문법 형태소에는 조사, 어미, 접사 등 형태론과 통사론의 층위에 속한 요소들을 포함해야 하며, 문법 기능어는 문법 기능을 수행하는 단어로 조동사나 기능어적 성격이 강한 부사 등이 이에 속한다고 할 수 있는데 이는 어휘 항목의 질문지와 중복될 가능성이 있다. 또한 통사적 구성은 단어의 차원을 넘어 구나 절 그리고 문장 등으로 대등절이나 내포절을 포함하는 복합문 구성과도 연관된다. 이러한 세 층위의 문법 질문지의 조사 항목은 적절하게 조정되어 반영되어야 한다. 특히 단어 차원의 문법 항목은 어휘 항목과의 중복 가능성 때문에 질문지를 작성할 때 그 기준을 명확히 해야 한다. 추상적인 기능어로 사용되는 단어의 경우에는 개념이 분명한 어휘가 아니므로 문법 항목에서 다루는 것이 더욱 적절할 것이다.

이기갑(2005: 121-122)에서는 문법적 형태, 분포, 기능의 세 가지 측면에서 방언의 문법 조사가 이루어져야 한다고 주장하고 있다. 문법 형태는 방언이나 언어에 따라서 다양하게 실현되므로 조사가 어렵다. 실제 언어 조사에서 단어나 문장 단위로 문법 형태를 조사할 경우, 조사 항목이 예측 가능한 활용형이고 조사자가 해당 언어에 대하여 충분한 언어 지식이 있다면 조사에 큰 문제가 되지 않는다. 그러나 조사 항목이 불규칙하여 예측이 불가능한 활용형이거나 조사자가 해당 언어에 대한 지식이 충분하지 않다면 조사에 큰 어려움이 있을 것이다. 따라서 문법 질문지는 해당 언어에 대한 지식이 충분한 사람이 작성해야 하고, 각 언어 유형별로 예측하여 최대한 원하는 결과를 이끌어 낼 수 있도록 정밀하게 작성할 필요가 있다. 물론 존재할 수 있는 문법 형태를 조사하는 것은 조사자의 역량에 따라 달라질 수도 있지만 질문지가 충분히 정밀하다면 조사 과정의 어려움을 크게 줄여 줄 수 있을 것이다.

문법 형태의 분포는 통합적 관계와 계열적 관계에서 어떠한 양상을 보이느냐 하는 것이다. 결국 문법 형태의 출현 빈도와 환경에 대한 논의가 될 것이며 이것은 일정한 항목을 제시하여 조사하는 질문지의 형태로는 조사가 쉽지 않다. 따라서 구술 발화를 통한 담화 차원의 조사를 통해서 문법 형태의 분포를 조사하는 것이 바람직하다.

문법 기능은 문법 요소들이 갖는 추상적인 문법적 의미를 말한다. 문법 기능은 문법 질문지의 구성에서 매우 중요하다. 특히 문법 기능은 문법 범주를 나누는 중요한 기준이므로 문법 질문지의 하위 항목을 설정하는 데 필수적으로 고려되어야 한다. 그러나 문법 기능과 형태 사이의 대응 관계가 일대일 관계가 아닌 경우가 많으므로 질문지의 정밀성과 함께 조사자의 풍부한 경험과 사전 지식이 요구된다.

이와 같은 문법의 세 가지 측면을 고려하여 정밀한 문법 질문지를 작성하는 것은 무엇보다도 언어 조사의 목적에 따라 크게 달라진다. 모든 언어의 문법을 설명할 수 있는 보편적인 원리에 대해서는 어떠한 언어학자도 그 답을 찾을 수 없으므로 모든 언어를 대상으로 하는 언어 조사 질문지를 작성하는 것은 불가능한 일이다. 따라서 문법 질문지는 조사 대상이 되는 언어군이나 방언의 언어학적 유형과 조사의 목적에 따라서 달리 작성되어야 할 것이다.

또한 문법 부분의 조사 항목을 어떤 단위로 제시할 것인가도 결정해야 한다. 우선 형태소 단위나 구절 이상의 단위로 실현되는 문법 항목은 따로 떼어 내 제시하여서는 적절한 답을 얻어 내기 어려우므로, 문장이나 구절의 형식으로 제시해야 하는 것은 당연하다. 반면, 단어 단위로 출현하는 문법 항목의 경우에는 어휘 항목과 같이 단어로 제시할 것인가 아니면 문장 이상의 단위로 제시할 것인가를 결정해야 한다. 그러나 문법 기능어로 실현되는 단어의 경우에는 일반적인 어휘와 마찬가지로 단독으로 질문해서는 조사자가 의도하는 형태를 얻을 수 없으므로 문장 단위의 맥락이 필요하다.

한국어의 방언을 조사하기 위한 질문지로는 국립국어원의 『지역어 조사 질문지』(2006)와 한국학중앙연구원의 『韓國方言調査質問紙』(1980)가 대표적이다. 국립국어원의 『지역어 조사 질문지』는 모두 11개의 문법 범주를 제시하고 있는데, 그 범주는 '대명사, 조사, 종결 어미, 연결어미, 주체 존대, 시제, 부정, 피동과 사동, 보조용언, 부사, 관용적 표현' 등이다. 이기갑 (2005: 122)에서 언급한 대로 '대명사'는 낱말 단위의 문법 요소이며, '조사, 종결 어미, 연결어미, 주체존대' 등은 한국어의 교착어적 속성이 적극 반영된 한국어의 전형적인 문법 요소이고, 그 외의 '시제, 부정, 피동과 사동, 보조용언' 등은 통사적 구성과 관련된 문법 범주이다.

『韓國方言調査質問紙』에서는 문법 범주를 '대명사, 조사, 경어법, 시제, 피동·사동, 연결어미, 보조용언, 부사' 등 8개로 나누어 제시하고 있다. 종결 어미는 경어법에 포함시켰고 부정은 보조용언과 부사에서 다루고 있다. 분류의 기준은 다르나 한국어의 방언에 나타난 문법을 다루는 요소는 국립국어원의 질문지와 대동소이하다.

실제로 개별 언어를 조사하기 위한 질문지는 매우 드물다. 이에 속하는 대표적인 질문지인 일본 동경외국어대학 아시아·아프리카 언어문화연구소의『アジア・アフリカ言語調査票 下』(1967)는 주로 어휘 조사에 집중되어 있다.

『질문지』의 문법 부분은 알타이언어의 기본 문법 체계를 파악하기 위하여 알타이언어가 갖는 특성을 고려하여 '체언과 격 표지, 용언의 문법표지(활용 어미, 파생 접사), 계사, 보조 용언 구문의 문법, 부정문·의문문·인용문, 특수구문' 등의 7개 범주로 이루어져 있다.『질문지』는 중국에서 소수 민족 언어인 어윙키어를 조사하고 그 과정과 결과를 모아 쓴『鄂溫克語簡志』(1986)에 기초하여 작성되었다. 어윙키어는 대표적인 알타이언어로 만주퉁구스어파에 속하므로『鄂溫克語簡志』는 알타이언어를 조사하는 목적을 가진『질문지』의 좋은 범례라고 할 수 있다.『鄂溫克語簡志』는 어법 부분에 단어를 품사별로 조사한 사법(詞法), 단어 이상의 단위를 조사한 구법(句法)을 두고 있고, 파생법과 합성법은 어휘 부분의 구사법(構詞法)이라는 범주의 하위 항목에서 다루고 있다.『질문지』는『鄂溫克語簡志』의 어법 부분과 어휘 부분에 속해 있던 파생법을 참고하여 한국어와 알타이언어의 문법 범주에 맞추어 문법 항목을 설정하고 있다. 그러나『질문지』의 문법 부분은 아직 알타이언어의 통사 기능이나 의미 특성을 온전히 밝힐 수 있도록 효율적으로 작성되었다고 보기 어려우므로 이후 이 부분에 대한 수정과 개선이 필요하다.

2.4 구술 발화

2.4.1 고려 사항

형태소나 단어 층위의 항목을 위주로 한 음운, 어휘, 문법 질문지를 사용하여 언어 조사를 하는 경우에 실제로 그 언어나 방언에서 많이 쓰이는 표현임에도 불구하고 조사하기 어려운 항목이 있다. 또한 해당 언어나 방언 사용자의 생활상이 반영된 고유의 언어 표현이 존재하는 경우도 있다. 특히 이와 관련하여 이기갑(2008a: 3)은 방언에 나타난 단순한 형태뿐만 아니라 그 형태가 사용되는 환경이나 문맥을 파악하거나 특정 어형이 가지는 섬세한 의미를 찾고자 할 때, 미리 준비된 질문지를 통한 언어 조사가 별로 효과적이지 않다고 밝히고 있다. 더욱이 개별 언어 조사 질문지를 사용해서 해당 언어의 특수성을 반영한 항목을 조사하는 것은 쉽지 않다. 이러한 항목은 자료제공인의 일상적이고 자연스러운 발화인 '구술 발화'를 녹취함으로써 조사할 수 있다. 이기갑(2008a: 3)에 따르면 구술 발화가 그 지역 화자들의 말하는 방식과 함께 음운이나 형태, 그리고 통사적 차원에 이르기까지 언어의 가장 자연스러운 모습을 보여 주며, 질문지를 통한 언어 조사 결과와 구술 발화를 통해 수집된 언어 형태가 다르다면 구술 발화의 조사 결과가 더 자연스럽고 토박이 표현일 가능성이 높다고 한다. 구술 발화를 통하여 언어 조사를 실행할 경우 단편적인 단어나 구의 차원을 벗어나 문장이나 담화 단위의 언어 자료를 수집할 수 있다.

또한 앞에서 밝힌 바와 같이 문법 형태를 가장 자연스럽게 얻어 낼 수 있는 것도 자연 발화, 즉 구술 발화를 통해서인데, 이기갑(2005: 132)에서는 자연 발화가 가장 자연스러운 방언형을 채취할 수 있는 장점은 있으나, 체계적이지 못하고 형태의 교체와 같은 세밀한 조사가 불가능하다는 점과 같은 약점이 있다고 지적하고 있다. 그러나 문법 형태의 방언형이나 그 쓰임의 일부를 확인할 수 있으므로 이후의 보다 정밀한 조사를 위한 실마리를 제공할 수 있다는 점도 언급하고 있다.

그런데 구술 발화 질문지를 구성하고 그에 따라 조사를 하는 것은 쉽지 않다. 구술 발화에 대한 체계적인 이론적 기반을 세우기가 어려우며 기존의 질문지에서는 구술 발화에 대한 항목을 독립적으로 제시하는 경우가 드물다. 최명옥(2007)은 본격적인 질문 형식의 조사에 앞서 구술 발화의 분석을 통해서 해당 지역의 방언적 특징을 일차적으로 확인하거나 질문지를 사용한 조사 결과의 타당성 여부를 구술 발화를 통하여 확인할 수 있으므로 구술 발화는 질문지를 보완하는 자료로 쓰일 수 있다고 주장한다. 따라서 구술 발화는 질문지를 사용한 본격적 조사 이전에 사전 조사로 채록하거나 조사의 막바지에 조사 항목을 확인하거나 조사가 잘 되지 않는 항목을 보완하기 위하여 채록하는 경우가 많다. 이기갑(2008a: 5)도 질문지를 벗어난 새로운 어휘를 발굴하여 조사하는 데 가장 효과적인 조사 방법으로 구술 발화에 의한 조사 방법을 언급하고 있다. 또한 조사자가 토박이 화자가 아니므로 조사 대상의 언어에만 존재하는 고유한 어휘나 표현을 미처 알지 못하는 경우가 많기 때문에 조사 방법상의 부족함을 보완하는 데에도 구술 발화에 의한 언어 조사는 크게 도움이 될 것이다.

특히 절멸 위기의 알타이언어를 조사하는 경우에는 주어진 질문지를 통해 자연스러운 언어형을 얻어 낸다는 것이 매우 어려운 일이기 때문에 최대한 자연스러운 분위기에서 자료제공인의 자연 발화를 통해 언어형을 채취할 수 있는 방안을 마련해야 한다. 기존의 알타이언어 조사 과정에서는 자료제공인에게 현지의 설화나 전설 또는 일상적인 생활과 관련된 구술 발화를 하도록 하였고, 조사를 진행하다가 휴식을 취하는 동안에 자료제공인들이 조사 대상 언어로 자연스럽게 대화하도록 유도하고 이를 녹취함으로써 자연 발화를 채록하기도 하였다. 그런데 충분하고 의미 있는 구술 발화 자료의 수집을 위해서는 체계적인 조사 항목을 갖춘 구술 발화 질문지를 마련해야 한다.『질문지』에는 구술 발화와 관련된 조사 항목이 없으므로 구술 발화 질문지의 개발도 이후의 중요한 과제라고 할 수 있다.

2.4.2 조사 항목

구술 발화는 앞에서 언급한 대로 자료제공인의 자연스러운 발화를 말한다. 그러므로 구술 발화에 의한 언어 조사는 비격식적인 상황의 언어 조사이다. 박경래(2007: 79)에서는 구술 발화의 범주에 공식 면담 외의 말, 제3자와의 대화, 제3자끼리의 대화, 일상적인 질문에 대한 대답, 옛날이야기, 과거의 경험에 대한 이야기 등 일상생활과 관련된 이야기를 포함시키고 있다.

비격식적인 상황에서 진행되는 자료제공인의 자연스러운 발화에 기초한 구술 발화라 할지라도 특정한 이야깃거리가 없이 진행된다면 조사자가 원하는 목적을 이룰 수 없을 것이다. 그런데 일반적으로 언어 조사에서 구술 발화는 보조적인 방법으로 인식되어 왔고 때에 따라서는 아주 즉흥적으로 시도되기 때문에 별도의 구술 발화 질문지를 준비하지 않는 것이 일반적이었다(박경래 2007: 80). 그러나 질문지를 미리 준비하지 않은 상태에서 구술 발화를 통하여 언어 자료를 수집하는 것은 언어 조사에 효과적으로 기여할 수 없을 것이다. 이러한 문제점을 극복하고 충분하고 의미 있는 구술 발화 자료의 수집을 위해서는 체계적인 조사 항목을 갖춘 구술 발화 질문지를 구성해야 한다.

방언 조사 차원에서 구술 발화는 자연스러운 발화에서 사용하는 고형의 방언형을 찾고 문화 유산으로서의 방언 자료를 수집, 정리하기 위한 목적을 가지고 있다(박경래 2007:

80-81). 이러한 목적을 가진 구술 발화를 위한 질문지의 대표적인 예는 국립국어원의『지역어 조사 질문지』(2006)이다. 이 질문지에서는 구술 발화 조사를 위하여 다음과 같은 9개 부문의 상위 질문 영역을 두고 있다.

- 조사 마을의 환경과 배경
- 일생 의례
- 생업 활동
- 의생활
- 식생활
- 거주 생활
- 질병과 민간 요법
- 세시 풍속과 놀이
- 특수 지역 생활

각각의 상위 질문 영역에 대하여 다시 27개의 하위 질문 영역을 설정하고 있으며, 그 각각에 대한 137개의 질문문을 제시하고 있다.

이와 같은 질문 영역은 문화 유산으로서의 한국어 방언의 가치를 보존한다는 측면에서 그 의미가 크다고 할 수 있다. 개별 언어 조사 질문지의 경우에도 그 언어가 갖는 고유한 언어 형태에 대한 문화적 가치를 보존할 수 있고 동시에 언어의 보편성과 특수성을 잘 파악할 수 있는 질문 영역을 채택할 필요가 있다.

구술 발화의 조사는 언어 조사 현장에서 조사를 시작할 때와 조사를 마칠 때 조사자의 판단에 따라서 즉흥적으로 이루어지는 경우가 많다. 언어 조사를 시작하기 직전에는 분위기를 부드럽게 하고 자료제공인이 조사자나 조사 장비에 익숙해지도록 하기 위해 구술 발화를 실시하는데 질문 항목은 주로 자료제공인의 신상에 대한 내용과 조사 지역에 대한 것이다. 질문지의 자료제공인 정보란에 있는 내용을 면담 형식으로 질문하는 경우도 있으나 자연스러운 분위기를 조성하기 위하여 신상과 지역에 대한 정보를 자료제공인이 스스로 이야기할 수 있도록 유도하는 경우도 있다. 이렇게 되면 자료제공인은 언어 조사에 대한 두려움이 줄어들고 더욱 편안한 자세로 조사에 임하게 된다. 또한 조사자의 입장에서는 조사 장비의 조정도 동시에 할 수 있다는 이점이 있다. 질문지에 의한 조사가 모두 끝난 뒤에 구술 발화를 유도하는 경우는 질문지에 없거나 조사 과정에서 자료제공인이 미처 대답하지 못한 내용을 다시 조사하거나 이미 조사된 항목을 확인하기 위한 목적으로 실시할 수도 있다. 특히 질문지의 항목에 대하여 자료제공인이 답하지 못한 항목이 많은 경우에는 조사 직후에 시간이 허락하는 한에서 구술 발화를 실행하는 것이 좋다.

이와 같이 질문 항목이 미리 정해지지 않은 상황에서 구술 발화에 의한 언어 조사가 즉흥적으로 진행될 경우에는 체계적인 조사가 힘들고 조사 결과의 비교 분석도 어렵다. 물론 비격식적이 상황에서 이루어지는 구술 발화가 정확하고 엄밀한 체계성을 가질 수 없고 구술 발화를 통해 수집된 자료가 보조적 성격을 갖는다는 점에서 어느 정도의 한계가 존재할 수밖에 없다.『질문지』의 경우에는 현재 구술 발화를 위한 질문지가 따로 없으나, 지금까지의 알타이언어 조사를 통해서 수집된 구술 발화 자료를 바탕으로 이후 알타이언어 사용자의 언어와 생활을 충분히 반영하는 질문 영역과 항목을 개발할 필요가 있다.

3. 세계의 질문지[■]

언어 조사 질문지는 방언학의 발달과 함께 발전해 왔다. 이후 사회언어학이 발달하면서 사회언어학적 조사를 위한 질문지도 고안되었지만, 여기에서는 지역 방언과 개별 언어를 조사하기 위한 언어 조사 질문지가 주요 관심사이다. 특히 매개언어를 사용하여 개별 언어를 조사하기 위한 질문지가 관심의 초점이지만 앞에서 밝힌 바와 같이 그러한 개별 언어 조사 질문지는 찾아보기가 쉽지 않다. 아래에서는 기존의 질문지를 서양의 질문지와 동양의 질문지로 나누어 살펴보도록 하겠다.

3.1 서양의 질문지

■ 이 장의 내용은 주로 李翊燮(1984b)을 참고하고 입수할 수 있는 언어 조사 질문지에 대한 내용을 덧붙였다.

3.1.1 독일

방언학의 시작은 독일의 게오르크 벤커(Georg Wenker)이다. 그는 역사비교언어학의 젊은 이문법학파(Junggrammatiker)가 주장한 '음운 변화의 무예외성' 이론을 증명하기 위하여 최초로 방언 조사를 하였다. 즉, 벤커가 수행한 방언 조사의 목적은 '음운 변화의 무예외성'에 관한 증거를 방언에서 찾는 것이었다. 벤커는 40개의 표준 독일어 문장으로 만들어진 통신 질문지(postal questionnaire)를 사용하였다. 그 질문의 내용은 다음과 같다.■

1. 겨울에 낙엽들이 허공을 이리저리 날아다닌다.
2. 눈이 금방 그칠 것이고, 그러면 날씨가 다시 좋아질 것이다.
3. 오븐에 석탄을 때는 건, 우유 데우는 걸 바로 시작할 수 있도록 하기 위해서이다.
4. 마음씨 좋은 노인이 빙판에서 얼음이 깨지는 바람에 말과 함께 차가운 물속에 빠졌다.
5. 그는 4~6주 전에 죽었다.
6. 불이 너무 뜨거워서 음식 아랫부분이 완전히 까맣게 타 버렸다.
7. 그는 항상 소금과 후추 없이 달걀을 먹는다.
8. 발에 (아주 큰) 통증이 있다. 나는 그 통증을 극복하고 달렸다고 생각한다.
9. 내가 바로 그 부인과 함께 있었다. 그리고 그 부인에게 그것을 말했다. 그리고 그녀도 그것을 그녀의 딸에게 이야기하겠다고 말했다.
10. 나는 더 이상 다시는 그것을 하지 않을 것이다.
11. 이 원숭아, 내가 즉시 숟가락으로 너의 귀를 때릴 것이다.
12. (도대체) 너 어디로 가니? 우리도 (너와 함께) 가야 해?
13. 힘든 시간들이다.
14. 나의 예쁜 아가야, 여기 아래에 서 있어라. 나쁜 거위들이 너를 물어서 죽일 것이다.
15. 너는 오늘 가장 많이 공부했고 얌전히 있었다. 너는 다른 사람들보다 일찍 집에 가도 된다.
16. 너는 아직 와인 한 병을 혼자서 다 마실 만큼 크지 않았다. 우선 더 자라고 키도 커야 된다.
17. 가서, 잘 있어라. 그리고 너의 누이에게, 어머니 옷을 다 바느질해 놓고 솔을 가지고 깨끗하게 해 놔야 한다고 말해라.
18. 만약 네가 그를 알았더라면! 그러면 달라졌을 텐데, 그리고 그에게 좀 더 잘 대했을 텐데...
19. 누가 내 고기 바구니를 훔쳐 갔을까?

- 출처는 http://www.worldlingo.com/ma/dewiki/ko/Deutscher_Sprachatlas이다. 번역을 해 주신 고려대학교 윤혜준 박사께 감사 드린다.

1. Im Winter fliegen die trockenen Blätter in der Luft herum.
2. Es hört gleich auf zu schneien, dann wird das Wetter wieder besser.
3. Zu Kohlen in den Ofen, damit die Milch bald zu kochen anfängt.
4. Der gute alte Mann ist mit dem Pferd(e) auf dem Eis eingebrochen und in das kalte Wasser gefallen.
5. Er ist vor vier oder sechs Wochen gestorben.
6. Das Feuer war zu heiß, die Kuchen sind ja unten ganz schwarz gebrannt.
7. Er isst die Eier immer ohne Salz und Pfeffer.
8. Die Füße tun mir (so sehr) weh, ich glaube, ich habe sie (mir) durchgelaufen.
9. Ich bin selber bei der Frau gewesen und habe es ihr gesagt, und sie sagte, sie wolle es auch ihrer Tochter sagen.
10. Ich will es auch nicht mehr wieder tun/machen.
11. Ich schlage dich gleich mit dem Kochlöffel um die Ohren, du Affe.
12. Wo gehst du (denn) hin? Sollen wir mitgehen (mit dir gehen)?
13. Das /es sind schlechte Zeiten.
14. Mein liebes Kind, bleib hier unten stehen, die bösen Gänse beißen dich tot.
15. Du hast heute am meisten gelernt und bist artig gewesen, du darfst früher nach Hause gehen als die anderen.
16. Du bist noch nicht groß genug, um eine Flasche Wein allein auszutrinken, du musst erst noch wachsen und größer werden.
17. Geh, sei so gut und sag deiner Schwester, sie soll die Kleider für eure Mutter fertig nähen und mit der Bürste rein machen.
18. Hättest du ihn gekannt! Dann wäre es anders gekommen, und es täte besser um ihn stehen.
19. Wer hat mir meinen Korb mit Fleisch gestohlen?
20. Er tat so, als hätten sie ihn zum Dreschen bestellt (; sie haben es aber selbst gen).
21. Wem hat er (denn) die neue Geschichte erzählt?
22. Man muss laut schreien, sonst versteht er uns nicht.
23. Wir sind müde und haben Durst.
24. Als wir gestern abend heim/zurück kamen, da lagen die anderen schon im Bett und waren fest eingeschlafen/am schlafen.
25. Der Schnee ist diese Nacht liegen geblieben, aber heute morgen ist er geschmolzen.
26. Hinter unserem Hause stehen drei schöne Apfelbäume /drei Apfelbäumchen mit roten Äpfeln/Äpfelchen.
27. Könnt ihr nicht noch einen Augenblick /ein Augenblickchen auf uns warten? Dann gehen wir mit (euch).
28. Ihr dürft nicht solche Kindereien treiben.
29. Unsere Berge sind nicht so (sehr) hoch, die euren sind viel höher.
30. Wieviel Pfund Wurst und wieviel Brot wollt ihr haben?
31. Ich verstehe euch nicht, ihr müsst ein bisschen lauter sprechen.
32. Habt ihr kein Stückchen weiße Seife auf meinem Tisch(e) gefunden?
33. Sein Bruder will sich zwei schöne neue Häuser in eurem Garten bauen.
34. Das Wort kam ihm von Herzen.
35. Das war recht von ihnen!
36. Was sitzen da für Vögelchen oben auf dem Mäuerchen?
37. Die Bauern hatten (fünf) Ochsen und (neun) Kühe und (zwölf) Schäfchen vor das Dorf gebracht, die wollten sie verkaufen.
38. Die Leute sind heute alle draußen auf dem Feld(e) und mähen.
39. Geh nur, der braune Hund tut dir nichts.
40. Ich bin mit den Leuten da hinten über die Wiese ins Korn gefahren.

20. 그는 그녀가 타작을 해 달라고 주문한 것처럼 행동했다. (그러나 그녀는 자기가 직접 했다)

21. 그는 (도대체) 누구에게 이 새로운 이야기를 이야기했을까?

22. 사람들은 크게 소리 질러야 한다. 그렇지 않으면 그는 우리 말을 이해하지 못한다.

23. 우리는 피곤하고 갈증을 느낀다.

24. 우리가 어제 저녁 집으로 돌아왔을 때, 다른 사람들은 벌써 침대에 누워 있었고 잠들어 있었다.

25. 오늘 밤에는 눈이 그대로 남아 있겠지만, 내일 아침에는 녹을 것이다.

26. 우리 집 뒤에 빨간 사과들이 달린 사과나무 세 그루가 서 있다.

27. 너희들 아주 잠깐만 우리를 기다려 줄 수 없니? 그러면 우리도 (너희들과) 함께 갈게.

28. 너희들은 그런 아이들을 몰아내서는 안 된다.

29. 우리 산들은 그렇게 (많이) 높지 않다. 너희 산들이 훨씬 더 높다.

30. 몇 파운드의 소시지와 얼마만큼의 빵을 원하니?

31. 나는 너희를 이해하지 못한다. 너희는 약간 더 크게 이야기해야 한다.

32. 너희들 내 책상 위에서 하얀 비누 조각을 찾지 못했니?

33. 그의 형이 너희 정원에 아름다운 새 집 두 채를 지을 것이다.

34. 그 말은 그에게 진심으로 다가왔다.

35. 그들이 옳다.

36. 벽 위에 어떤 종류의 새들이 앉아 있습니까?

37. 농부들이 내다 팔고자 하는 (다섯 마리의) 황소와 (아홉 마리의) 젖소 그리고 (열두 마리의) 양들을 마을 앞으로 끌고 나왔다.

38. 사람들이 오늘 모두 바깥 뜰에 나와 잔디를 깎고 있다.

39. 그냥 가. 갈색 개는 아무 짓도 안 할 거야.

40. 나는 사람들과 저 뒤쪽의 초원을 넘어서 곡식 밭으로 갔다.

벤커는 이 질문지를 5만여 개의 지방 초등학교에 우송하고 초등학교 교사들로 하여금 각 지방의 방언으로 번역하게 하는 방법을 사용했다. 1926년 브레데(Wrede)는 벤커가 수집한 언어 자료를 모아『독일 언어 지도(Deuche Sprachatlas)』를 편집하여 발간하였다.

1939년 미츠카(Mitzka)는 문장 40개로 이루어진 벤커 질문지의 항목 수가 방언 어휘를 충분하게 수집하기에는 한계가 있다는 점을 지적하고 약 200개의 어휘 항목을 포함하는 새로운 질문지를 만들었다. 미츠카도 벤커와 마찬가지로 통신 조사를 실시하였다. 이것이 바로 독일 방언 조사의 전통이라고 할 수 있으며 독일의 질문지가 많은 항목을 포함하고 있지 않은 것은 통신 조사 방법을 썼기 때문이다.

독일 방언학에서 사용한 서면 조사 방식은 통신 조사 질문지가 아니더라도 오늘날의 언어 조사 질문지에 반영될 수도 있다. 문법 항목을 묻거나 일상적인 표현의 차이를 알아볼 경우 사용할 수 있으며 또한 하나의 어휘 항목이 맥락에 따라 달리 사용되는 경우에도 충분히 활용 가능하다.

3.1.2 프랑스

프랑스의 줄르 질리에롱(Jules Gilliéron)은 방언학의 정통을 확립한 학자이다. 그는 1896년에 프랑스의 방언 조사를 위하여 단어 중심의 질문지를 만들었는데 그 항목은 모두 1,920개였다. 질리에롱은 독일의 벤커와는 달리 분석하기 힘든 문장 단위가 아닌 단어를 조사 항목의 단위로 한 질문지를 만들었다. 그리고 훈련된 조사원을 조사 지역에 보내 해당 지역의 방언을 조사하게 하는 방언 조사의 방법을 사용했는데 이 방법은 오늘날까지 현지 조사 방법의 모범이 되었다. 이 방법을 통해 세계 최초의 언어 지도인『프랑스 언어 지도(Atlas Linguistique de la France, ALF)』가 1910년에 출간되었다.

그 후 1940년대부터 도자(Dauzat)(1944)는 이전의 질문지 항목이 지역의 고유한 특성을 반영하지 못했다는 문제를 지적하고 질문지의 조사 항목을 개선하여 프랑스 각 지역의 방언을 조사하였다.

3.1.3 이탈리아

이탈리아의 방언 조사는 프랑스 방언 조사의 영향을 받았지만 조사 지점의 선정과 질문지 구성에서 독창적이고 개선된 방법을 사용하였다. 질리에롱의 제자인 자베르그(Jaberg)와 주드(Jud)는 표준 질문지, 소질문지, 대질문지라는 세 가지 종류의 서로 다른 질문지를 만들어 사용했다. 표준 질문지는 2,000개 항목으로 구성되어 있으며 354개의 조사 지점에서 사용했다. 소질문지는 800개 항목으로 되어 있고 북부 이탈리아 도시 28개의 조사 지점에서 사용했으며, 4,000개 항목을 포함하는 대질문지는 30개의 조사 지점에서 사용했다. 즉, 각 조사 지점의 중요도에 따라 조사 항목의 수를 달리 하였다는 점이 중요한 특징인데, 이러한 점은 현지 조사 방법론과 방언학의 발전에 중요한 이정표로 평가받고 있다. 이후 1908년 이탈리아 과학진흥협회(Societa Italiana per lo Sviluppo Scientifico)의 『이탈리아 언어 지도(Atlas Linguistique Italien, ALI)』를 위한 위원회는 질문지의 조사 항목이 7,500개인 조사 질문지를 개발하여 전국적인 언어 조사를 실시하였다.

3.1.4 영국

영국의 방언 조사는 전국적으로 실시되지 않았는데, 리즈(Leeds)대학교의 지원으로 전국적인 언어 조사가 실시되었다. 상대적으로 인근 국가들보다 늦었을 뿐만 아니라 심지어 당시의 신생국인 미국보다도 늦게 실시되었다. 1946년에 영국방언 조사계획을 수립한 취리히대학교의 오이겐 디트(Eugen Dieth)와 함께 해럴드 오튼(Harold Orton)이 영국의 리즈대학교로 옮겨 오면서 취리히대학교의 지원으로 언어 조사가 시작되었다. 언어 조사를 위하여 1947년에 질문지의 일차본이 작성되었고 1948년에 수정본을 거쳐 1952년에 『잉글랜드 언어 지도 질문지(A Questionnaire for a Linguistic Atlas of England)』가 출간되었다. 이 질문지는 5년이라는 매우 긴 시간을 들여 만든 질문지로 모두 1,270개 조사 항목으로 구성되었다. 이 질문지의 조사 항목에는 365개의 음운 항목, 62개의 형태 항목, 41개의 통사 항목, 그리고 730개의 어휘 항목이 있다. 李翊燮(1984b: 58)은 이 질문지가 가장 조직적으로 작성된 질문지라고 평가하고 있다. 이 질문지는 질문 항목의 의미를 기준으로 다음과 같이 크게 9개의 대영역으로 분류하고 있다.

Book I	The farm
Book II	Farming
Book III	Animals
Book IV	Nature
Book V	The house and housekeeping
Book VI	The human body
Book VII	Numbers, time and weather
Book VIII	Social activities
Book IX	States, actions, relations

이 9개의 대영역 아래에 다시 여러 개의 소영역을 두어 질문지의 항목을 이원적으로 조직하였다. 의미에 따른 이러한 분류 방식은 오늘날의 언어 조사 질문지에 대부분 반영되어 있다.

그런데 이 질문지는 영국의 잉글랜드 지방만을 대상으로 사용되었으며, 이 질문지를 사용한 언어 조사의 결과는 1978년『잉글랜드 언어 지도(The Linguistic Atlas of England)』로 출간되었다.

반면, 스코틀랜드 지역의 언어 조사를 위한 질문지는 1951년에 처음으로 통신 질문지 형태로 작성되었다. 이 질문지는 207개 항목으로 구성되어 있었는데 대부분이 어휘 항목이고 문법과 음운에 관한 것은 매우 적었다. 이 질문지에 의한 통신 조사는 1차 조사에서는 2,000명, 2차 조사에서는 800명의 자료제공인을 통해서 이루어졌고 매우 성공적인 통신 조사 방법의 사례로 꼽히고 있다. 1977년에는 이 질문지에 의해 조사된 언어 자료를 바탕으로『스코틀랜드 언어 지도(The Linguistic Atlas of Scotland)』가 출간되었다.

3.1.5 미국

미국은 유럽 국가에 비하여 짧은 역사를 가진, 이민자로 구성된 나라였지만 비교적 빠른

시기에 방언 조사가 실시되어 언어 지도가 발간되었다. 1929년부터 쿠라트(Kurath)를 위원장으로 하는 위원회를 중심으로 뉴잉글랜드 지방부터 시작해서 미국 전역을 모두 조사하여 각 지역별 언어 지도를 발간하였다. 미국의 방언 조사 방법론은 이탈리아 자베르그(Jaberg)와 주드(Jud)의 방법론을 계승하였다. 그러나 미국의 현실에 맞는 독창적인 질문지와 질문 방식을 개발했다는 점, 계층에 따라 자료제공인을 선정하고 다수의 조사원에 의한 치밀한 조사를 실시했다는 점에서 미국의 방언 조사가 갖는 의미가 크다.

미국의 방언 조사 질문지도 질문 항목을 의미에 따라 분류했으나 영국의 질문지와 달리 일원적으로 조직했다는 점이 다르다. 미국의 방언 조사 질문지가 채택한 의미 영역은 다음과 같다.

표 2 미국 언어 조사 질문지의 의미 영역

numbers	expressions of time	the weather
the dwelling	*(verb forms)*	the farm
vessels/utensils/implements	vehicles/implements	*(verb forms)*
clothing and bedding	topography/roads	*(preposition)*
domestic animals/ calls to animals	*(adverbs)*	farm crops
(pronouns)	food/cooking/mealtime	*(pronouns)*
fruits/vegetables	*(verb phrases)*	animals
trees/berries	the family	persons/names/nicknames
(adverbs/conjunctions)	the human body	personal characteristics/ emotions
illness/death	*(verb phrases)*	social life and institutions
names of states	cities and countries	*(noun forms/conjunctions)*
religion/superstition	*(adverbs/exclamations/ salutations)*	various activities
miscellaneous expressions		

3.1.6 러시아

러시아의 방언 조사 질문지는 그 발달 과정을 아는 것이 쉽지 않다. 여기서는 러시아의 방언 조사 질문지 중 하나인 『러시아어 방언 지도 작성을 위한 자료 수집 프로그램

(Programma sobiranija cvedenij dlja sostavlenija dialektologicheskogo atlasa russkogo jazyka)』 (1947)을 살펴본다. 이 질문지는 핸드북 양식으로 되어 있으며 총 분량은 217쪽이다.

이 질문지는 사전 정보와 '음성, 형태, 통사, 어휘'라는 4개의 조사 영역으로 구성되어 있으며 그 분량은 다음과 같다.

- 음성: 15-74 (60쪽)
- 형태: 74-122 (49쪽)
- 통사: 122-130 (9쪽)
- 어휘: 130-144 (15쪽)

러시아 질문지의 특징적인 점은 다음과 같다. 첫째, 하나의 조사 항목이 하나의 어휘나 문장이 아니고, 각각의 음성·음운 규칙이나 형태·통사 규칙이다. 둘째, 그 아래에 세부 질문이 있고 그 안에 수많은 예가 있다. 예를 들면 다음과 같다.

[음성의 1번 항목]

철자 o로 표현된 모음이 강세 바로 앞의 위치에서 어떻게 발음되는가?

[세부 질문]

o로 발음되는가, a로 발음되는가, 아니면 a와 ə 중간 소리인가, 혹시 듣기에 e 또는 ə에 가까운 소리는 아닌가?

[예]

а) столы или сталы; ноги или наги; пошли или пашли; просил или прасил; посмотри или посматри; косил или касил; в полку или в палку; к столу или к сталу; на воде или на ваде; на ноге или на наге; смотрел или сматрел.

이 경우에 철자 o의 위치에 ə가 발음되지는 않는가: въды, ■ на въде, к стълу 등등.

б) вода, вада или въда (выда); нога, нага или нъга (ныга); дома, дама или дъма (дыма); стоял, стаял или стъял (стыял); моя, мая или мъя (мыя); твоя, твая или твъя (твыя);

в) водой или вадой (тв. ед.); ногой или нагой; домой или дамой; корова или карова; пойдём или пайдём; понес или панес.

이 경우에 ə가 발음되지는 않는가: въдой 등등.

질문지의 뒷부분 약 70쪽은 언어 지도 작성의 필요성, 분명한 계획과 통일된 프로그램 작성의 중요성, 전소련 민족 언어 지도의 일부로서의 러시아어 방언 지도의 성격 규정, 질문지 작성의 기본 원칙, 질문지에 실린 예의 수와 질문의 구성에 대한 기술, 음성 전사 체계의 설명에 할애되어 있다.

이 질문지를 토대로 하여 4,000여 마을에서 방언 조사가 시행되었고, 그 결과 『러시아어 방언 지도: 소련의 유럽에 속하는 지역의 중심부(Диалектологический атлас русского языка: Центр Европейской части СССР)』[**]이 출간되었다. 1986년 I부 '음성'을 시작으로 하여, 1989년에는 II부 '형태'가 발간되었다. III부 '통사, 어휘'는 주해가 먼저 1996년에 나오고, 지도는 두 번에 걸쳐서 1부(어휘)(1997)와 2부(통사, 어휘)(2004)로 나뉘어 발간되었다.

3.2 동양의 질문지

서양에 비하여 언어학에 대한 관심이 비교적 낮았던 동양에서는 방언에 대한 연구가 상대적으로 활발하게 이루어지지 않았다. 개별 방언이나 언어에 대한 사실이 풍물에 대한 간략한 기록으로 남아 있을 뿐이다. 따라서 개별 언어 조사 질문지나 방언 조사 질문지가 체계적으로 발간된 것은 비교적 근래의 일이라고 할 수 있다.

3.2.1 중국

기존의 현대 중국 방언의 방언 구획에서 음운적 기준이 가장 중요하게 사용되었기 때문에 현대 중국 방언에 대한 연구는 주로 각 개별 방언의 음운 체계 연구에 집중되어 있다. 이러한 연구의 경향은 가장 대표적인 중국 방언 조사 질문지인 『方言調査字表』(1955, 중국사

---

[*] 러시아 언어학계에서는 [ə]를 키릴 문자 ь로 적는다.

[**] III부는 소비에트가 해체된 이후에 발간되어 부제의 제목이 'Центр Европейской части России(러시아의 유럽에 속하는 지역의 중심부)'로 바뀌었다. 지도가 포괄하는 범위는 러시아인이 고대부터 살아 오던 지역으로 서쪽으로는 핀란드, 에스토니아, 라트비아, 벨라루스, 우크라이나의 경계까지, 북쪽으로는 북위 62도까지, 동쪽으로는 동경 48도까지, 남쪽으로는 볼고그라트주(Volgogradskaja oblast')와의 경계까지를 아우르는 지역이다.

회과학원 어언연구소)에 반영되어 있다.『方言調査字表』는 방언의 음운에 대한 조사 항목으로 구성되어 있다. 이 질문지에는 용법과 설명에 이어 자료제공인[合作人]의 정보를 기재하는 부분이 나온다. 이어 개별 방언의 성조(聲調), 성모(聲母), 운모(韻母)를 개괄한 표가 제시되어 있고 그 다음에는 성모와 운모가 같고 성조가 다른 조사 항목들을 성조에 따라서 그리고 등호(等呼) 등에 따라서 나열하고 있다. 이와 같은 조사 항목과 그 배열 순서는 중국 성운학(聲韻學)의 전통을 따르고 있다. 따라서 이 질문지로 조사된 방언 자료에 나타난 음운 특징은 전통적인 성운학에서의 음운 특징과 잘 대응되므로 방언에서의 분화 양상을 분석하기 쉽게 해 준다(변지원 2005: 262).

그러나『方言調査字表』는 그 조사 항목이 음운 부분에만 집중되어 있고 어휘나 문법 항목이 결여되어 있다는 것이 가장 두드러진 문제점이다. 이는 중국 방언학 연구의 전통에 기인한 것일 수도 있으나, 방언 연구 방법과 내용의 다양화라는 측면에서는 반드시 해결해야 할 문제일 것이다. 특히 변지원(2005: 266-267)은 어휘 채록을 통한 방언 조사를 통해서『方言調査字表』에 제시된 항목 중 상당수가 사용되지 않는 어휘였고, 또한 동시에 사용 빈도가 높은 상당수의 어휘가 이 질문지에 수록되어 있지 않다는 것을 지적하였다. 이어서 그는 이러한 문제점을 고려하여 중국의 방언 조사 질문지를 한국의 방언 조사 질문지 등과 같이 다양한 어휘 자료를 수집할 수 있도록 개선해야 한다고 제안하였다.『方言調査字表』외에도 중국어 방언의 어휘를 조사하기 위해서는『方言調査詞彙手冊』(1955, 중국사회과학원 어언연구소)과『漢語方言詞彙調査手冊』(2006, 중화서국)을 사용할 수 있고, 중국어 방언 어휘 자료집인『漢語方言詞匯』(1964, 북경대학 중국어언문학계 어언학교연실) 등도 중국의 방언 조사에서 유용하게 사용되어 왔다.

	果開一: 歌			果開三: 戈
	平	上	去	平
	歌	哿	箇	戈
幫滂並明				
端透定	多 拖他 駝駄拿，駄起來	舵	大駄駄子	
泥(娘)來	挪 羅鑼籮	哪(那)哪個?	那	
精清從心邪	搓	左	佐	
知徹澄				
照穿牀審　莊初崇生				
照穿牀審禪　章昌船書				
日				
見溪羣疑	歌哥 蛾鵝俄	可 我	個個人，一個 餓	茄茄子
曉匣	河何荷荷花		荷(*蔺)薄荷 賀	
影喻喻　喻云以	阿阿膠，阿哥			

그림 1 중국 질문지 『方言調査字表』(1955)의 일부

3.2.2 일본

일본은 비교적 이른 시기에 다언어 조사에 대한 관심을 가지고 있었다. 1956년 핫도리 시로(服部四郎)가 일본 최초의 다언어 조사표로『기초 어휘 조사표』를 발간했다. 이 질문지에는 다언어 조사를 위한 매개언어로 일본어, 영어, 프랑스어를 채택하고 있다.

이 질문지를 계승하여 발전시킨 것이 동경외국어대학 아시아·아프리카 언어문화연구소가 1967년에 발간한『アジア・アフリカ言語調査票 下』이다. 이 질문지는 아시아와 아프리카 지역의 언어를 조사 대상으로 하고 있다. 이 질문지의 중요한 특징은 4,477개의 항목을 중요도에 따라 A부터 E까지 분류하고 있으며 11개 매개언어(영어, 프랑스어, 아랍어, 중국어, 독일어, 힌디어, 인도네시아어(말레이어), 스페인어, 페르시아어, 러시아어, 스와힐리어)로 작성되었다는 점이다. 또한 질문지의 항목 수가 매우 많다는 것도 주목할 만한 특징이다.

그러나 이 질문지는 핫도리 시로(服部四郎)의『기초 어휘 조사표』와 마찬가지로 어휘 항목만을 중심으로 구성되어 있어 형태나 통사와 같은 문법이나 음운에 대한 조사 항목이 없다. 또한 4,477개의 조사 항목은 현실적으로 조사하기 어려울 정도로 많은 분량이어서 조사의 효율성이 낮다는 점도 이 질문지가 갖는 한계라고 할 수 있다. 1979년에 개정되어 출판된 이 질문지에는 2,000개의 어휘 항목이 수록되어 있어서 어휘 항목 수가 과다한 문제점을 어느 정도 해결하고 있다.

0001—0015   1

0001 あたま (頭) A1.571
[e] head
[f] tête
[a] ra's
[c] nǎodài
[g] Kopf
[h] sir
[i] kepala
[p] sar
[r] голова
[s] cabeza
[w] kichwa

0002 かみ(髪), かみのけ(髪の毛)
[e] hair   ⌐A1.575
[f] cheveu(x)
[a] ša'r
[c] tóufa
[g] Haar
[h] bāl
[i] rambut
[p] mū
[r] волос
[s] pelo, cabello
[w] nywele

0003 ひたい (額) B1.571
[e] forehead
[f] front
[a] jabhah, jabīn
[c] nǎoménz
[g] Stirn
[h] lalāṭ
[i] dahi
[p] pīshānī
[r] лоб
[s] frente
[w] kipaji

0004 まゆ (眉), まゆげ (眉毛)
[e] eyebrow   ⌐B1.575
[f] sourcil
[a] ḥājibu l'ayn
[c] méi
[g] Braue
[h] bhaonh
[i] kening
[p] ăbru
[r] бровь
[s] ceja
[w] nyushi

0005 め (目) A1.571
[e] eye
[f] œil, yeux
[a] 'ayn
[c] yǎnjing
[g] Auge
[h] ănkh
[i] mata
[p] chashm
[r] глаз
[s] ojo
[w] jicho

0006 なみだ (涙) B1.577
[e] tear
[f] larme
[a] dam'
[c] yǎnlèi
[g] Träne
[h] ānsū
[i] air mata
[p] ashk
[r] слеза
[s] lágrima
[w] machozi

0007 みみ (耳) A1.571
[e] ear
[f] oreille
[a] 'uḍn
[c] ěrduo
[g] Ohr
[h] kān
[i] telinga
[p] gūsh
[r] ухо
[s] oreja
[w] sikio

0008 はな (鼻) A1.571
[e] nose
[f] nez
[a] 'anf
[c] bíz
[g] Nase
[h] nāk
[i] hidung
[p] bīnī
[r] нос
[s] nariz
[w] pua

0009 くち (口) A1.571
[e] mouth
[f] bouche
[a] fam
[c] zuǐ
[g] Mund
[h] munh
[i] mulut
[p] dahān
[r] рот
[s] boca
[w] kinywa, mdomo

0010 くちびる (唇) B1.571
[e] lip
[f] lèvre
[a] šafah
[c] zuǐchún
[g] Lippe
[h] hōnṭh
[i] bibir
[p] lab
[r] губ
[s] labio
[w] modmo

0011 した (舌) B1.571
[e] tongue
[f] langue
[a] lisān
[c] shétou
[g] Zunge
[h] jihvā
[i] lidah
[p] zabān
[r] язык
[s] lengua
[w] ulimi

0012 つば (唾) B1.577
[e] spit
[f] salive
[a] buṣāq
[c] tuòmo
[g] Speichel, Spucke
[h] lār
[i] air liur
[p] tof
[r] слюна
[s] saliva
[w] mate

0013 は (歯) A1.576
[e] tooth, teeth
[f] dent(s)
[a] sinn
[c] yá
[g] Zahn
[h] dānt
[i] gigi
[p] dandān
[r] зуб
[s] diente
[w] meno

0014 あご (顎) B1.571
[e] chin
[f] menton
[a] daqan
[c] xiàba
[g] Kiefer, Kinn
[h] cibuk
[i] dagu
[p] chāneh
[r] подбородок, челюсть
[s] barbilla
[w] kidevu

0015 ほお (頬) B1.571
[e] cheek
[f] joue
[a] badd
[c] liǎndànr
[g] Wange
[h] kapōl
[i] pipi
[p] rokh
[r] щека
[s] mejilla
[w] shavu la uso

[e]nglish, [f]rench, [a]rabic, [c]hinese, [g]erman, [h]indi,
[i]ndonesian (malay), [p]ersian, [r]ussian, [s]panish, [w]ahili.

그림 2 일본 질문지 『アジア・アフリカ言語調査票 下』(1967)의 일부

3.2.3 한국

한국의 언어 조사 질문지는 주로 지역 방언 조사를 목적으로 한 것과 개별 언어 조사를 목적으로 한 것, 두 가지 유형이 있다. 앞에서 밝힌 바와 같이 한국의 언어 조사 질문지는 처음에는 방언 조사를 목적으로 작성되었다. 그러나 한 언어의 지역 방언 조사는 계통이 유사한 언어에 대한 현지 조사나 전혀 계통이 다른 언어에 대한 개별 언어 현지 조사로 확장

될 수 있는데, 한국어의 언어 조사 질문지의 경우도 예외가 아니다.

한국어의 지역 방언 조사 질문지로 대표적인 것은 한국학중앙연구원의 『韓國方言調査質問紙』(1980)와 국립국어원의 『지역어 조사 질문지』(2006)가 있다. 이 두 질문지는 모두 한국어의 방언을 조사하기 위한 목적으로 작성되었다.

한국학중앙연구원의 『韓國方言調査質問紙』는 총 1,782개의 항목으로 이루어져 있고 어휘, 문법, 음운 등의 영역으로 이루어져 있다. 이 질문지는 '전국 방언 조사 연구'를 위하여 한국정신문화연구원▪이 1978년부터 제작하기 시작하여 1980년에 완성한 질문지로서 이 연구계획이 실행되면서 전국적인 방언형의 비교가 가능하게 되었으며, 이 질문지를 이용하여 1980년부터 1985년까지 군 단위로 실시된 방언 조사의 결과가 바로 1987년에 제I권이 출간되어 1995년에 제IX권으로 제작이 완료된 『한국방언 자료집』이다(이기갑, 2008b). 또한 이 자료집의 결과를 지도로 구현하여 2008년 『한국언어 지도』가 출간되었다. 구성의 측면에서

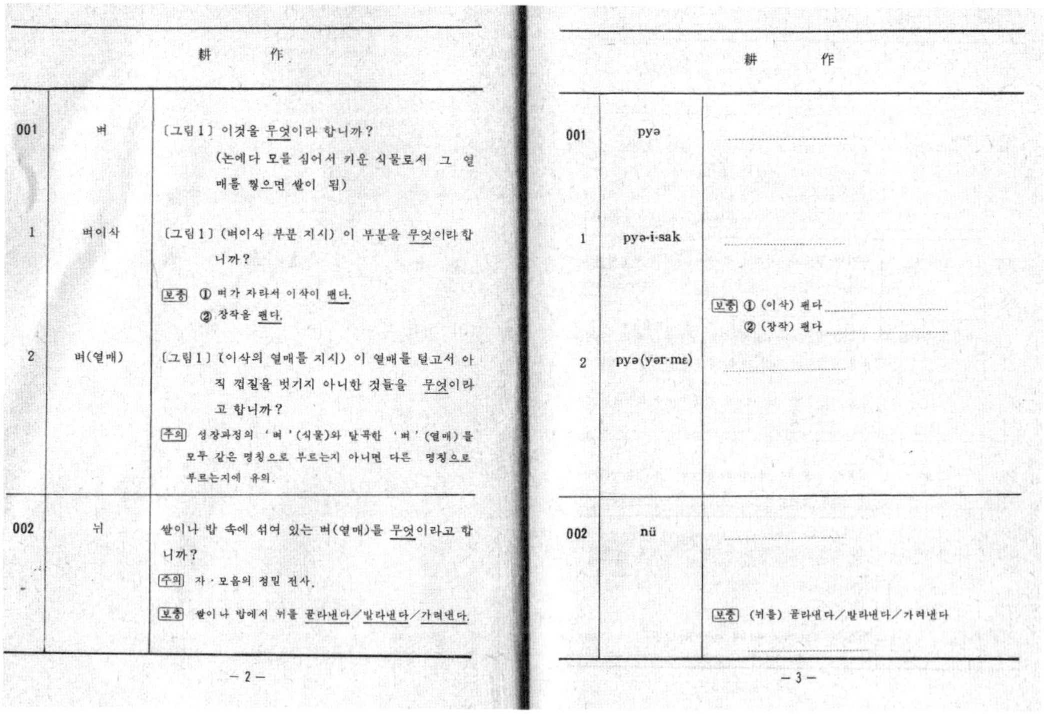
耕 作

001	벼	[그림 1] 이것을 무엇이라 합니까? (논에다 모를 심어서 키운 식물로서 그 열매를 찧으면 쌀이 됨)
1	벼이삭	[그림 1] (벼이삭 부분 지시) 이 부분을 무엇이라 합니까? 보충 ① 벼가 자라서 이삭이 팬다. ② 장작을 팬다.
2	벼(열매)	[그림 1] (이삭의 열매를 지시) 이 열매를 털고서 아직 껍질을 벗기지 아니한 것들을 무엇이라고 합니까? 주의 성장과정의 '벼'(식물)와 탈곡한 '벼'(열매)를 모두 같은 명칭으로 부르는지 아니면 다른 명칭으로 부르는지에 유의.
002	뉘	쌀이나 밥 속에 섞여 있는 벼(열매)를 무엇이라고 합니까? 주의 자·모음의 정밀 전사. 보충 쌀이나 밥에서 뉘를 골라낸다/발라낸다/가려낸다.

－2－

耕 作

001	pyə	....
1	pyə-i-sak	.... 보충 ① (이삭) 팬다 .... ② (장작) 팬다 ....
2	pyə(yər·mɛ)	....
002	nü	.... 보충 (뉘를) 골라낸다/발라낸다/가려낸다 ....

－3－

그림 3 한국 질문지 『韓國方言調査質問紙』(1980)의 일부

▪ 현재의 한국학중앙연구원의 전신이다.

볼 때, 『韓國方言調査質問紙』는 어휘, 문법, 음운의 세 가지 하위 부문의 질문지로 이루어져 있다. 어휘 질문지는 '농사, 음식, 가옥, 의복, 인체, 육아, 인륜, 경제, 동물, 식물, 자연, 상태, 동작' 등의 13개의 하위 의미 영역으로 구성되어 있다. 그리고 문법 질문지는 '대명사, 조사, 경어법, 시제, 사동·피동, 연결어미, 보조용언, 부사' 등의 범주를 포함하고 있으며, 음운 질문지는 '단모음, 이중모음, 음장·성조, 억양, 자음탈락, 불규칙 활용, 자음축약, 경음화, 비음절화, 모음조화, 움라우트, 외래어' 등을 하위 영역으로 포함하고 있다.

국립국어원의 『지역어 조사 질문지』는 국립국어원의 지역어조사추진위원회에서 3년간의 시간을 들여 제작한 것이다. 이 질문지는 제1편 구술 발화, 제2편 어휘, 제3편 음운, 제4편 문법 등 네 분야로 이루어져 있다. 구술 발화 질문지가 포함되었다는 것은 방언, 즉 지역어를 어휘, 음운, 문법이라는 기존의 질문지가 담고 있었던 내용에서 더 나아가 문장과 담화의 차원까지 그 질문의 영역을 확장하여 조사할 수 있도록 하기 위한 것이다. 이는 지역어에 대한 연구의 범위를 넓히는 바탕을 제공한 것이다. 또한 이 질문지는 남한과 북한의

2.1. 농경

2.1.1. 경작

[20101] **벼** 〈그림 1〉 이것은 <u>무엇</u>입니까?(논에다 모를 심어서 키운 식물.) 주의 '벼의 이삭'과 '벼(열매)/벼(식물)'의 단어형 차이 확인. 옛 벼

[20102] **이삭** 〈그림 1〉 (이삭을 가리키면서) 이 부분을 <u>무엇</u>이라고 합니까?(벼나 보리, 밀 등에서 열매가 더부룩하게 달린 부분.) 옛 이삭

[20103] **볍씨** 이듬해에 씨로 쓰려고 따로 둔 좋은 벼 열매를 <u>무엇</u>이라고 합니까? 주의 '종자씨', '씨나락' 등 다양한 분화형이 있음. 옛 벼+씨

[20104] **못자리** 흙을 고르고 판판하게 만든 다음, 볍씨를 뿌리려고 만든 논은 무엇이라고 합니까? 주의 못자리의 각 판을 뜻하는 '모판'과 혼동하지 말 것.

[20105] **모판** 씨를 뿌려 모를 키우기 위하여 못자리 사이사이를 떼어 긴 네모 모양으로 두둑을 지어 만들어 놓은 곳을 <u>무엇</u>이라고 합니까?(사방 가장자리마다 얇은 널빤지 조각이나 굵은 새끼로 테를 두르기도 한다.) 주의 '기계 모판'과 구별할 것.

[20106] **쟁기** 〈그림 2〉 이것을 <u>무엇</u>이라고 합니까?(논밭을 갈아엎거나 골을 탈 때 쓰는 농기구.) 옛 쟁긔

20101	....
20102	....
20103	....
20104	....
20105	....
20106	....

그림 4 『지역어 조사 질문지』(2006)의 일부

학자들이 협력하여 우리의 전통과 문화가 깃들어 있는 지역어를 조사하기 위해 작성한 것이라서 그 의의가 더욱 크다.

방언 조사가 목적이 아닌 개별 언어에 대한 언어 조사를 목적으로 하는 질문지로는 한국알타이학회에서 펴낸 『질문지』(2009)가 있다. 이 질문지는 한국어와 그 계통적 연관성이 가장 큰 것으로 보이는 알타이언어를 조사하기 위하여 중국의 『鄂溫克語簡志』(1986)를 참고로 하여 작성되었다. 이 질문지의 어휘 부분은 모두 2,700여개의 항목으로 이루어져 있고 알타이언어 사용자들이 이중 언어로 사용하는 중국어, 러시아어, 몽골어를 매개언어로 하여 작성되었다.

『질문지』는 어휘, 기초회화, 문법 등의 하위 질문지로 구성되어 있다. 어휘 질문지는 기본적으로 단어의 의미와 형태에 대한 내용을 알고자 하는 것으로, 단어 단위로 구성되어 있으며 4개의 중요도 등급이 매겨져 있고, 24개의 의미 부류가 설정되어 있다. 기초회화는 자연스러운 환경에서 일상생활에서 사용하는 말을 조사하기 위하여 '첫 만남, 방문, 수렵, 휴식, 기상/출발, 날씨, 음식, 수렵물 분배, 상점, 사과, 치료, 계절, 기쁨, 이별, 솜씨, 기호1(차 마실 때), 기호2(여가 활동)' 등의 17개의 장면으로 나누어 대화로 구성하였다. 이러한 시도는 구술 발화에 의한 언어 조사와 질문-답변 형식의 질문지에 의한 언어 조사의 중간 단계에 해당한다고 볼 수 있으며, 그 언어에서 실제 사용되고 있는 문장 형태의 자연스러운 표현을 조사할 수 있다는 의미가 있다. 문법 질문지는 알타이언어에 일반적인 문법 현상들을 중심으로 문장 단위로 구성한 질문지이다.

다양한 개별 언어를 조사하기 위한 언어 조사 질문지에서 가장 중요한 도구이면서 동시에 가장 큰 어려움을 제공하는 요소가 매개언어이다. 어떠한 언어를 매개언어로 하느냐에 따라서 조사가 불가능한 항목이 나타나기도 하고 또 의도하지 않은 언어표현이 조사되기도 한다. 그러므로 각 매개언어 전문가들이 질문지 작성에 반드시 참여해야 하며 지속적인 개정이 필요하다.

참고문헌

논저류: 자모순

강영봉(2006), 「방언 어휘 연구와 조사 방법」, 『방언학』 3.

강정희(1990), 「방언문법론」, 『방언학의 자료와 이론』, 국어국문학회.

곽충구(2002), 「방언연구사」, 『국어국문학회 50년』, 태학사.

곽충구(2005), 「어휘 조사 질문지의 내용과 형식」, 『방언학』 2.

김봉국(2005), 「음운 조사 질문지」, 『방언학』 2.

김주원 외(2008), 『사라져 가는 알타이언어를 찾아서』, 태학사.

김태엽(2006), 「방언 문법의 조사 방법」, 『방언학』 3.

金亨奎(1979), 「나의 方言 調査 硏究」, 『方言』 1.

박경래(2005a), 「어휘 조사 질문지」, 『제2회 한국방언학회 학술대회발표논문집』.

박경래(2005b), 「현지 방언 조사 작업의 내용과 문제점」, 『남북 언어 동질성 회복을 위한 제5차 남북 국제학술회의 논문집』.

박경래(2007), 「구술발화의 조사와 정리」, 『방언학』 6.

변지원(2005), 「현대 중국 방언 연구의 새로운 과제」, 『중국문학』 43.

徐禎穆(1981), 「「韓國方言調査質問紙」의 文法篇에 대하여」, 『方言』 5.

宋敏(1981), 「「韓國方言調査質問紙」의 音韻篇에 대하여」, 『方言』 5.

沈在箕(1981), 「「韓國方言調査質問紙」의 語彙篇에 대하여」, 『方言』 5.

이기갑(1990), 「방언어휘론」, 『방언학의 자료와 이론』, 국어국문학회.

이기갑(2005), 「방언 문법의 정밀 조사를 위한 질문지」, 『방언학』 2.

이기갑(2007), 「구술발화와 담화분석」, 『방언학』 6.

이기갑(2008a), 「국어 방언 연구의 새로운 길, 구술 발화」, 『어문론총』 49, 한국문학언어학회.

이기갑(2008b), 「'언어 지도'제작 가쁜히 … 겨레말 전체 겨냥하다. [동향] 국내 방언 연구 어디까지 와 있나」, 교수신문 [인터넷판 (2008.6.16), (접속일: 2011.4.28), http://www.kyosu.net/news/quickView ArticleView.html?idxno=16387

李秉根(1981), 「廣域方言調査를 위한 質問紙의 性格」, 『方言』 5.

이상규(2003), 『국어방언학』, 학연사.

이승재(1990), 「방언음운론」, 『방언학의 자료와 이론』, 국어국문학회.

이승재(2004), 『방언연구』, 태학사.

李翊燮(1979), 「方言 資料의 수집 방법」, 『方言』 1.

李翊燮(1981), 『영동 영서의 언어 분화』, 서울대학교 출판부.

李翊燮(1984a), 「方言調査 質問紙의 質問法에 대하여」, 『方言』 7.

李翊燮(1984b), 『方言學』, 民音社.

임석규(2009), 「방언 조사방법론의 어제와 오늘」, 『국어학』 54집.

정승철(2006), 「음운 연구와 방언 조사 방법」, 『방언학』 3.

최명옥(2001), 「방언 자료의 수집과 정리」, 『새국어생활』 11-2.

최명옥(2004), 「지역어의 조사 원칙과 조사 방법」, 『제3차 남북 국제 학술회의 논문집』, 국립국어연구원.

최명옥(2005), 「지역어 연구를 위한 조사 항목의 작성에 대하여」, 『방언학』 2.

최명옥(2007), 「구술발화 자료와 개별방언론」, 『방언학』 6.

崔鶴根(1979), 「方言質問方法」, 『方言』 1.

洪允杓(1981), 「「韓國方言調査質問紙」에 대하여」, 『方言』 5.

홍윤표(2005), 「방언 조사를 위한 그림 자료의 활용」, 『방언하』 2.

Chambers, J. & P. Trudgill (1998), *Dialectology*, Cambridge University Press.

Nida, Eugene A. (1947), Field techniques in descriptive linguistics, *International Journal of American Linguistics* 13.

Pop, S. (1950), *La Dialectologie*, 2 vols, Louvain: Centere Internationale de Dialectologie Générale.

胡增益, 朝克 編著(1986), 『鄂溫克語簡志』, 民族出版社.

薩希榮 編著(1981), 『簡明漢語鄂倫春語對照讀本』, 民族出版社.

자료류: 간행년도순

『鄂倫春語, 滿洲に於ける鄂倫春族の研究』(1939), 治安部參謀司調査課, 第五篇, 奉天: 興亞印刷.

Programma sobiranija cvedenij dlja sostavlenija dialektologicheskogo atlasa russkogo jazyka (1947), Institut russkogo jazyka, M., L.: Isdatel'stvo Akademii nauk SSSR.

『方言調査詞彙手册』(1955), 中國社會科學院語言研究所.

『アジア・アフリカ言語調査票』(下)(1967/1979), 東京外國語大學 アジア・アフリカ言語文化研究所.

『漢語方言詞匯』(1964), 北京大學中國語文言學系語言教研室編, 文字改革出版社.

『韓國方言調査質問紙』(1980), 한국정신문화연구원 어문학연구실.

『方言調査字表』(1981), 中國社會科學院語言研究所編輯, 商務印書館.

『韓國方言資料集』I-IX (1987-1995), 한국정신문화연구원 어문학연구실.

『方言學 事典』(2001), 방언연구회, 태학사.

『21世紀の方言學』(2002), 日本方言研究會 編, 國書刊行會.

『漢語方言詞匯調査手册』(2006), 顧黔・石汝杰編, 中華書局.

『지역어 조사 질문지』(2006), 국립국어원 지역어조사추진위원회, 태학사.

『言語調査質問紙(中國地域用)』(2009), 한국알타이학회.

『언어 조사 질문지(러시아지역용)』(2009), 한국알타이학회.

II. 언어 조사 질문지 사례:

알타이언어 현지 조사를 위한 질문지

II. 언어 조사 질문지 사례:
알타이언어 현지 조사를 위한 질문지

1. 개요

 질문지는 언어 조사에서 조사할 항목을 미리 정하여 둔 자료로서 언어 조사의 내용을 결정하는 중요한 수단이다. 그러므로 조사의 목적에 맞도록 체계적으로 작성된 질문지는 언어 조사의 준비 작업에서 중요한 부분을 차지한다. 여기에서는 언어 조사 질문지의 사례로 한국알타이학회가 알타이언어의 현지 조사를 위해 만든『언어 조사 질문지』(이하『질문지』)를 자세히 소개한다. 1장에서는『질문지』의 작성 원칙, 구성과 형식, 질문지의 관리 사례를 기술하고, 2장에서는『질문지』의 작성 과정과『질문지』를 사용하여 알타이언어 사용 지역에서 실제 언어 조사를 진행하는 과정에서 발생했던 문제점을 구체적인 사례를 중심으로 서술하였다. 특히 2장의 내용은 사례에 나타난 문제점을 주제별로 정리한 것으로 언어 조사 질문지의 작성과 적용의 생생한 사례를 소개한 것이다.

 알타이언어의 사용 지역이 대부분 중국, 러시아, 몽골 지역이기 때문에『질문지』는 매개 언어(meta language)에 따라 중국지역용, 러시아지역용, 몽골지역용으로 나누어 발행되었다. 알타이언어 조사팀은 이『질문지』를 이용하여 2003년부터 2009년까지 6년 동안 41차례에 걸쳐 중국 지역과 러시아, 몽골 지역의 알타이언어를 현지에서 조사하였다. 여기에서는 중국지역용과 러시아지역용 질문지의 사례를 중심으로 기술한다.▪

▪ 몽골지역용 질문지는 몽골어 방언을 조사하기 위한 질문지로서 중국지역용, 러시아지역용 질문지와는 성격이 조금 다르므로 자세한 논의 대상에서 제외한다.

1.1 『질문지』의 작성 원칙

『질문지』는 중국지역용, 러시아지역용, 몽골지역용 등 매개언어별로 작성되었다. 먼저 2000년에 매개언어가 중국어인 『질문지』가 만들어졌고, 2003년에는 중국지역용 질문지와 내용이 같은 러시아어로 된 『질문지』가, 2004년에는 몽골어를 매개언어로 하는 몽골지역용 『질문지』가 작성되었다.

최초의 『질문지』의 어휘편은 중국어로 된 어윙키어 조사 보고서 성격의 『鄂溫克語簡志』 (1986)를 참고로 하여 작성되었고, 이후 항목의 수정과 추가, 삭제 과정을 통해 한국어 항목과 중국어 대응어가 가다듬어졌다. 이를 토대로 중국지역용 질문지를 러시아어로 번역하고 그 후에 몽골어로 번역하여 러시아지역용, 몽골지역용 질문지가 각각 작성되었다. 질문지 작성 과정에서 기초로 삼은 원칙은 아래와 같다.

첫째, 한국어 어휘 항목 하나에는 각 매개언어로 하나의 대응어를 부여하는 일대일 대응 원칙을 기본으로 한다. 다의어나 동음이의어는 적절한 예시나 설명을 덧붙여 구별한다.

둘째, 동일한 매개언어 항목이 한국어의 여러 항목에 대응되어 나타나지 않도록 한다.

셋째, 단독으로 의미 파악이 힘든 단어는 괄호 안에 적합한 예를 제시한다(예를 들어, '~지 마라'의 경우 '(먹지+)'에 해당하는 단어를 덧붙인다).

넷째, 한 언어로는 구별되지만 다른 언어로는 구분이 거의 불가능한 경우 하나의 항목으로 통합한다.

다섯째, 해당 지역의 현지 상황에 맞추어 항목을 추가하거나 삭제한다. (예를 들어, 러시아지역용 질문지의 '부칭(父稱)'은 중국지역용과 몽골지역용에서는 삭제한다.)

여섯째, 각 매개언어의 문법적 특징과 표현상의 특징을 고려하여 항목을 설정한다.

이상의 원칙 중 넷째, 다섯째, 여섯째 원칙은 매개언어별 질문지를 똑같이 통일하기가 어려운 상황에서 이러한 문제점을 해결하기 위해 설정한 것이다.

1.2 『질문지』의 구성과 형식

『질문지』는 절멸 위기의 알타이언어를 조사하기 위한 것으로 중국어, 러시아어, 몽골어 등 매개언어를 통한 조사를 전제로 한다. 알타이언어 사용자는 대개 소수 민족으로 중국어, 러시아어, 몽골어 등과 같은 주변의 대언어를 자신의 모어와 함께 사용하는 이중 언어 사용자이기 때문에 매개언어를 통해 조사할 수밖에 없다. 따라서 『질문지』는 중국어, 러시아어, 몽골어 등 세 가지 매개언어로 된 중국지역용, 러시아지역용, 몽골지역용으로 작성되었다.

각 지역용 『질문지』는 어휘, 기초회화, 문법 등 세 부분으로 이루어져 있다. 언어 조사 질문지는 대개 음운, 어휘, 문법으로 구성되어 있지만, 『질문지』에는 음운 부분이 없고, 대신 기초회화가 포함되어 있다. 음운 부분을 두지 않은 이유는 조사 대상 언어인 알타이언어의 음운 구조가 아직 기술되어 있지 않아서 음운 부분을 따로 조사하는 것이 현재로서는 어렵기 때문이다. 알타이언어의 음운에 대한 연구 자료로는 『질문지』 어휘 부분의 조사 결과 자료가 쓰일 수 있다. 『질문지』에는 어휘, 기초회화, 문법 등 주요 부분 외에 '자료제공인 정보란'과 '음성·영상자료 기록란'을 두어 관리를 위한 데이터를 기록하게 하였다.

2000년 중국지역용 질문지가 처음 만들어진 이후 『질문지』를 개선하는 작업이 계속되었다. 조사 항목도 조금씩 확장하였고, 어휘는 중요도 등급을 설정하고 의미 부류별로 구분하였으며, 기초회화는 상황의 수를 늘렸고, 문법 범주의 설정도 개선하였다. 어휘의 경우에는 현지의 사용 빈도를 고려하여 4개의 중요도 등급을 부여하였고, 24개의 의미 부류를 설정하였다. 기초회화의 경우에는 11개에서 17개로 상황의 수를 늘리고 각 항목의 문장을 가다듬었다.[*] 문법은 7개 문법 범주별로 조사 항목을 만들었다.

『질문지』의 분량은 하루 6시간 조사하는 것을 기준으로 하여 3~4일 동안 조사할 수 있는 정도로 구성하였다. 어휘는 약 2,700개 항목, 기초회화는 약 340개 항목, 문법은 380개 항목으로 되어 있다. 『질문지』에는 현장에서 바로 전사할 수 있도록 빈 칸을 만들어 놓았다. 분량은 2009년판의 경우 214쪽(B5)이다. 『질문지』의 조사 항목 수는 비교적 많은 편이다.[**] 이것은

---

[*] 기초회화는 薩希榮(1981: 50-69)의 것을 토대로 확대, 보완하여 작성하였다. 한편 중국의 이 자료는 『鄂倫春語, 滿洲に於ける鄂倫春族の研究』(1939: 63-85)의 것을 그대로 가져온 것임을 뒤늦게 알게 되었다.

[**] 세계의 여러 나라에서 나온 질문지의 조사 항목의 수에 대해서는 이 책 I부의 1.2.2 조사 항목의 수를 참조

알타이언어가 심각한 절멸 위기에 있다는 점을 고려하여 한 번의 조사에서 가능한 한 많은 자료를 수집하기 위한 것이다.

『질문지』는 질문의 내용을 하나하나 미리 정해 놓은 격식 질문지(formal questionnaire)가 아닌 약식 질문지(informal questionnaire)의 형식으로 되어 있다. 왜냐하면 절멸 위기의 언어를 조사하는『질문지』는 조사 지역의 현장 상황, 자료제공인의 알타이언어 구사 능력 등을 예측하기 어렵기 때문에 질문의 내용을 미리 정해 놓은 격식 질문지를 작성하는 것이 매우 힘들 뿐만 아니라 효율적이지도 않기 때문이다. 알타이언어의 현지 조사는 통역자가 질문지의 항목을 읽고 현장의 상황에 알맞게 설명을 덧붙여 자료제공인에게 질문하는 방식으로 진행되므로 약식 질문지를 이용하는 것이 더욱 효율적이다.

1.3 『질문지』의 내용

1.3.1 어휘

어휘편은 일반적으로 질문지의 가장 중요한 부분을 이룬다. 어휘 조사의 목적은 대개 어휘 의미와 어휘 체계, 나아가 어원 연구의 토대를 마련하는 것이다. 그러나 절멸 위기의 알타이언어를 조사하기 위한『질문지』는 음운 구조가 이미 기술되어 있는 언어를 조사하는 질문지와는 달리 음운 부분을 따로 작성하기가 어렵기 때문에, 음운 목록과 음운 현상, 그리고 형태론적 구성에 대한 연구도 어휘 부분의 조사 결과를 토대로 하여 이루어진다.

『질문지』의 어휘는 '기초 어휘'▪를 중심으로 작성하였다. 아울러 알타이언어를 사용하는 조사 지역의 특성을 고려하여 유목과 목축, 수렵에 관련된 어휘를 포함시켰다. 그리고 모든 어휘를 아래와 같이 24개의 의미 부류로 분류하였다.

할 수 있다.

▪ 일반적으로 언어연대학(glottochronology)과 역사비교언어학 등에서 언어 분화 연대, 언어 간 친족 관계를 추정할 때 자료로 선정되는 일정 수의 어휘를 말한다. 알타이언어 조사에 사용되는 기초 어휘는 절멸 위기의 언어를 대상으로 언어 조사가 이루어지는 것이기 때문에, 언어 운용에 기본이 되는 어휘 외에 알타이언어 사용 지역의 특성도 함께 반영된 것이다.

1. 천문/지리	2. 기상	3. 시간/기간/계절	4. 관계/직업
5. 정치/경제/문화	6. 군사/교통	7. 인체	8. 질병
9. 거주/용구	10. 의복	11. 음식/식기	12. 동물/수렵
13. 가축/사육	14. 조류	15. 어류	16. 곤충류
17. 식물	18. 금속/보석	19. 방위	20. 수량
21. 대명사	22. 성질/상태	23. 동작/행위	24. 기타

또한 『질문지』는 조사의 효율성을 고려하여 각각의 어휘 항목에 중요도 등급을 설정하였다. 초기에는 1, 2, 3등급으로 나누었다가 여러 차례에 걸친 조사 경험을 토대로 등급을 재조정하여 4등급까지 설정하였다. 등급 조정의 기준은 다음과 같다.

① 총칭류 어휘는 3등급이나 4등급으로 조정한다.

> 예) 동물: 3등급, 식물: 4등급, 생물: 4등급

② 추상명사는 3등급이나 4등급으로 조정한다.

> 예) 상태, 본질, 영향 등: 4등급

③ 현대 문명과 관련된 어휘는 4등급으로 조정한다.

> 예) 신문, 방송, 정치, 경제, 문화 등: 4등급

④ '~하다'형의 동사나 형용사와 그 어근인 명사 형태가 같은 등급일 경우에는 동사나 형용사는 그대로 두고, 명사의 등급을 낮게 조정한다.

> 예) 대답하다: 2등급, 대답: 3등급

⑤ 일상적으로 사용 빈도가 높고 답이 잘 나왔던 항목은 등급을 올려 조정한다.

> 예) 자작나무, 소나무: 1등급

⑥ 유사한 의미의 단어는 한 항목만 남기고 나머지는 등급을 낮추어 조정한다.

> 예) 일어서다: 1등급, 기립하다: 4등급

2009년판 중국지역용 질문지의 경우, 1등급 어휘가 253개, 2등급 어휘가 559개로서 합하여 812개이며, 3등급 어휘는 1,323개, 4등급 어휘는 652개로 『질문지』의 어휘는 모두 2,787개로 구성되어 있다.

조사 시간이 부족하거나 자료제공인이 어휘를 잘 기억하지 못하는 경우에는 1등급과 2등급 어휘만 조사하거나 경우에 따라서는 1등급 어휘만을 조사하도록 하였다. 그리고 3등급 어휘를 잘 기억할 경우에는 4등급 어휘까지도 조사할 수 있게 하였다. 즉, 비교적 절멸 위기의 정도가 낮은 알타이언어는 4등급 어휘까지 조사하고, 절멸에 임박한 언어는 1, 2등급 어휘만이라도 조사하도록 하여 자료제공인의 능력과 조사 시간에 따라 효율적인 조사를 할 수 있도록 질문지를 구성한 것이다.

의미 부류와 등급으로 분류된 질문지의 어휘는 먼저 1, 2등급 어휘를 합하여 24개의 의미 부류별로 배열하고, 그 뒤에 3등급과 4등급 어휘를 각각 의미 부류별로 배열하였다. 언어 조사 질문지에서 항목의 배열 방식은 조사의 효율성과 밀접한 관련이 있기 때문에 질문지의 구성에서 매우 중요한 요소이다. 어휘 항목을 등급별로 배열하는 것은 조사의 효율성을 높이기 위한 것이고, 의미 부류별로 배열하는 것은 동일한 의미 부류의 어휘를 이어서 질문함으로써 자료제공인의 대답을 쉽게 이끌어 내기 위한 것이다.

한편 알타이언어 조사팀은 어휘 항목을 조사하는 과정에서 자료제공인이 해당 항목을 좀 더 쉽게 이해하고 알타이언어로 쉽게 떠올릴 수 있도록 하기 위해 사진 자료를 수집하여 활용하였다. 사진 자료는 매개언어인 중국어, 러시아어, 몽골어의 특정 어휘가 무엇을 가리키는지 불분명하여 해당 알타이언어의 대응어와 지칭하는 대상이 다를 가능성이 있는 경우나, 자료제공인이 매개언어를 완벽하게 이해하지 못하는 경우에 실물 사진 자료를 보여 줌으로써 좀 더 쉽고 분명하게 의미를 전달할 목적으로 활용할 수 있다. 그림1과 그림2는 사진 자료를 나타낸 것이다.

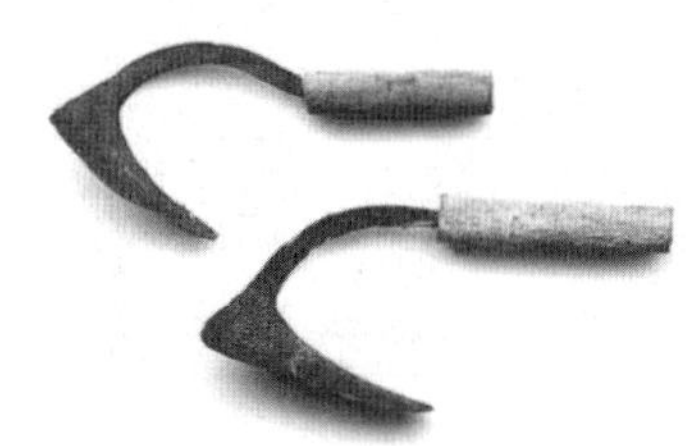

그림 5 『질문지』의 사진 자료(1) –
호미(vl103)

그림 6 『질문지』의 사진 자료(2) –
오소리(vh011)

중국지역용 질문지와 러시아지역용 질문지 어휘편의 제1쪽을 예로 보이면 다음과 같다.

표 3 『질문지』 어휘편 (중국지역용)

어 휘						
번호		중국어	병음	한국어		전사
1	va001	太阳	tai4 yang2	해(太陽)	1	
2	va006	月亮	yue4 liang	달	1	
3	va009	星星	xing1 xing	별	1	
4	va011	天 (天空的+)	tian1 (tian1 kong1 de +)	하늘	1	
5	va013	光 (太阳光的+)	guang1 (tai4 yang2 guang1 de +)	빛	2	
6	va014	地 (天地的+)	di4 (tian1 아4 de+)	땅	1	
7	va015	土 (泥土的+)	tu3 (ni2 tu3 de +)	흙	1	
8	va017	田 (几亩田的+)	tian2 (ji3 mu3 tian2 de +)	밭/들	2	
9	va018	沙子 (盖房子用的+)	sha1 zi (gai4 fang2 zi yong4 de +)	모래	2	
10	va031	林子 (长满树的+)	lin2 zi (zhang3 man3 shu4 de +)	숲	1	
11	va033	牧场	mu4 chang3	목장	2	
12	va034	山 (上山的+)	shan1 (shang4 shan1 de +)	산	1	
13	va047	江 (江河的+)	jiang1 (jiang1 he2 de +)	강	1	
14	va048	小河	xiao3 he2	시내/내	2	
15	va051	海 (大海的+)	hai3 (da4 hai3 de +)	바다	2	
16	va052	湖 (湖水的+)	hu2 (hu2 shui3 de +)	호수	2	
17	va055	冰 (结冰的+)	bing1 (jie2 bing1 de +)	얼음	2	
18	va056	水 (喝水的+)	shui3 (he1 shui3 de +)	물	1	
19	va057	井 (水井的+)	jing3 (shui3 jing3 de +)	우물	2	

어 휘					
번호		러시아어	한국어		전사
1	va001	солнце	해(태양)	1	
2	va006	луна	달	1	
3	va009	звезда	별	1	
4	va011	небо	하늘	1	
5	va013	свет	빛	2	
6	va014	земля	땅	1	
7	va015	почва	흙	1	
8	va017	поле	밭/들	2	
9	va018	песок	모래	2	
10	va031	лес	숲	1	
11	va033	пастбище	목장	2	
12	va034	гора	산	1	
13	va047	река	강	1	
14	va048	речка	시내/내	2	
15	va051	море	바다	2	
16	va052	озеро	호수	2	
17	va055	лёд	얼음	2	
18	va056	вода	물	1	
19	va057	колодец	우물	2	

1.3.2 기초회화

일반적으로 언어 조사 질문지는 기초회화편을 별도로 두고 있지 않지만,『질문지』는 일상생활에서 사용하는 기본적인 표현을 통해서 어휘가 문장 단위에서 실제로 어떻게 사용되는가를 조사할 목적으로 기초회화편을 두고 있다.『질문지』의 기초회화편은 다음의 두 가지 원칙에 입각하여 작성하였다. 첫째, 일상생활에서 흔히 접할 수 있는 상황을 설정하여 그 언어가 비록 절멸 위기에 처해 있더라도 대답이 가능할 수 있도록 대화체의 쉬운 문장들로 구성한다. 둘째, 어휘 항목의 단어가 문장 내에서 어떻게 쓰이는지를 조사할 수 있도록 문장 단위로 구성한다. 이 원칙에 따라 일상생활에서 흔히 접할 수 있는 상황을 다음 17개로 구성하고, 총 340여 개의 문장을 작성하였다. 초기에는 11개로 설정하였던 것에 '첫 만남, 상점, 사과, 기호' 등 상황을 더하여 17개로 설정하였다.

1. 첫 만남	2. 방문	3. 수렵	4. 휴식
5. 기상/출발	6. 날씨	7. 음식	8. 수렵물 분배
9. 치료	10. 상점	11. 사과	12. 계절
13. 기쁨	14. 이별	15. 솜씨	16. 기호1 (차 마실 때)
17. 기호2 (여가 활동)			

중국지역용 질문지와 러시아지역용 질문지 기초회화편의 1쪽을 예로 보이면 다음과 같다.

기 초 회 화				
	cm000	见面	jian4 mian4	첫 만남
1	cm001	你好。	ni3 hao3.	안녕하세요.
2	cm002	很高兴认识您。 (很高兴见到您。)	hen3 gao1 xing4 ren4 shi nin2.(hen3 gao1 xing4 jian4 dao4 nin2.)	처음 뵙겠습니다.
3	cm003	你好。	ni3 hao3.	안녕하세요.
4	cm004	我也很高兴认识您。 (我也很高兴见到您。)	wo3 ye3 hen3 gao1 xing4 ren4 shi ni2.(wo3 ye3 hen3 gao1 xing4 jian4 dao4 nin2.)	저도 처음 뵙겠습니다.
5	cm005	我的名字叫○○。 (人名)	wo3 de ming2 zi jiao4 ○○.	제 이름은 ○○라고 합니다.(인명)
6	cm007	你叫什么名字?	ni3 jiao4 shen2 me ming2 zi?	당신의 이름은 무엇입니까?
7	cm008	我的名字叫○○。 (人名)	wo3 de ming2 zi jiao4 ○○.	제 이름은 ○○라고 합니다.(인명)
8	cm010	您的家乡在哪儿？	nin2 de jia1 xiang1 zai4 na3 r.	고향이 어디세요?
9	cm011	我的家乡在○○。 (地名)	wo3 de jia1 xiang1 zai4 ○○.	제 고향은 ○○입니다.(지명)
10	cm013	我第一次来这儿。	wo3 di4 yi1 ci4 lai2 zhe4 r.	저는 이곳에 처음입니다.

표 6 『질문지』 기초회화편 (러시아지역용)

		기 초 회 화	
	cm000	**Первая встреча**	첫 만남
1	cm001	Здравствуйте.	안녕하세요.
2	cm002	Рад с вами познакомиться.	처음 뵙겠습니다.
3	cm003	Здравствуйте.	안녕하세요.
4	cm004	Я тоже рад с вами познакомиться.	저도 처음 뵙겠습니다.
5	cm006	Меня зовут Миша.	제 이름은 미샤라고 합니다.
6	cm007	Как вас зовут?	당신의 이름은 무엇입니까?
7	cm009	Меня зовут [ ]. (Таня)	제 이름은 [ ]라고 합니다. (타냐)
8	cm010	Откуда вы приехали?	고향이 어디세요?
9	cm012	Я приехал из [ ].	제 고향은 [ ]입니다. (지명)
10	cm013	Я впервые здесь.	저는 이곳에 처음입니다.

표 5, 표 6의 기초회화 문장에는 비워둔 부분(○○, [　])이 있는데 이것은 인명/지명 등 고유 명사가 들어갈 곳이다. 고유명사는 언어별, 지역별 특성에 맞도록 선별하여 목록을 작성한 후, 지역에 따라 선택할 수 있도록 하였다. 이것은 자료제공인들에게 좀 더 익숙한 인명이나 지명을 제시함으로써 조사를 효율적으로 이끌어 가기 위한 것이었다. 그러나 나중에는 인명과 지명을 미리 제시하지 않고 자료제공인이 자유롭게 대답하도록 하는 방식으로 바꾸었다.

기초회화는 자료제공인의 모어 구사 능력이 떨어지는 경우에 어휘 조사에 앞서 조사될 수도 있다.

1.3.3 문법

『질문지』의 문법편은 알타이언어의 기초적인 문법 체계를 파악할 목적으로 작성되었다. 기본적인 문법 범주 외에 알타이언어의 문법적 특성을 고려한 범주를 추가하여 다음의 7개 범주로 구성하였다.

1. 체언과 격 표지
2. 용언의 문법 표지(활용 어미)
3. 용언의 문법 표지(파생 접사)
4. 계사
5. 보조용언 구문의 문법
6. 부정문, 의문문, 인용문의 구성
7. 특수 구문

대부분의 항목이 문장 형태로 이루어져 있으며, 조사 항목은 약 380개이다. 처음에는 5개의 범주(체언과 격 표지, 용언의 활용, 파생, 보조 동사, 부정문 구성)로 되어 있던 것을 수정 과정을 거쳐 확대하였다. 초기의 질문지에서 수정한 사항은 다음과 같다.

① 주격, 속격, 대격, 조격, 여처격, 방위격, 방위종격, 탈격, 부정방향격, 경로격 등 10개 격으로 설정하였다가, 여처격을 여격과 처격으로 구분하고, 부정방향격과 경로격을 방위격에 포함시켜 9개 격으로 정하였다.

② 소유 인칭 표지 및 재귀 표현, 후치사를 추가하였다.

③ 접속 어미에는 동시, 계기, 조건, 기회 관계 등 4가지의 하위 범주를 설정하였던 것을 7가지로 확장하였다.

④ 용언의 파생 문법에는 '재귀태'를 추가하였다.

⑤ 계사 범주를 별도로 추가하였다.

⑥ 보조용언 구문에는 '해야(하-어야) 한다'를 추가하였다.

⑦ 부정문에는 '부정 극어' 범주를 추가하였다.

⑧ 의문문, 인용문과 특수 구문 범주를 추가하였다.

『질문지』의 문법 범주를 자세히 살펴보면 다음과 같다.

1. 체언과 격 표지

  1.1 인칭대명사의 성격

  1.2 단수와 복수

  1.3 격과 격 표지

    1.3.1 주격(nominative),　1.3.2 속격(genitive),　1.3.3 대격(accusative),

    1.3.4 조격(instrumental), 1.3.5 여격(dative),　　1.3.6 처격(locative),

    1.3.7 방위격(allative),　1.3.8 방위종격(elative), 1.3.9 탈격(ablative)

  1.4 소유 인칭 표지

  1.5 후치사

2. 용언의 문법 표지(활용 어미)

  2.1 직설법

    2.1.1 현재시제, 2.1.2 과거시제, 2.1.3 미래시제

  2.2 의도법, 2.3 명령법, 2.4 동명사 어미

  2.5. 접속 어미

2.5.1 동시 관계, 2.5.2 계기 관계, 2.5.3 조건 관계, 2.5.4 기회 관계

2.5.5 양보 관계, 2.5.6 인과 관계, 2.5.7 선택 관계

3. 용언의 문법 표지(파생 접사)

3.1 사동태, 3.2 피동태, 3.3 재귀태, 3.4 상호태, 3.5 공동태

3.6 진행상, 3.7 반복상, 3.8 추측 양태, 3.9 목적 양태

4. 계사

4.1 현재형, 4.2 과거형

5. 보조용언 구문의 문법

5.1 '있다/이다', 5.2 '되다', 5.3 '받다', 5.4 '주다', 5.5 '보다'

5.6 '할 수 있다', 5.7 '해야(하-어야) 한다'

6. 부정문, 의문문, 인용문의 구성

6.1 명사 부정문, 6.2 형용사 부정문, 6.3 동사 부정문, 6.4 부정 명령문,

6.5 의문문의 형성, 6.6 부정 극어, 6.7 인용문 구성

7. 특수 구문

중국지역용과 러시아지역용 『질문지』의 문법편 첫 페이지를 예로 보이면 다음과 같다.

표 7 질문지의 문법편 (중국지역용)

	문　법		
	1. 체언과 격 표지		
1.1.	**인칭대명사의 성격**		
(1)	**1인칭 복수(배제형/포함형)**		
1	我们从河上过去，你们走山路吧。	wo3 men cong2 he2 shang guo4 qu, ni3 men zou3 shan1 lu4 ba.	우리는 강으로 갈 테니, 너희는 산으로 가거라.
2	咱们一起去草原吧。	zan2 men yi4 qi3 qu4 cao3 yuan2 ba.	우리 함께 숲으로 가자.
(2)	**인칭대명사 단수**		
3	他和我一起离开了。	ta1 he2 wo3 yi4 qi3 li2 kai1 le.	그는 나와 함께 떠났다.
4	我给了他这本书。	wo3 gei3 le ta1 zhe4 ben3 shu1.	나는 그에게 이 책을 주었다.
5	他给了我这本书。	ta1 gei3 le wo3 zhe4 ben3 shu1.	그는 나에게 이 책을 주었다.
6	我喜欢你。	wo3 xi3 huan ni3.	나는 너를 좋아한다.
7	你更喜欢他。	ni3 geng4 xi3 huan ta1.	너는 그를 더 좋아한다.
8	他和你一起离开了。	ta1 he2 ni3 yi4 qi3 li2 kai1 le.	그는 너와 함께 떠났다.

표 8 질문지의 문법편 (러시아지역용)

문 법	
1. 체언과 격 표지	
1.1. 인칭대명사의 성격	
(1) 1인칭 복수(배제형/포함형)	
1 **Мы пойдём на речку, а вы идите в горы.**	우리는 강으로 갈 테니, 너희는 산으로 가거라.
2 **Давайте вместе пойдём в лес.**	우리 함께 숲으로 가자.
(2) 인칭대명사 단수	
3 **Он ушёл вместе со мной.**	그는 나와 함께 떠났다.
4 **Я дал ему эту книгу.**	나는 그에게 이 책을 주었다.
5 **Он дал мне эту книгу.**	그는 나에게 이 책을 주었다.
6 **Ты мне нравишься.**	나는 너를 좋아한다.
7 **Он тебе больше нравится.**	너는 그를 더 좋아한다.
8 **Он ушёл вместе с тобой.**	그는 너와 함께 떠났다.

1.3.4 자료제공인 정보란

『질문지』의 앞부분에는 자료제공인 정보란을 두어 성명, 연령, 성별, 민족명, 가족 사항, 언어 사용 상황, 거주 경력(출생지 포함) 및 언어 특징, 언어 사용 상황, 조사 지역의 특징 등을 기록해 둘 수 있도록 하였다. 특히 알타이언어와 같은 절멸 위기의 언어를 조사하는 경우에는 가족에 대한 정보, 언어 사용 상황과 거주 경력 등이 조사 대상 언어의 현재 상황을 파악하는 데 중요한 배경 정보가 되므로 가능한 한 자세하게 기록하도록 한다. 자료제공인 정보란의 윗부분에는 조사 일시, 조사 지역, 조사 장소, 조사자 등과 같은 언어 조사에 대한 기초적인 정보를 기록하여 체계적으로 관리하도록 한다.

자료제공인에 대한 정보는 본격적으로 조사를 시작하기 전에 서로 인사를 나누는 과정에서 자연스럽게 묻고 답하는 형식으로 얻어내는 것이 일반적이다. 때에 따라 자료제공인이 처음부터 자신에 관한 이야기를 모두 다 드러내는 것을 썩 내켜하지 않을 수도 있으므로 융통성 있게 질문하는 것이 좋다. 질문에 대한 답변도 다른 곳에 적어 두었다가 나중에 따로 기입하는 등의 요령이 필요하다. 아래에 보인 표는 자료제공인 정보란의 양식이다.

표 9 『질문지』의 자료제공인 정보란

조사 일시: 년   월   일   ~   월   일

조사 지역:

조사 장소:

조 사 자:

자료제공인:

성 명					
연 령		세	년 월생		남 / 여
민 족		족	직 업		
가족 사항	남 녀, 손자/녀 명			배우자	족
주 소				전화번호	
거주 경력 및 언어 특징	출생지				
	성장지				
	외지 경험				
언어 사용 상황	직장				
	가정				
	기타				
특징 (장단점)					

1.3.5 음성 · 영상자료 기록란

『질문지』의 뒷부분에는 음성자료와 영상자료의 내용을 기록하는 공간을 마련하여 언어 조사 자료를 체계적으로 관리할 수 있도록 하였다. 『질문지』에 이 기록란이 포함되어 있지 않으면 자료제공인, 조사 항목, 음성자료, 영상자료 등의 조사 자료를 체계적으로 정리하기가 쉽지 않고 심지어는 조사 내용이 누락될 가능성도 있기 때문이다.

음성자료 기록란에는 파일 이름, 조사 날짜, 자료제공인(성별/나이), 조사 내용 및 특기 사항, 녹음 시간(분), 대응되는 DV 테이프,[■] 파일 크기 등을 기록하고, 영상자료 기록란에는 테이프 이름, 날짜, 자료제공인, 조사 내용 및 특기 사항, 촬영 시간(분) 등을 기록한다. 전체 조사를 마치고 한꺼번에 기록하면 혼동될 소지가 많으므로 가능한 한 해당 조사가 끝난 후 쉬는 시간을 이용하여 곧바로 기록하도록 한다.

하드디스크에 직접 녹음되는 음성자료의 경우 파일을 체계적으로 관리하기 위해 파일명 부여 원칙을 정하였다. 음성 파일의 이름에는 연도와 조사 언어, 자료제공인 번호, 파일 일련 번호가 포함되도록 한다.

연도(2자리)_언어명_자료제공인 번호_일련 번호(2자리)

예) 08_negidal_01_01 (2008년, 네기달어, 제1자료제공인, 01파일)
　　08_orochi_02_03 (2008년, 오로치어, 제2자료제공인, 03파일)

■ DV 테이프를 사용하는 캠코더 대신 내장된 하드디스크에 녹화할 수 있는 캠코더를 사용할 경우에는 하드디스크에 직접 녹음되는 음성자료와 마찬가지로 파일명을 기록한 후 음성자료와 영상자료를 연결하여 관리한다.

표 10 『질문지』의 음성자료 기록란 (기록 예)

	파일 이름	날짜	자료제공인 (성별/나이)	잡이 (조사 내용 및 특기 사항)	녹음 시간 (분)	대응되는 DV 테이프	파일 크기 (Mbytes)
			음성자료 기록				
1	08_negidal_03	08/12/23	Udy Lidija Innokent'jeva (여/70)	문법 37~43	7		282
2	08_ororchi_01	08/12/29	Frolova Rimma Nikolajevna (여/66)	인적 사항, 어휘 1~496 중 자료제공인의 질문지에 있는 메모 (39분부터 4분 정도는 자료제공인이 적어온 단어 체크)	61		1381
3							
4							
5							

표 11 『질문지』의 영상자료 기록란 (기록 예)

	테이프 이름 (파일 이름)	날짜	자료제공인 (성별/나이)	잡이 (조사 내용 및 특기 사항)	촬영 시간 (분)
			영상자료 기록		
1	Negidal2008_1223(01)	08/12/23	Udy Lidija Innokent'jeva (여/70)	인적 사항, 문법 1~75	61
2	Orochi2008_1229(25)	08/12/29	Frolova Rimma Nikolajevna (여/66)	인적 사항, 어휘 1~496 중 자료제공인의 메모	60
3					
4					
5					

1.4 『질문지』의 관리

『질문지』는 중국, 러시아, 몽골의 세 언어 지역용으로 나뉘어 있고 매개언어의 특성과 조사 지역의 특성에 따라 내용이 조금씩 달라지는 부분이 있다. 따라서 가능한 모든 경우를 한데 모아 놓고 하나의 종합 파일에서 통합적으로 관리하면서 각각의 언어 조사를 준비할 때마다 필요한 항목을 편집하여 질문지 인쇄용 파일을 제작할 수 있도록 하는 시스템을 갖추었다. 알타이언어 조사팀은 어휘, 기초회화, 문법편에 대해 각각의 종합 파일을 작성하여 전체적으로 관리하였다.

1.4.1 종합 파일의 구성

『질문지』어휘편의 종합 파일은 일련 번호, 고유 번호, 한국어, 의미 부류, 중요도, 중국어, 병음,■ 러시아어, 몽골어, 영어로 이루어져 있다. 고유 번호는 조사 지역과 각 매개언어별로 질문지가 조금씩 달라져도 공통의 항목에 대해서 통일적인 관리가 가능하도록 어휘와 기초회화의 항목에 붙여 놓은 번호이다. 고유 번호는 어휘의 의미 부류 코드와 기초회화의 상황 코드에 일련 번호를 연결한 형식이다(표 10, 표 11 참조). 예를 들어 어휘의 '모래'라는 항목은 va018이라는 고유 번호가 매겨져 있고, 기초회화의 '고향이 어디세요?'는 고유 번호가 cm010이다. 러시아지역용에만 포함되는 '황제(러시아의 짜르)'라는 항목에는 vr155라는 고유 번호가 붙어 있고, 중국지역용 질문지를 인쇄할 때에는 포함되지 않는다. 반대로 중국지역용에만 포함되는 '두건'이라는 항목의 고유 번호는 vg015이고, 러시아지역용에는 인쇄되지 않는다. 각각의 질문지는 편의상 일련 번호를 부여하지만, 모든 항목이 자신만의 고유 번호를 가지고 있어서 질문지 DB와 조사 자료 DB가 동일한 고유 번호로 연동될 수 있도록 하였다.

■ 중국어 한자음을 로마자로 표기하는 한어병음(漢語拼音)을 말한다.

표 12 어휘의 의미 부류 코드

의미 부류	코드	의미 부류	코드
천문/지리	va	가축/사육	vk
기상	vw	조류	vo
시간/기간/계절	vy	어류	vi
관계/직업	vr	곤충류	ve
정치/경제/문화	vc	식물	vv
군사/교통	vt	금속/보석	vj
인체	vb	방위	vd
질병	vz	수량	vq
거주/용구	vl	대명사	vp
의복	vg	성질/상태	vn
음식/식기	vf	동작/행위	vm
동물/수렵	vh	기타	vs

표 13 기초회화의 상황 코드

상황	코드	상황	코드
첫 만남	cm	사과	ce
방문	cv	치료	ci
수렵	ch	계절	cs
휴식	cr	기쁨	cj
첫 만남	cm	이별	cg
방문	cv	솜씨	ct
수렵	ch	기호1 (차 마실 때)	cb
휴식	cr	기호2 (여가활동)	ca
상점	cp		

1.4.2 종합 파일의 관리

조사 지역의 특수성에 맞추어 특정 지역에만 해당하는 항목은 ch_only, ru_only, mo_only

열에 각각 ch, ru, mo로 표시하여 필요한 항목만 선택하여 편집할 수 있도록 하였다. 예를 들어 '남매'라는 항목에 대해 몽골어는 '남매(오빠와 여동생)'인 경우와 '남매(누나와 남동생)'인 경우가 각기 다른 어휘로 표현되므로 mo_only란에 mo라고 표시하여 몽골지역용 질문지에만 각기 다른 어휘로 포함시키고, 중국지역용과 러시아지역용에는 '남매'를 선택했다. 또한 '가족'과 '가정'이 중국어와 몽골어에서는 구분이 되나 러시아어에서는 같은 어휘로 표현되므로 러시아지역용 질문지에서만 '가족/가정'을 하나의 항목으로 취급할 수 있도록 처리하였다. 또한 '종합 파일 관리 지침'을 만들어 통합 관리상 혼선이 생기지 않도록 하였다.

표 14 질문지 종합 파일의 일부 (어휘)

일련번호	분류번호	한국어	의미부류	중요도	중국어	병음	러시아어	몽골어	영어	ch_only	ru_only	mo_only
94	va087	만(灣)	천문/지리	4	湾 (港湾的+)	wan1 (gang3 wan1 de +)	залив	булан	gulf			
95	va088	만(강의+)	천문/지리	3	河湾	he2wan1	речной залив	голын тохой	bay			
96	va089	파도	천문/지리	3	波涛	bo1tao1	волна	долгион	wave			
97	va090	강변	천문/지리	4	河边	he2bian1	речной берег	голын эрэг	riverside			
98	va091	해안	천문/지리	4	海岸	hai3an4	морской берег	далайн эрэг	shore			
99	va092	기슭	천문/지리	3	岸 (河岸上的+)	an4 (he2 an4 shang de +)	берег	эрэг	waters edge			
100	va093	해변	천문/지리	4	海边	hai3bian1	пляж	далайн хаялга	beach			
101	va094	굴/동굴	천문/지리	3	洞/洞穴/窟窿	dong4	пещера	агуй	cave		ru	mo
102	va095	굴	천문/지리	3	洞(树洞的+)	dong4 (shu4 dong4 de +)			cave	ch		
103	va096	동굴	천문/지리	4	洞穴	dong4xue2			cave	ch		
104	va097	굴(대개 고유명사 뒤)	천문/지리	4	窟窿	ku1 long			cave	ch		
105	vw001	지진	기상	4	地震	di4zhen4	землетрясе-ние	газар хөдлөлт	earthquake			
106	vw002	눈사태	기상	3	雪崩	xue3beng1	снежная лавина	цасан нуранги	avalanche			
107	vw003	홍수	기상	2	洪水	hong2shui3	наводнение	үер	flood			
108	vw004	가뭄	기상	2	旱灾	han4 zai1	засуха	ган	drought			
109	vw005	태풍	기상	4	台风	tai2feng1	тайфун	хар салхи	typhoon	ch		mo
110	vw040	돌풍/회오리바람		4	飑风	biao1/xuan4 feng1	вихрь	хуй салхи	squall (n.)			
111	vw006	폭풍	기상	3	风暴	feng1bao4	буря	шуурга	strom, tempest			
112	vw007	아지랑이	기상	3	游丝	you2si1	дымка	зэргэлээ	haze (n.)			

1.4.3 『질문지』 편집 매뉴얼 작성

여러 차례에 걸쳐 언어 조사를 시행하는 과정에서 질문지를 개선하고 수정해야 할 필요성이 생길 때마다, 모든 수정 사항은 종합 파일에 반영하고, 필요한 질문지는 매개언어별로 필요한 항목만 뽑아서 편집하여 인쇄하는 시스템을 갖추었다. 이에 종합 파일에서 인쇄용 파일로 편집하는 데 필요한 모든 사항, 예를 들면 문자 모양, 여백 주기 등을 미리 정해서 매뉴얼을 작성하였다. 어휘와 기초회화 질문지의 편집에는 엑셀 매크로를 사용하였고, 문법 질문지의 편집에는 AWK로 작성한 스크립트 프로그램을 사용하였다.

1.5 『질문지』 발간 현황

2000년부터 2009년 2월까지 작성되어 발간된 『질문지』는 모두 34권이며 그 목록은 다음과 같다.

표 15 『질문지』 발간 목록

번호	날짜	국가	조사 지역	조사 언어	판쇄	판형-쪽수
1	2000-07-17	중국	네이멍구자치구, 다고르자치기	다고르어, 솔론어	제1쇄	A4-107
2	2000-08-30	중국	네이멍구자치구 하이라얼, 헤이룽장성 퉁장	솔론어, 허저어	제1쇄 수정판	A4-114
3	2002-01-05	중국	신장웨이우얼자치구 이닝	시버어	제1쇄 수정2판	B5-166
4	2003-09-15	중국	헤이룽장성 메이리쓰 다워얼족구	오로챈어, 다고르어, 푸위 키르기스어	제1판 수정3쇄	A4-111 B5-111
5	2003-10-05	중국	신장웨이우얼자치구 우루무치	시버어	제1판 수정4쇄	B5-167
6	2004-01-02	중국	헤이룽장성 푸위현 치자쯔촌	푸위 키르기스어	제1판 수정4쇄	B5-175
7	2004-02-15	러시아	노보시비르스크	알타이어, 하카스어	제1판	B5-185
8	2004-04-15	러시아	부랴트공화국 울란우데, 므라스	어윙키어, 부리야트어, 쇼르어	제2판	B5-194
9	2004-06-22	몽골	아르항가이아이막 울지트솜	칼미크-오이라트어	제1판	B5-40

10	2004-10-15	중국	신장웨이우얼자치구 타청, 하바허현 아커하바촌	시버어, 다고르어, 투바어(쾨크 몬차크 방언)	제1판 수정5쇄	B5-172
11	2005-01-03	러시아	카자흐스탄공화국 알마티	카자흐어	제3판	B5-209
12	2005-02-01	러시아	사하(야쿠티야) 공화국 야쿠츠크	어웡키어, 야쿠트어	제3판 수정1쇄	B5-209
13	2005-02-01	중국	네이멍구자치구 하이라얼	어웡키어, 부리야트어	제4판	B5-212
14	2005-04-15	러시아	추바시공화국 체복사르	추바시어	제3판 수정2쇄	B5-210
15	2005-04-20	중국	신장웨이우얼자치구, 헤이룽장성 푸위현	투바어(쾨크몬차크 방언), 만주어	제4판 수정2쇄	B5-214
16	2005-06-20	몽골	홉스굴아이막 알락에르덴솜	몽골어(다르하트 방언), 투바어(차아탕 방언)	제2판	B5-211
17	2005-10-15	중국	간쑤성 쑤난위구족 자치현	동부요구르어, 서부요구르어	제4판 수정3쇄	B5-214
18	2005-10-15	러시아	하바롭스크	나나이어	제3판 수정3쇄	B5-211
19	2006-02-01	러시아	하바롭스크, 우크라이나 키예프, 마리우폴, 심페로폴, 예프파토리야	우룸어, 카라임어(크림 방언), 크름차크어, 가가우즈어, 나나이어, 우디허어, 어윈어, 어웡키어	제3판 수정4쇄	B5-211
20	2006-02-01	중국	헤이룽장성 치치하얼, 칭하이성 시닝	만주어	제4판 수정4쇄	B5-214
21	2006-04-04	러시아	칼미크공화국 엘리스타, 톰스크	칼미크-오이라트어, 출름 튀르크어, 타타르어(바라바 타타르 방언)	제3판 수정5쇄	B5-211
22	2006-06-20	몽골	홉스굴	몽골어 (아릭오량하이 방언), 투바어 (우린오량하이방언)	제3판	B5-211
23	2006-08-01	중국	헤이룽장성 치치하얼, 칭하이성 시닝	다고르어, 살라르어, 몽구오르어	제4판 수정5쇄	B5-214
24	2006-12-15	러시아	키르기스스탄 비슈케크, 사하(야쿠티야)공화국 야쿠츠크	키르기스어, 돌간어, 야쿠트어, 부리야트어, 어윈어	제3판 수정6쇄	B5-211
25	2007-06-15	러시아	리투아니아 트라카이, 부랴트공화국, 바시키르공화국	카라임어 (트라카이 방언), 바시키르어, 추바시어, 타타르어, 부리야트어	제3판 수정7쇄	B5-211
26	2007-06-15	몽골	헨티아이막	몽골어(함니강 방언)	제4판	B5-211
27	2007-06-23	한국	서울대 언어학과 음성녹음실	몽골어 (다르하트 방언)	제4판	B5-211

28	2007-06-15	중국	헤이룽장성 푸위현	만주어	제4판 수정6쇄	B5-214
29	2007-12-20	중국	신장웨이우얼자치구, 우루무치	칼미크-오이라트어 (호복사이르, 보르탈라, 바양골링 방언)	제4판 수정7쇄	B5-214
30	2008-07-25	중국	네이멍구자치구	몽골어	제4판 수정8쇄	B5-214
31	2008-07-25	러시아	하바롭스크	네기달어	제3판 수정8쇄	B5-211
32	2008-12-26	러시아	하바롭스크	네기달어, 오로치어	제3판 수정8쇄	B5-211
33	2009-01-15	러시아	고르노-알타이스크	알타이어	제3판 수정8쇄	B5-211
34	2009-02-04	중국	간쑤성 란저우, 하얼빈	둥샹어, 보난어, 토어, 어윙키어, 허저어	제4판 수정8쇄	B5-214

2. 사례에 나타난 문제

2.1 질문지 작성 과정의 문제

I부에서는 언어 조사 질문지에 대한 일반적인 논의를 진행하였고, II부의 1장에서는 알타이언어 현지 조사를 위한 질문지의 작성 원칙과 내용을 살펴보았다. 여기에서는 『질문지』의 작성 과정과 적용 과정에서 나타난 문제점을 구체적인 사례를 중심으로 고찰한다. 특히 매개언어를 통한 언어 조사를 위한 질문지라는 특성과 관련하여 부각되었던 문제점과 각각의 경우 취했던 해결책을 소개한다.

■ 아래에 적은 일련번호에 해당하는 질문지의 판과 쇄 개념이 초기에 잘못 사용되었다. 이 기회에 다음과 같이 바로 잡는다.
  1. 제1쇄 → 제1판 / 2. 제1쇄 수정판 → 제1판 수정1쇄 / 3. 제1쇄 수정2판 → 제2판
  4. 제1판 수정3쇄 → 제2판 수정1쇄 / 5, 6. 제1판 수정4쇄 → 제2판 수정2쇄
  10. 제1판 수정4쇄 → 제2판 수정3쇄 / 13. 제1판 수정5쇄 → 제3판

2.1.1 어휘 질문지 작성의 문제

2.1.1.1 중요도 등급 설정의 문제

『질문지』에서는 어휘 항목의 중요도를 1, 2, 3, 4등급으로 설정하였다. 이것은 현지 조사를 할 때 자료제공인의 언어 능력과 조사 시간을 고려하여 1, 2등급만 조사하거나, 3등급 또는 4등급까지 조사할 수 있도록 어휘를 분류해 놓은 것이다. 그런데 어휘의 중요도 등급은 일반적인 사용 빈도를 기준으로 정한 것이 아니고, 현지 조사 경험에 따른 직관과 알타이언어 사용 지역의 상황을 고려하여 결정한 것이다. 중요도 등급의 설정과 관련하여 어떠한 구체적인 어려움이 있었고, 그 경우 어떻게 해결하였는지를 소개한다.

첫째, 『질문지』의 중요도 등급 설정 기준에는 총칭류 어휘를 3등급 또는 4등급으로 정한다는 기준이 있었다. 예를 들어, '개', '말'과 같은 개별 동물의 명칭은 1등급 또는 2등급이지만, '동물', '식물', '생물' 등의 총칭은 답변이 어려울 것으로 판단하여 3등급, 4등급으로 정한 것이다.

그러나 총칭명사는 추상적인 개념을 의미하는 단어와 구체적인 물건을 지칭하는 명사로 나누어 생각할 수 있고, 구체어도 사용 빈도가 다르므로 각각 중요도 등급을 다르게 설정하였다. 예를 들어 '박과 식물'은 '동물', '식물', '생물'과 마찬가지로 추상적인 개념을 나타낸다고 보아 4등급으로 정한 반면, '빗'은 구체적인 물건을 가리킴과 동시에 사용 빈도가 높은 생활용품이기 때문에 이와는 달리 2등급으로 하였다. 다양한 빗의 종류를 가리키는 개별어는 사용 빈도에 따라 다른 등급으로 설정하였다. 상대적으로 사용 빈도가 높은 '참빗', '얼레빗'은 2등급 어휘로 정하였고, 사용 빈도가 낮은 '나무 빗'은 3등급 어휘로 정하였다. '자리(까는 것의 총칭)'도 생활 용품으로 쓰이는 구체어이지만 사용 빈도를 고려하여 4등급으로 하였다. '박과 식물'에 속하는 개별어 중 '호박', '오이', '수박' 등은 3등급으로 정하였다. '호박, 오이, 수박' 등은 상식적으로 빈도가 높은 어휘로 보이지만, 알타이언어 사용 지역에서는 나지 않는 식물이기 때문이다. 즉, 현지의 상황에 비추어 사용 빈도를 함께 고려한 것이다.

이와 같이 총칭류 어휘에 일괄적으로 같은 등급을 적용한 것이 아니라 아래 세 가지 요인을 함께 고려하여 융통성 있게 등급을 설정해야 했다.

① 추상적인 개념인가 구체어인가

② 사용 빈도

③ 알타이언어 사용 지역 현지의 상황

둘째, 『질문지』에서는 추상명사의 중요도 등급을 낮게 설정하였다. 절멸 위기의 알타이언어에 대한 현지 조사 경험에 비추어 추상명사는 답변이 나올 가능성이 낮기 때문이다. 예를 들어, '상태, 본질, 영향, 계통, 내용' 등과 같은 어휘는 모두 4등급으로 하였다. 또한 일상적인 대화에서 많이 쓰일 것같이 보이는 어휘 중에서도 현지인의 입장에서는 추상적인 개념이어서 답변이 잘 나오지 않는 것이 있기 때문에 특별한 고려가 필요했다. 예를 들면, 기본적인 어휘로 생각되는 '날씨'도 3등급으로 처리하였는데, 이는 '눈, 비'(1등급), '맑다, 흐리다(날씨가+),'■ '불다(바람이+)'(2등급) 등에 비해서 '날씨'는 상대적으로 추상적인 개념이어서 현지인이 대답을 어려워했던 조사 경험이 있었기 때문이다.

셋째, 현대 문명, 문화와 관련된 어휘는 알타이언어를 사용하는 소수 민족의 생활 환경을 고려할 때 답변을 얻기가 쉽지 않을 것으로 보아 등급을 낮게 설정하였다. 예를 들어, '전화, 신문, 회사, 공장' 등과 같은 단어는 모두 4등급으로 하였다. 실제 조사 결과를 보면 현대 문명, 문화와 관련된 어휘는 중국어 또는 러시아어에서 차용된 어휘가 나타나는 것이 일반적이다.

그러나 이 경우도 현지 상황, 현지 조사 경험과 함께 사용 빈도를 면밀히 고려해야 하는 어려움이 있다. 예를 들어, '종이, 책, 학교' 등은 비교적 현대적인 문화와 관련된 어휘로 생각되고 조사 경험상 소수 민족 언어로 답변을 얻기가 어려운 어휘이지만, 현재의 사용 빈도가 높다고 판단되어 1, 2등급으로 설정하였다.

넷째, 『질문지』에서는 '~하다'형의 동사 또는 형용사와 어근이 같은 명사형이 있는 경우, 동사형이나 형용사형을 높은 등급으로 설정하고 명사형은 더 낮은 등급으로 하였다. 예를 들어, '대답하다'는 2등급이지만 '대답'은 3등급이고, '결혼하다'는 2등급이지만 '결혼식'은

■ '흐리다(날씨가+)'와 같이 괄호 안에 '+' 기호와 함께 적은 것은 대부분 중의성 제거를 위해 연어 관계, 사용 용례 등을 표시한 것으로서, 조사 대상 어휘의 의미를 구체적으로 분명하게 하기 위하여 필요한 단어나 어구이다.

3등급이다. 형용사 '건강하다'는 1등급인 반면 '건강'은 4등급이다. 또한 명사형 답변이 나오기 어렵다고 판단되는 경우, 명사형은 빼고 동사형 또는 형용사형만 싣도록 하였다. '고장나다'(2등급), '요리하다'(2등급), '방목하다'(3등급), '녹슬다'(3등급)는 항목으로 설정하였지만, '고장', '요리', '방목', '녹'은 포함시키지 않았고, 형용사 '위험하다'는 2등급이지만 '위험'은 넣지 않았다. 그러나 중국어의 경우는 동사 또는 형용사와 명사가 구분되기 어려운 경우가 많기 때문에 여기에서 서술한 기준은 러시아어에 준한 것이고, 중국지역용 질문지에서는 통일성을 위해 러시아지역용 질문지와 중요도 등급을 같게 맞추었다.

2.1.1.2 의미 부류 구분의 문제

『질문지』의 어휘는 24개 의미 부류로 분류되어 있다.[*] 의미 부류는 질문지 작성 과정에서 여러 차례 논의를 거쳐 결정하였다. 이와 관련하여 가장 큰 문제는 하나의 어휘를 하나의 의미 부류에 대응시키기가 어려운 경우가 있다는 것이다. 예를 들어 '활'과 관련된 어휘는 '군사/교통'에도 해당되지만 동시에 '수렵'과도 관련이 있기 때문에 어느 하나로 분류하기가 쉽지 않았다. 하나의 어휘 항목이 여러 의미 부류에 속하도록 할 수가 없기 때문에 다른 어휘와의 관계 등을 고려하여 하나의 부류를 선택해야 했다. 『질문지』에는 '활, 화살, 활시위, 화살촉, 활쏘기'는 '군사/교통'에 분류되어 있고, '활 쏘다'는 '수렵'에 속해 있다.

『질문지』에서는 하위 부류를 설정하지 않았다. 예를 들어 '천문/지리'라는 부류는 크게 '천문'과 '지리'로 하위 부류를 설정할 수 있고, '관계/직업' 등 다른 부류 역시 하위 부류를 설정할 수도 있지만, 『질문지』에서는 하위 부류를 설정하지 않고, 같은 의미 부류 내에서 관련성이 높은 어휘 항목끼리 모아서 배열하였다. 하위 부류까지 설정하였다면 조사 효율성을 더욱 높일 수도 있었겠지만, 분류가 간단치 않은 애매한 경우도 적지 않고 기대되는 효과에 비해 시간이 많이 걸리는 작업이라고 판단하여 본격적인 하위 부류별 분류 작업은 하지 않았다.

각 의미 부류의 주제를 해당 항목이 시작되기 전에 제목으로 적어 두면, 조사 과정에서

---

[*] 24개의 의미 부류는 다음과 같다. 천문/지리, 기상, 시간/기간/계절, 관계/직업, 정치/경제/문화, 군사/교통, 인체, 질병, 거주/용구, 의복, 음식/식기, 동물/수렵, 가축/사육, 조류, 어류, 곤충류, 식물, 금속/보석, 방위, 수량, 대명사, 성질/상태, 동작/행위, 기타.

의미 부류 단위로 작업 시간과 쉬는 시간을 정할 수 있고, 필요한 경우 질문자가 이제부터 어떤 의미 부류의 어휘를 조사할 것이라고 자료제공인에게 미리 이야기해 주어 조사의 효율을 높일 수 있다.

2.1.1.3 항목 배열의 문제

어휘의 질문 항목은 자료제공인이 조사 대상 언어로 각각의 어휘를 기억해 내는 것을 최대한 도울 수 있도록 배열하여야 한다. 현재『질문지』의 어휘 부분은 중요도와 의미 부류를 기준으로 항목이 배열되어 있다. 1, 2등급 어휘까지만 조사하게 되는 경우가 많으므로 1등급과 2등급 어휘를 같이 묶어 24개 의미 부류별로 배열하고, 그 다음 3등급 어휘를 의미 부류별로 배열한 뒤, 이어서 4등급 어휘를 의미 부류별로 배열하였다. 모든 어휘를 의미 부류별로 배열하는 것이 가장 좋겠지만 절멸 위기의 언어를 조사할 경우 자료제공인이 기초적인 어휘 외에는 기억을 하지 못할 수도 있기 때문에, 1등급과 2등급 어휘만을 조사하게 되는 경우가 많다는 점을 고려하여야 한다. 한정된 시간 안에 효율적인 조사를 하기 위해서는 등급별로 우선적인 것을 먼저 질문하는 것이 불가피하기 때문에, 1, 2등급 어휘를 먼저 의미 부류별로 배열하고 그 다음 등급을 차례로 의미 부류별로 배열한 것이다. 같은 의미 부류 내의 어휘들은 상호 연관성이 높은 항목을 가능한 한 가까이 배열하도록 하였다. 예를 들어 1, 2등급의 '천문/지리' 어휘는 '해, 달, 별, 하늘, 빛' 등과 같은 순서로 배열하였다.

『질문지』에서는 하위 부류를 설정하지 않았기 때문에, 같은 중요도 등급과 하나의 의미 부류에 속하는 어휘 중에서 연관성이 높은 항목을 되도록 가까이 배열하는 데에 어려움이 있었다. 상호 연관성이 높은데도 나란히 배열되지 못한 항목들은 여러 차례에 걸친 수정 작업을 통해 가다듬었다. 예를 들어, 초기에는 서로 떨어져 배열되어 있던 '가슴'과 '유방(사람의+)', '실'과 '바늘', '바느질하다', '천/옷감' 등은 나란히 배열하여 자료제공인이 쉽게 떠올려 대답할 수 있도록 하였다.

그러나 항목 배열과 관련하여 가장 큰 문제점은 중요도 등급을 일차적인 배열 기준으로 삼았기 때문에, 하나의 의미 부류에 속하는 어휘들이 중요도에 따라 불가피하게 떨어져 배열되어 있다는 점이다. 예를 들어 2등급 어휘인 '활, 화살'은 '활시위, 화살촉, 활쏘기' 등과 같은 3등급 어휘와 떨어져 배열되어 있다. 또한 2등급 어휘인 '대답하다'는 3등급으로 분류된 '대답'과 떨어져서 배열되어 있다. 이러한 경우 비고란에 관련 어휘의 번호를 적어놓고 조사 현장에서 질문의 융통성을 발휘할 수 있을 것이다. 자료제공인의 모어 구사 수준이 높을 경우, 높은 등급의 관련 어휘를 곧바로 이어서 질문하는 방법을 고려할 수 있다. 예를 들어 '오늘, 어제, 내일'을 조사하면서 상황에 따라 '그저께'와 '모레'도 이어서 질문할 수 있을 것이다.

2.1.1.4 항목 단위의 문제

질문지의 어휘 부분의 대부분 항목은 기본적으로 단어 단위로 제시되어 있다. 그러나 어휘의 의미에 따라서 문장 단위로 제시하는 것이 불가피하거나 문장 단위로 제시해야 답변을 기대할 수 있는 항목이 있다. 대표적인 예로 후치사를 들 수 있는데, 예를 들어 '~부터, ~까지, ~를 위해, ~위에서, ~와 함께, ~처럼, ~때문에, ~마다, ~전에, ~후에, ~하기 위하여, ~에 관해, ~을 통해, ~에 따르면, ~대신에' 등의 항목은 단어 단위로 조사하기가 힘들기 때문에 문장 단위로 항목을 구성하여 문법 부분으로 옮겨서 배치하였다. 예를 들면, '아침부터 저녁까지 눈이 내렸다(~부터, ~까지)', '나는 나라를 위해 싸웠다(~를 위해)', '그는 잔디 위에서 자고 있다(~위에서)' 등과 같은 문장을 만들어 문법의 '후치사' 범주에 포함시켰다.

어휘 부분에도 맥락이 제시되어야 답변을 기대하기가 쉬운 경우는 문장 단위로 항목을 제시하였다. 예를 들면, '왜(+왔습니까?)', '있다(+나는 돈이)', '있다(+책상에 책이)', '없다(+여기 엄마가)', '싶다(나는 먹고+)', '~지 마라(먹지+)', '아마(+그가 올지도 모른다)' 등이 그것이다. 또한 러시아지역용 질문지의 경우, '오다(비가+)', '오다(눈이+)', '치다(천둥이+)', '치다(번개가+)', '뜨다(해가+)', '지다(해가+)'와 같이 문장 단위로 제시하는 것이 자연스럽고 답변을 유도하기에 효율적이라고 판단되는 항목은 문장 형태로 질문 항목을 만들었다. '마르다(목이+)'와 같은 항목도 러시아어로는 문장으로 표현할 수밖에 없는 의미이기 때문에 단어 단위가 아닌 문장 단위로 제시하였다.

또한 구 단위로 제시한 항목도 있는데, '집 앞', '안(집+에)', '밖(집+에)', '사이(집과 학교+)', '옆(집+)', '곁(내+)', '위(집+)', '아래(다리+)', '이상(10+)', '이하(10+)' 등이 그것이다. 예를 들어, '뒤'에 해당하는 단어를 얻어 내기 위해서는 '집'이라는 명사를 넣어 '집 뒤'의 의미를 만들어서 중국어로는 '房后', 러시아어로는 'за домом'이라고 질문하도록 하였다. 또

‘자기(自己)’라는 단어는 러시아어로는 그것만으로는 표현하기가 어렵기 때문에 ‘자기를 위하여’라는 구를 만들어 ‘для себя’라고 질문하도록 하였고, 중국어로도 ‘为了自己’라고 표현하였다.

2.1.1.5 한국어와 매개언어의 일대일 대응의 문제

알타이언어의 현지 조사는 중국어 또는 러시아어를 매개언어로 하여 이루어지기 때문에 한국어 질문 항목을 모두 중국어와 러시아어로 번역하여 각각 중국지역용, 러시아지역용 질문지를 작성하였다. 이 과정에서 가장 기본이 되는 원칙으로 삼은 것은 ‘일대일 대응의 원칙’이다. 즉, 불필요하게 동의어를 나열하지 않는다는 것이다. 한국어의 특정 어휘에 대한 완벽한 대응어를 찾기 어려운 경우에도 가능한 한 동의어를 나열하지 않고 가장 의미가 가까운 대응어를 설정하고자 하였다.

그러나 일대일 대응이 어려운 경우가 적지 않았다. 예를 들어, ‘남동생’과 ‘여동생’을 아우르는 ‘동생’이라는 개념이 한국어에는 있지만 러시아어에는 없기 때문에, 러시아지역용 질문지에는 불가피하게 ‘младший брат(남동생)’과 ‘младшая сестра(여동생)’을 나란히 명시하였다. 러시아어와 마찬가지로 중국어에도 ‘弟弟(남동생)’과 ‘妹妹(여동생)’이 구별되어 있고 ‘동생’이라는 어휘는 없기 때문에, ‘남동생과 여동생’의 의미인 ‘弟弟妹妹’로 나타내었다.

또한 한국어 어휘 하나에 대해 매개언어의 두 단어가 동의어로 대응될 수 있고, 두 단어 모두 사용 빈도가 높은 경우에는 두 개를 모두 나열하였다. 예를 들어, ‘그림’을 뜻하는 러시아어의 ‘картина’와 ‘рисунок’은 둘 다 자주 쓰이는 동의어이기 때문에 둘 다 선택하였고, 중국어로도 ‘外祖父’와 ‘姥爷’는 ‘외할아버지’를 뜻하는 동의어여서 두 가지를 모두 나열하였다. 중국어로는 문어와 구어의 동의어 쌍이 많은데, 이는 한국어로 ‘외할아버지, 외조부’가 동의어로 사용되는 것과 마찬가지이다. 이런 경우 중국어로는 동의어를 모두 나열하는 방식을 채택하였다. 또한 러시아어의 ‘момент(순간)’, ‘талант(재능)’은 외래어인데 고유어와 함께 동의어로 사용되기 때문에, ‘момент, мгновение(순간)’, ‘талант, способности(재능)’과 같이 각각 두 어휘를 모두 나타내었다. 최대한 일대일 대응의 원칙을 지키기 위해 여러 차례 수정을 거쳐 둘 중 하나를 선택하고자 하였으나, 위의 예와 같이 두 개의 대응어를 나열하는 것이 불가피한 경우가 있었다.

요약하면, 『질문지』에서 한국어와 매개언어를 일대일 대응으로 연결할 수 없었던 경우는 거의 절대적인 동의어인 경우, 동일한 의미를 가지는 외래어와 고유어가 동의어로 쓰이는 경우, 구어체와 문어체 어휘가 동의어로 쓰이는 경우이다. 현재의 『질문지』에서 일대일 대응 원칙을 따를 수 없었던 예를 몇 개 열거하면 아래와 같다.

표 16 한국어 하나에 매개언어 어휘 두 개가 대응된 경우의 예

러시아어	중국어
그림: картина, рисунок	외할아버지: 外祖父, 姥爷
시장: рынок, базар	외할머니: 外祖母, 姥姥
바지: штаны, брюки	장인: 老丈人, 岳父
체: решето, сито	장모: 丈母娘, 岳母
재: пепел, зола	사위: 女婿, 姑爷
눅눅하다/축축하다: влажный, сырой	나그네: 过客, 过路人
싸다/포장하다: завёртывать, упаковывать	말치기: 牧马人, 放马的
서두르다: спешить, торопиться	부자: 富人, 有钱人
순간: момент, мгновение	의사: 医生, 大夫
재능: талант, способности	날: 天, 日
회사: компания, фирма	원(화폐 단위): 块, 元
결과: последствие, результат	찾다: 找, 寻找
기회: возможность, шанс	공연하다: 表演, 公演
발사하다: стрелять, запускать	

한국어 어휘 하나에 매개언어가 두 개가 대응되어 있는 경우, 나란히 쓰인 매개언어의 두 단어가 의미상 미묘한 차이가 있을 수도 있고, 대답도 질문을 그대로 따라하여 두 가지로 나올 수도 있다는 문제가 있다. 실제로 러시아지역용 질문지를 사용한 돌간어 조사에서는 다음과 같이 두 가지로 답변이 나온 경우가 있었다.

사돈	сват, сватья	hɨbaːtim ~ sɨbaːtim, hɨbaːtɨjam (나의 사돈)
담비	соболь, куница	kʰiːs, kʰuniːtsa
친족/친척	родные, родственник	kʰɛrgɛttɛrim (나의 친척들),
사람들	люди, народ	kʰihilɛr (사람들), nɔruotʰ (민족)■

• 위의 예는 이후 질문지 개선 과정에서 다음과 같이 수정되었다.
 - 사돈 → (두 항목으로 분리) 사돈(며느리나 사위의 아버지) сват / 사돈(며느리나 사위의 어머니) сватья
 - 친족/친척 → (러시아어 단어 하나만 대응되도록 수정) родственник
 - 사람들 → (러시아어 단어 하나만 대응되도록 수정) люди

또 러시아지역용 질문지를 사용한 부리야트어 조사에서도 다음과 같이 답변이 두 개로 나왔다.

사돈	сват, сватья	svaat, swatija (알라르 방언)
시장	рынок, базар	ɔriinɔk, bazaar (오카 방언)
		riinɔk, bazar (에히리트-불라가트 방언)
그림	картина, рисунок	kʰartsiina, zurag (오카 방언)

중국지역용 질문지를 사용한 거의 대부분의 지역에서도 하나의 한국어에 대해 매개언어로 두 개의 대응어가 제시된 경우 대답이 두 개로 나왔다.

부자	富人, 有钱人	bəyaŋ küŋ (부유한 사람),
		menyəktə küŋ (돈 있는 사람) (동부요구르어)
예	是, 是的	'예(그렇다)'와 '예(맞다)' 구분
		təimər (是) (그렇다)
		mən təimər (是的) (맞다) (다고르어 타청 방언)

이러한 경우 실제로 조사 대상 언어에서도 동의어 관계의 어휘인지 아니면 질문을 무의식적으로 따라한 것인지를 판단하기 어렵다.

2.1.1.6 예시와 설명이 필요한 경우

『질문지』의 어휘편을 작성할 때, 매개언어로 예시나 설명이 필요한 경우 괄호 안에 명기하는 방식을 택했다.

(1) 동음이의어와 다의어

매개언어의 동음이의어 또는 다의어의 경우는 특정한 의미를 전달하기 위하여 괄호 안에 적절한 예 또는 설명을 함께 제시하였다. 예를 들어 러시아어의 'день'은 동음이의어로 '날'과 '낮'이라는 뜻을 가지고 있어서 '날'이라는 뜻에는 '3일(три дня)'이라는 예를 덧붙이고, '낮'이라는 뜻에는 '낮과 밤(день и ночь)'이라는 예를 괄호 안에 덧붙였다. 또한 러시아어의 'труба'는 '굴뚝'과 '나팔'이라는 뜻을 모두 가지고 있는 어휘이기 때문에 '굴뚝'에는 '연기의(дымовая)'라는 설명을 덧붙이고, '나팔'에는 '악기(музыкальный инструмент)'라는 설명을 덧붙였다. 한편 중국어의 '开'는 '(꽃이) 피다'와 '(물이) 끓다'라는 의미로 쓰일 수 있는 동음이의어이다. 이 경우 괄호 안에 중국어로 '꽃이 피다의(开花的+)'와 '물이 끓다의(水开了的+)'를 뜻하는 말을 덧붙였다. 중국어의 '角'도 역시 '뿔'과 '각'의 의미를 모두 가진 동음이의어이기 때문에 '뿔'에는 '동물 머리 위의(动物头上的+)'라는 설명을 추가하였고 '각'에는 '직각의(直角的+)'라는 설명을 추가하였다.

매개언어의 한 단어가 한국어로는 여러 의미를 가진 다의어의 경우도 괄호 안에 설명을 덧붙여 주었다. 예를 들어, '머리카락'과 '털'의 의미를 모두 가지고 있는 러시아어 'волосы'는, '머리카락'의 경우 '사람의 머리 위에(на голове человека)'라는 설명을, '털(사람의+)'의 경우 '사람의(у человека)'라는 설명을 괄호 안에 덧붙였다. '손톱'과 '발톱'을 모두 뜻하는 'ноготь'는, '손톱'의 경우 '손에 있는(на руке)', '발톱'의 경우는 '발에 있는(на ноге)'이라는 설명을 괄호 안에 덧붙였다.

중국어로는 '신다'와 '입다'를 모두 의미하는 '穿'의 경우 '신다(신을+)'는 '穿(穿鞋的+)', '입다(옷을+)'는 '穿(穿衣服的+)'으로 나타내었다. '거칠다'와 '굵다'라는 의미를 모두 가지고 있는 중국어 '粗'의 경우에도 '거칠다'는 '표면이 거친(表面很粗糙的+)'이라는 설명을, '굵다'라는 항목에는 '가늘다/굵다의(粗细的+)'와 같은 설명을 덧붙여 주었다.

매개언어인 러시아어의 동음이의어와 다의어의 구분을 위해 설명을 덧붙인 예를 정리하여 제시하면 다음과 같다.

день	날(日)(예. 3일)	день (напр. три дня),
	낮(예. 낮과 밤)	день (напр. день и ночь)
язык	언어(예. 알타이어)	язык (напр. алтайский)
	혀(예. 소혀)	язык (напр. коровий)
труба	굴뚝/연통(연기의)	труба (дымовая)
	나팔(악기)	труба (музыкальный инструмент)
сон	잠(예. 숙면)	сон (напр. крепкий)
	꿈(예. 악몽)	сон (напр. страшный сон)
замок	자물쇠(문의)	замок (дверной)
	성(城)(궁전과 요새)	замок (дворец и крепость)■
масло	기름(예. 식물성)	масло (напр. растительное)
	버터(예. 크림 버터)	масло (напр. сливочное)
кисть	붓(화가의)	кисть (художника)
	손(손목에서 손가락 끝까지)	кисть (от запястья до конца пальцев)
толстый	두껍다(예. 잡지)	толстый (напр. журнал)
	굵다(예. 막대기)	толстый (напр. палка)
старый	낡다(예. 옷)	старый (напр. одежда)
	늙다(예. 사람)	старый (напр. человек)
лёгкий	쉽다(예. 문제)	лёгкий (напр. задача)
	가볍다(예. 여행가방)	лёгкий (напр. чемодан)

매개언어인 중국어의 동음이의어와 다의어의 구분을 위해 설명을 덧붙인 예는 아래와 같다.

开	피다(꽃이+)	开(开花的+)
	끓다(물이+)	开(水开了的+)
角	뿔(동물 머리 위의+)	角(动物头上的+)
	각(직각의+)	角(直角的+)
编	엮다(광주리를+)	编(编筐的+)
	뜨다(목도리를+)	编(编围脖的+)
拉	누다(+똥을)	拉(拉屎的+)
	잡아당기다	拉(拉拽的+)

▪ 러시아어로 '자물쇠'와 '성'은 강세로 구별되기는 하지만 질문지에는 강세를 표시하지 않기 때문에 구분을 위해서 괄호 안에 설명을 덧붙였다.

한편 중국어는 음절 개수가 다른 언어에 비하여 적기 때문에, 1음절어로 물으면 자료제공인이 여러 동음이철어(homophone) 중에서 어떤 것을 묻는 것인지 판단하지 못하는 경우가 대부분이다. 그렇기 때문에 보충해 주는 말을 같이 표시하여 질문하여야 한다. 예를 들어, '샘(泉)'이라는 단어를 질문하기 위해서는 괄호 안에 '샘물의'(泉水的+)와 같이 적고 '샘물의 샘'이라고 질문하여야 한다. 왜냐하면, '泉'의 quan2과 동일한 발음을 가진 단어가 '全', '权' 등과 같이 여러 가지가 있기 때문이다.

(2) 설명이 필요한 경우

괄호 안에 설명을 추가해야 하는 경우가 있었다. 예를 들어, 친족어를 보면, 한국어로는 '형과 오빠', '누나와 언니'가 구분되지만, 러시아어에서는 구분되지 않는다. 그래서 '형'과 '누나'는 '화자가 남자인 경우'라는 설명을 괄호 안에 넣어서 각각 'старший брат (для мужчины)'와 'старшая сестра (для мужчины)'로 나타내었고, '오빠'와 '언니'는 '화자가 여자인 경우'라는 설명을 덧붙여서 각각 'старший брат (для женщины)'와 'старшая сестра (для женщины)'로 제시하였다. 중국어로도 '형과 오빠', '누나와 언니'가 화자의 성별에 따라 구별이 되지 않는다. 이 경우에 '형'은 '哥哥(男→男)', '오빠'는 '哥哥(女→男)', '누나'는 '姐姐(男→女)', '언니'는 '姐姐(女→女)'로 나타내었다. '형수와 올케', '매형과 형부'도 마찬가지이다.

표 17 괄호 안에 설명을 덧붙인 예(1) (러시아어/중국어)

한국어	러시아어	중국어
형	старший брат (для мужчины)	哥哥(男→男)
오빠	старший брат (для женщины)	哥哥(女→男)
누나	старшая сестра (для мужчины)	姐姐(男→女)
언니	старшая сестра (для женщины)	姐姐(女→女)
형수	жена старшего брата (для мужчины)	嫂子(男→女)
올케	жена старшего брата (для женщины)	嫂子(女→女)
매형	муж старшей сестры (для мужчины)	姐夫/男的姐姐的丈夫
형부	муж старшей сестры (для женщины)	姐夫/女的姐姐的丈夫

여자 형제의 자녀를 가리키는 '생질(녀)'의 경우도 '조카(딸)'과 구별하기 위해 괄호 안에 '여자 형제의 아들(딸)'이라는 설명을 달았다. 러시아어로는 한 단어로 표현되지 않는 '외할

아버지, 외할머니' 등도 설명식으로 옮겼다. 또한 인칭대명사 중에서 2인칭 복수 '너희'와 존칭어인 '당신'도 러시아어로 구분되지 않기 때문에 괄호 안에 설명을 붙였다. '그들'과 '그녀들'도 마찬가지이다. 반면에 중국어의 경우는 러시아어에서 구별이 되지 않는 이상의 예가 모두 독립적인 단어로 존재하기 때문에 이와 관련한 문제는 없다.

또한 러시아어로는 '우리'의 경우 포함형(청자 포함)과 배제형(청자 미포함)을 구분하기 위하여 역시 설명이 불가피했다. 이 경우에도 중국어는 포함형 '우리'인 '咱们'과 배제형 '우리'인 '我们'이 구분되므로 러시아어와 같은 문제는 없었다.

표 18 괄호 안에 설명을 덧붙인 예(2) (러시아어)

한국어	러시아어
생질	племянник (сын сестры)
생질녀	племянница (дочь сестры)
외할아버지	дедушка по материнской линии
외할머니	бабушка по материнской линии
당신	вы (форма вежливости к одному лицу)
너희	вы (при обращении к нескольким лицам)
그들	они (мужчины)
그녀들	они (женщины)
우리(청자 미포함)	мы (не включая собеседника)
우리(청자 포함)	мы (включая собеседника)

2.1.1.7 매개언어별로 구성을 달리해야 하는 경우

『질문지』는 중국지역용, 러시아지역용, 몽골지역용과 같이 세 개의 매개언어를 사용한 질문지로 작성되었다. 물론 질문지의 한국어 항목은 모든 조사 지역과 모든 조사 대상 언어에 대해 동일하게 설정하는 것이 균질한 조사 결과를 얻기 위해 가장 좋은 방법이다. 그러나 어휘편의 경우 매개언어가 중국어인가 러시아어인가에 따라 매개언어의 특성상 불가피하게 항목 자체를 달리 구성할 수밖에 없는 경우가 있었다.

첫째는 두 개의 어휘가 한 매개언어로는 구별되지만 다른 매개언어로는 구분이 거의 불가능한 경우이다. 예를 들면 중국어에서는 '이전에(以前)'와 '종전에(从前)', '소년(少年)'과 '사내아이(男孩)', '가족(家族)'과 '가정(家庭)', '산꼭대기(山顶)'과 '산봉우리(山峰)'가 서로 다른 단어로 구별되지만, 러시아어로는 이들을 구분하여 번역하는 것이 거의 불가능하기 때문에 각각 하나의 항목으로 통합한 '이전에/종전에(раньше)', '소년/사내아이(мальчик)', '가족/가정(семья)', '산꼭대기/산봉우리(вершина горы)'로 제시하였다. 중국어로는 세분된 의미로 쓰이지만 러시아어로는 구분되지 않는 예를 들면 다음과 같다.

표 19 중국어로는 세분되어 있으나 러시아어로는 통합되어 있는 어휘 항목

중국어	러시아어
이전에(以前), 종전에(从前)	이전에/종전에(раньше)
사내아이(男孩), 소년(少年)	소년/사내아이(мальчик)
여자아이(女孩), 소녀(少女)	소녀/여자아이(девочка)
가족(家族), 가정(家庭)	가족/가정(семья)
산꼭대기(山顶), 산봉우리(山峰)	산꼭대기/산봉우리(вершина горы)
거주하다(住), 살아가다(过日子)	거주하다/살아가다(проживать)
들어오다(进来), 들어가다(进去)	들어오다/들어가다(входить)
나오다(出来), 나가다(出去)	나오다/나가다(выходить)
시숙(丈夫的哥哥(大伯)), 시동생(丈夫的弟弟(小叔子))	시숙/시동생(деверь(брат мужа))
시누이(손위)(丈夫的姐姐(大姑子)), 시누이(손아래)(丈夫的妹妹(小姑子))	시누이(손위/손아래)(золовка(сестра мужа))
처남(손위)(内兄), 처남(손아래)(内弟)	처남(손위/손아래)(шурин(брат жены))
처형(姨姐), 처제(姨妹)	처형/처제(свояченица(сестра жены))

반대로 러시아어로는 세분된 의미로 쓰이지만 중국어로는 구분되지 않는 예는 다음과 같다.

표 20 러시아어로는 세분되어 있으나 중국어로는 통합되어 있는 어휘 항목

중국어	러시아어
지금/이제(现在)	지금(сейчас), 이제(теперь)
며느리(儿媳妇)	며느리(시아버지 입장)(сноха), 며느리(시어머니 입장)(невестка)
사돈(亲家)	사돈(며느리나 사위의 아버지)(сват), 사돈(며느리나 사위의 어머니)(сватья)

뿐만 아니라, 특정 어휘가 특정 매개언어 사용 지역에만 관련된 것인 경우, 다른 매개언어 질문지에서는 삭제하였다. 예를 들어, '황제(러시아의 짜르)'는 러시아에만 있는 개념이므로 러시아지역용 질문지에만 남기고 다른 지역용 질문지에서는 삭제하였다. 또한 '그물버섯',

'비단그물버섯', '젖버섯'은 러시아에서 즐겨 먹는 버섯의 종류이기 때문에 러시아지역용 질문지에만 추가하였다. 반면에, '이불', '수염', '잔' 등의 총칭명사는 러시아어로는 표현하기 어렵기 때문에, 러시아지역용 질문지에서는 삭제하였다. 또한 '자두'는 몽골지역에서는 찾아보기 어렵기 때문에 몽골지역용 질문지에서는 삭제하였다. 한 매개언어에만 있고 다른 매개언어에는 없는 어휘의 예를 들면 다음과 같다.

표 21 한 매개언어에만 있고 다른 매개언어에는 없는 어휘 항목

중국어에만 있는 항목	러시아어에만 있는 항목
( )	황제(러시아의 짜르) (царь)
( )	부칭 (отчество)
( )	아저씨(남자 친척의 총칭) (дядя)
( )	아주머니(여자 친척의 총칭) (тётя)
두건(头巾)	( )
일족(一族)	( )
이불(被子)	( )
수염(胡子)	( )
잔(杯子)	( )

2.1.2 기초회화 질문지 작성의 문제

『질문지』에서 기초회화 부분은 일상생활에서 자주 쓰이는 표현을 통해서 자료제공인이 쉽게 모어를 기억해 낼 수 있도록 하여 문장 형태의 답변을 조사하고자 하는 목적으로 작성되었다. 실제 조사 경험상 어휘 단위는 답변을 잘 못하는 경우에도 기초회화의 단문 형태는 쉽게 기억을 해 내는 경우가 많았다.

2.1.2.1 상황 설정의 문제

『질문지』의 기초회화는 17개의 상황으로 구분되어 있다.[■] '첫 만남, 방문, 계절, 기쁨, 이별, 솜씨, 기호1, 기호2'에는 주로 인사말과 가족 관계, 그리고 일상적인 질문과 대답에 대한

■ 17개의 상황은 다음과 같다. 첫 만남, 방문, 수렵, 휴식, 기상/출발, 날씨, 음식, 수렵물 분배, 상점, 사과, 치료, 계절, 기쁨, 이별, 솜씨, 기호1(차 마실 때), 기호2(여가 활동).

표현이 포함되어 있다. '치료, 상점'의 상황에서는 현대의 일상 언어에 대한 고찰이 가능하다. 특히 '상점'의 상황에서는 색깔과 숫자의 사용에 대하여 알아 볼 수 있다. '사과'는 어휘 항목에서 조사하기 어려운 '미안합니다'와 같은 표현을 알아보기 위해서 특별히 설정한 상황이다. '수렵, 휴식, 기상/출발, 날씨, 음식, 수렵물 분배' 등의 상황은 알타이언어가 사용되는 지역의 생활상 특징을 고려하여 설정한 것으로, 알타이언어 사용자들에게 이전의 전통이 얼마나 잘 유지되고 있는가를 알아볼 수 있는 척도가 되기도 한다. 실제로 도시 지역에서 주로 살아 온 자료제공인은 이 상황에 대해서 답변을 잘 하지 못하는 경우가 많았다.

2.1.2.2 항목 선정의 문제

기초회화의 질문을 작성할 때 원칙으로 삼은 것은, 너무 길지 않은 문장, 간단한 표현, 자연스러운 표현을 만드는 것이었다. 특히 '상점'의 상황에서는 색깔, 숫자에 관련된 표현을 포함시켰는데, 처음에는 어휘편에서 조사할 수 없는 큰 단위의 복잡한 숫자를 넣었다가 조사가 어려울 것으로 판단하여 간략하게 조정하여야 했다. 그러나 위의 작성 원칙에 충실하고자 노력했음에도 불구하고 '이곳에 형님과 여동생을 만나러 왔습니다(첫 만남)'와 같이 상당히 긴 문장도 포함되었다. 이런 문항은 실제로 자료제공인이 답하기가 어려운 경우가 많았다.

현지 상황의 특성을 반영한 표현도 포함시켰다. 예를 들어, '개를 좀 붙잡아 주세요(방문)'와 같은 항목은 알타이언어 사용 지역에서 실제로 손님이 누군가를 찾아갔을 때, 그 집에서 기르는 개를 좀 붙잡고 있어 달라고 부탁하는 일이 일상적인 것이어서 항목에 포함시켰고, 그 외에도 알타이언어 사용 지역의 특수성을 최대한 고려하여 항목을 선정하였다. 예를 들어, '음식'이라는 상황에서 '무슨 술이 있습니까?'라는 질문에 대해 중국지역용 질문지에는 '백주가 있습니다'라는 항목을 넣었고, 러시아지역용 질문지에는 현지의 특성을 고려하여 '보드카가 있습니다'를 설정하였다.

현지 조사 상황을 고려하여 문답의 항목 수가 너무 많지 않도록 조정하였다.

2.1.2.3 매개언어 번역의 문제

기초회화의 문장은 일상생활에서 자주 쓰이는 표현들로서 한국어로도 매개언어로도 자연스러운 표현이 되도록 했기 때문에 한국어와 매개언어가 직접적으로 대응되지 않는 경우가 있다. 일정한 상황에 맞는 표현을 조사 대상 언어로 알아내기 위한 것이므로 직역이 아닌 자연스러운 표현으로 번역하는 것이 우선적인 번역 기준이 된 것이다. 그러나 조사 결과를 이후에 분석하고 연구하는 데 참고할 수 있도록 매개언어의 표현이 한국어로 직역을 하면 어떠한 의미인지를 비고 등의 형태로 명시해 두는 것이 바람직하다.

표 22 직역이 아닌 자연스러운 번역으로 대응된 기초회화 항목의 예(1) (중국어/러시아어)

한국어	중국어	러시아어
처음 뵙겠습니다.	很高兴认识您。 (很高兴见到您。) (당신을 알게 되어 기쁩니다.)	Рад с вами познакомиться. (당신을 알게 되어 기쁩니다.)
편안합니다.	很好。 (좋습니다.)	Да, всё хорошо. (네, 모든 것이 좋습니다.)
저것은 노루입니다.	那是狍子。 (그것/저것의 구분 안 됨.)	Это косуля. (이것/그것/저것 구분이 한국어와 다름)

아래의 예에서 중국어는 한국어와 동일한 뜻이지만 러시아어로는 자연스러운 표현을 위해 조금 다른 의미로 번역하였다.

표 23 직역이 아닌 자연스러운 번역으로 대응된 기초회화 항목의 예(2) (러시아어)

한국어	중국어	러시아어
밥 다 됐습니다.	饭做好了。	Прошу к столу. (식탁으로 오세요.)
말을 타고 갑시다.	我们起码去吧。	Поехали на лошади. (동사 과거형으로 표현한 청유형)
졸립니다.	我困了。	Меня тянет ко сну. (직역하면 '잠으로 끌린다'는 뜻)▪
풀을 뜯어 오세요!	取草来!	Нарвите травы. (풀을 뜯으세요.)
날이 어두워졌으니 숲에서 잡시다.	天黑了,就在森林里睡吧。(过夜吧。)	Уже темно. Давайте заночуем в лесу. (이미 어두워졌습니다. 숲에서 잡시다.) (두 개의 문장)
불을 놓아 연기를 피웁시다!	生火放烟吧!	Давайте разведём костёр с дымком. (연기가 나는 불을 피웁시다.)

▪ 위의 세 문장 '밥 다 됐습니다'와 '말을 타고 갑시다', '졸립니다'는 글자 그대로 번역한 문장으로 추후에 수정하였다.

2.1.3 문법 질문지 작성의 문제

2.1.3.1 문법 범주 설정의 문제

『질문지』의 문법 부분을 작성할 때에는 기본적인 문법 범주 외에 알타이언어의 문법적 특성을 고려하여 문법 범주를 설정해야 했다. 범주 설정 과정에서 고려한 사항은 아래와 같다.

① 인칭대명사 1인칭 복수의 배제형과 포함형을 구분하여 항목을 설정하였다.

② 주격, 속격, 대격, 조격, 여격, 처격, 방위격, 방위종격, 탈격 등 9개의 격을 설정하였다.

③ 후치사라는 범주를 정해서 '~부터, ~까지, ~를 위해, ~위에서, ~와 함께, ~처럼, ~때문에, ~마다, ~전에, ~후에, ~하기 위하여, ~에 관해, ~을 통해, ~에 따르면, ~대신에' 등과 같이 어휘 단위로 조사하기 힘든 항목은 문장 단위로 구성하였다.

④ 접속 어미라는 범주를 두고 동시, 계기, 조건, 기회, 양보, 인과, 선택 관계 등을 표현하는 접속 어미가 존재하는지를 조사할 수 있도록 하였다.

⑤ 파생 접사로 표현되는 사동태, 피동태, 재귀태, 상호태, 공동태, 진행상, 반복상, 추측 양태, 목적 양태 범주의 항목을 설정하였다.

각각의 범주에서 매개언어를 통한 질문지를 작성하는 과정에서 발생했던 구체적인 어려움에 대해서는 아래에서 소개하도록 한다.

2.1.3.2 항목 설정의 문제

문법 질문지는 문법 형태와 규칙을 알아내는 것이 목적이고, 구체적인 어휘를 조사하고자 하는 것이 아니므로 자료제공인이 쉽게 대답할 수 있도록 추상적이거나 어려운 어휘는 가능한 한 사용하지 않는 것이 좋다. 『질문지』의 문법 부분을 작성할 때에는 구체적인 어휘와 조사 지역의 현지 실정을 고려한 어휘가 포함되도록 항목을 설정하였다. 또한 조사 과정에서 문제점이 드러난 어휘는 여러 차례 회의를 거쳐 고쳐 나가는 방식을 취했다. 예를 들어, '나는 학교에서 친구와 함께 공부한다'에서 '공부한다'는 더 구체적인 '책을 읽는다'로 교체하였다. 그리고 3인칭 복수 인칭대명사의 여격 형태를 알고자 하는 질문인 '나는 그 사람들에게 옛날이야기를 한다'는 '생선'이라는 좀 더 구체적인 명사를 사용하여 '나는 그 사람들에게 생선을 주었다'로 수정하는 것을 고려할 수 있다.

조사 지역 현지의 사정을 고려하여 항목의 내용을 정하는 것은 어휘, 기초회화, 문법의 항목 설정에 공통적으로 적용되는 기준이었다. 예를 들어 '공장에 다닙니다' 대신 '말을 키웁니다'라는 예를 포함시켰고, 기회 관계를 표현하는 접속 어미를 조사하는 부분에서는 현지의 사정을 고려하여 '산에 가는 김에 사냥도 하자'라는 문장을 채택하였다.

2.1.3.3 매개언어 번역의 문제

알타이언어와 매개언어인 러시아어, 중국어 사이에는 문법 기제와 통사 구조의 차이가 있다. 또한 한국어와 중국어, 러시아어는 언어 유형이 각각 다르다. 슐라이허의 언어진화론적 유형론으로 보면 각각 교착어, 고립어, 굴절어로 다를 뿐 아니라 어순을 중심으로 한 그린버그의 유형론적 관점으로도 한국어는 동사 앞에 목적어가 오고, 중국어와 러시아어는 동사 뒤에 목적어가 오는 언어로 분류되어 서로 다르다. 그리고 조사 대상 언어인 알타이언어는 그 언어 유형이 어떠한지 정확히 알 수 없는 경우가 많다. 그렇기 때문에 조사하고자 하는 문법 범주에 대한 각각의 항목을 매개언어로 번역하는 데에 적잖은 어려움이 있었다.

예를 들어 파생 접사를 통해 표현되는 하위 범주 중에서 공동태, 진행상, 추측 양태 등은 러시아어로는 각각 'вдвоём(둘이서), вместе(함께)', 'сейчас(지금)', 'наверное, похоже, кажется(아마도)' 등과 같이 부사 또는 특수한 동사를 써서 표현할 수밖에 없다. 또한 알타이언어 조사에서 중요한 범주 중 하나인 동사의 접속 어미는 매개언어인 중국어와 러시아어로 번역하는 데에 어려움이 있다. 러시아어로는 접속사를 사용하거나(동시, 계기, 양보 관계), 특정한 통사 구조를 써서(조건, 기회, 인과, 선택) 표현하기 때문에 의도하는 답변을 얻는 데에 매개언어가 영향을 미칠 수 있다.

그 외에도 인칭대명사의 격 표지 중에서 여처격(~에게로)과 여격(~에게)의 구분, 인칭대명사의 조격('나로', '너로' 등) 관련 항목은 러시아어와 중국어로 번역하는 데에 문제가 있었다. 1인칭 복수 인칭대명사의 배제형과 포함형은 러시아어에서는 구분되지 않는 형태이고, 동사의 사동태는 러시아어로 표현하기 어려운 범주이다.

문법 조사가 제대로 이루어지기 위해서는 위와 같은 번역상의 어려움을 고려하여 질문자 (통역자)가 조사하고자 하는 취지를 잘 이해하고 조사 현장에서 자세한 설명을 곁들여 질문하는 방식을 취하여 보완할 수밖에 없다.

2.2 매개언어에 따른 문제

2.2.1 어휘의 중요도 등급 설정의 문제

『질문지』는 매개언어가 어떤 언어이든 어휘의 중요도 등급이 일정하게 되어 있다. 그러나 실제로는 매개언어별로 중요도 등급을 달리 해야 할 필요가 있는 경우가 있다. 구체적인 예를 살펴보자.

첫째, 총칭류 어휘는 모두 3등급이나 4등급으로 설정하기로 한 원칙이 있었다. 그러나 매개언어에 따라 총칭류 어휘가 아예 없을 수도 있고, 사용 빈도가 다를 수도 있기 때문에 일괄적으로 등급을 설정하는 것은 문제가 될 수 있다. 예를 들어, '모자'는 총칭명사이지만 구체어이고 사용 빈도가 높기 때문에 3등급 또는 4등급이 아닌 2등급으로 설정되어 있다. 그러나 이 단어의 사용 빈도는 매개언어에 따라 다르게 나타난다. 중국어로는 한국어와 마찬가지로 '모자'라는 총칭명사가 많이 사용되지만, 러시아어로는 '모자'라는 총칭은 거의 쓰이지 않고, '챙이 있는 모자', '털모자'와 같이 각 모자의 종류를 가리키는 어휘가 사용 빈도가 높다. 반대로 중국어의 경우 '털모자'와 '챙이 있는 모자'와 같은 개별 어휘는 각각 수식어를 부가한 형태로 표현되고 한 단어로 나타나지 않는다. 그러나 매개언어와 상관없이 모든 질문지에서 '모자'에는 같은 등급인 2등급을 부여하였다.

'수염'의 예를 보면 중국어는 한국어와 같이 총칭이 있지만('胡子'), 러시아어로는 다양한 수염의 종류를 가리키는 '콧수염, 턱수염, 구레나룻'을 사용할 뿐 총칭명사인 '수염'은 없다. '잔'도 중국어는 한국어와 같이 총칭('杯子')이 있지만, 러시아어로는 종류에 따라 다양한 명칭이 존재할 뿐 총칭은 쓰이지 않는다. 그래서 러시아지역용 질문지에서는 '수염', '잔'과

■ 각각의 구체적인 예는 아래 '2.2 매개언어에 따른 문제'의 '대명사의 문제', '동사의 문제'에서 소개한다.

같은 총칭명사는 아예 항목을 삭제하였다. 반대로 러시아어로는 총칭명사가 있지만, 중국어로는 없는 어휘가 있다. '딸기류의 열매'를 일컫는 러시아어 'ягоды'는 3등급으로 설정되어 있지만, 중국어로는 별도의 단어가 없어서 중국지역용 질문지에는 포함시키지 않았다.

이와 같이 총칭명사가 매개언어에 따라 쓰임이 다르기 때문에 일괄적으로 3등급, 4등급을 부여할 수 없었고, 경우에 따라 특정 지역용 질문지에서는 삭제하였다. 그러나 사용 빈도가 매개언어에 따라 다르더라도 중요도 등급은 같게 설정하였다.

둘째, '~하다'형의 동사나 형용사와 어근이 같은 명사형이 있을 경우, 동사형이나 형용사형을 높은 등급으로 설정하고 명사형은 더 낮은 등급으로 하였다. 이는 러시아어가 매개언어인 경우 동사형이 명사형보다 응답률이 높으리라 판단하여 내린 결정이다. 그러나 중국어에서는 명사형과 동사형의 구분이 명확하지 않다. 중국어의 명사와 동사는 대부분 문장의 위치에 따라 결정되고 형태의 차이는 없으므로 동사형과 명사형에 따라 등급의 차이를 둘 수가 없다. 동사 '대답하다'와 명사 '대답', 동사 '결혼하다'와 명사 '결혼'의 형태는 각각 '回答'와 '结婚'으로 같은 형태이다. 명사형으로만 쓰이는 것은 보통 그 명사형과 어울리는 다른 동사와 같이 쓰인다. 예를 들어, '고장나다'는 '出'라는 동사 성분을 필요로 하고, '요리하다(烹饪)', '방목하다(放牧)', '녹슬다(锈)'는 다른 형태와 결합하지 않고 동사형으로 쓰이지만 명사형으로 쓰여도 형태가 같다.

이와 같이 매개언어가 중국어인가 러시아어인가에 따라 등급 설정 기준의 적용 가능성이 다르게 나타난다. 그러나 그렇다고 해서 매개언어에 따라 어휘의 중요도 등급을 달리하게 되면 조사 결과의 활용에 어려움이 초래될 수 있다. 매개언어는 알타이언어 사용자들이 이중 언어 사용자라는 특수한 상황에 놓여 있기 때문에 이용되는 수단일 뿐 조사의 본질은 아니다. 알타이언어 조사의 특성상 여러 언어를 대상으로 한 것이고, 현지 조사 자료는 이후 비교 연구에 활용되어야 하므로 균질한 자료를 수집하는 것이 무엇보다 중요하기 때문에 『질문지』에서는 매개언어별로 등급을 달리 설정하지 않았다.

2.2.2 명사류의 문제

2.2.2.1 지칭 대상의 일치 문제

알타이언어의 현지 조사는 매개언어를 통해서 이루어지기 때문에, 한국어의 어휘 항목을 매개언어로 가능한 한 정확하게 대응시키는 것이 중요하다. 그러나 주로 동식물명이나 농기구명과 같이 '동물/수렵', '가축/사육', '식물' 등의 의미 부류에 속하는 단어 중에는 한국어와 매개언어가 가리키는 대상의 일치 여부를 확신할 수 없는 경우가 있다. 예를 들어 '다람쥐'와 '청설모'라는 항목을 보면, 처음에는 '다람쥐'를 러시아어의 'белка'에 대응시켰으나, 우리나라에서 보통 볼 수 있는 줄무늬가 있는 다람쥐는 러시아어로는 'бурундук'이 정확하다는 사실을 뒤늦게 알게 되었다. 러시아어의 'белка'는 한국어로는 '청설모'에 가깝기 때문에 '청설모'를 추가하였다. 그 외에도 '올빼미와 부엉이', '순록, 타록과 마록', '고라니', '영양'의 일종인 '황양', '오소리와 족제비'도 매개언어로 정확히 구분하여 번역하는 일이 쉽지 않다. '두견새/뻐꾸기'는 엄밀하게 보면 다른 새이나 매개언어로 구분하기 어려워서 하나의 항목으로 표현하였다. '매'와 '송골매'는 각기 다른 항목으로 설정하였지만, 매개언어로 구분하는 것은 쉬운 일이 아니었다. 하나의 항목으로 처리한 '포플러/사시나무/백양나무'와 같은 식물명, '굴레, 멍에, 끌채'와 같은 마구 명칭, '쟁기와 써레', '호미와 괭이', '자귀'와 같은 농기구나 도구명, '유르트와 몽골 집' 등도 한국어와 매개언어가 지칭하는 것이 일치하도록 하기 위해 주의를 기울여야 했던 항목이다. 이러한 예는 심지어 한국어로도 해당 단어가 지칭하는 실물이 어떻게 생긴 것인지, 서로 비슷한 것들이 어떻게 구별되는지를 알기 어려운 경우가 많으므로, 특별히 주의를 기울여서 질문지를 작성하지 않으면 지칭 대상이 서로 달라지는 결과를 초래하게 된다.

『질문지』의 '난로'라는 어휘 항목은 한국어가 지칭하는 대상과 러시아어 'печка'가 가리키는 대상이 서로 일치하지 않는 대표적인 예이다. 러시아어에서 많이 쓰이는 어휘 'печка'를 매개로 알타이언어의 대응어를 조사하기 위하여 선택한 항목이나, 한국어의 '아궁이'가 한국의 특수한 설비인 것과 마찬가지로 러시아의 특수한 난방 설비인 'печка'는 '난로, 화덕, 벽난로'와 같은 한 단어로 대응시킬 수 없는 개념이므로 부가적인 설명이 필요한 항목인 것이다. 한국어로는 '페치카(러시아식 난방 시설)'로 수정하였다. 또한 중국어에서 한쪽에

날이 있는 '刀'와 양쪽에 날이 있는 '劍'은 질문지에 '칼'과 '검'이라는 항목으로 구별되어 있다. 이 경우도 매개언어인 중국어에서는 비교적 잘 구별되는 어휘이지만 한국어로는 중국어와는 다른 어휘 의미 영역을 가지고 있으므로 엄밀한 대응을 위해서는 설명이 필요하다.

이와 같이 매개언어와 한국어가 지칭하는 바가 정확하게 일치하는지에 대한 확신이 없을 경우에는 말로 설명하는 것보다 직접 그림이나 사진, 영상자료를 보여주는 것이 효과적인 조사 방법이 된다. 이러한 항목들을 조사할 경우에는 간접 질문법의 명명식 질문법을 활용하면 조사의 정확성과 효율성을 높일 수 있다. 알타이언어 현지 조사팀도 조사에 활용하기 위해 그림이나 사진 등의 이미지자료 데이터베이스를 구축한 바 있다. 그러나 실제 사진이나 이미지를 보아도 그 명칭을 판별해 내는 것은 쉬운 일이 아니므로 보충 설명을 미리 준비하는 것이 좋다.

2.2.2.2 어휘 의미 체계의 차이

언어마다 어휘 의미 체계가 다르므로 매개언어를 거쳐서 조사를 해야 하는 알타이언어의 현지 조사는 어려움이 크다. 대표적인 예로는 친족 명칭을 들 수 있다. 한국어로는 '이모, 고모, 작은 엄마, 큰 엄마, 숙모, 외숙모', '삼촌, 외삼촌, 숙부' 등과 같이 세분된 친족 명칭을 일상생활에서 사용하지만, 매개언어인 러시아어로는 남자 친척은 모두 'дядя', 여자 친척은 모두 'тётя'라고 한다. 그래서 『질문지』에는 그 각각을 '아저씨(남자 친척의 총칭)', '아주머니(여자 친척의 총칭)'■라고 표현하였다. 그리고 한국어의 '삼촌'은 'брат отца(아버지의 형제)', '이모'는 'сестра матери(어머니의 자매)'와 같이 설명식으로 표현하였다. 중국어로는 남자 친척의 총칭과 여자 친척의 총칭이 없기 때문에, '아저씨'와 '아주머니'라는 항목은 중국지역용 질문지에서 삭제하였다.

한국어의 '처남'은 '아내의 오빠 또는 남동생'을 모두 가리키는 말이다.■ 러시아어로는 한국어와 마찬가지로 하나의 단어 'шурин'으로 '손아래 처남'과 '손위 처남'을 모두 가리키

■ 한국어로 '이모, 고모, 숙모' 등 여자 친척을 통틀어 '아주머니'라고 표현할 수 있는가, 마찬가지로 '삼촌, 외삼촌, 숙부' 등 남자 친척의 총칭을 '아저씨'라고 표현할 수 있는가의 문제는 별도의 논의를 요한다.
■ '처남'의 원래 의미는 이러하지만 실제 쓰임에서는 '처남'은 주로 '손아래 처남'만을 가리키고, '손위 처남'은 '형님'이라고 부른다.

지만, 중국어로는 구별이 된다. '시누이'도 마찬가지이다. 그래서 중국지역용 질문지에는 각각 두 개의 항목으로 구별하여 적는 것으로 수정하였다. 즉, 러시아지역용 질문지에서는 '처남(손위/손아래)', '시누이(손위/손아래)'와 같이 하나의 항목으로 통합하고, 중국지역용 질문지에서는 '처남(손위)', '처남(손아래)', '시누이(손위)', '시누이(손아래)'와 같이 별도의 항목으로 각각 구별하였다. 한국어와 중국어에서는 구별이 되는 '처형'과 '처제'도 러시아어로는 구별할 수가 없어서 하나의 항목(свояченица)으로 처리하였다.

반면에 '며느리'라는 항목은 러시아어에서는 시아버지 입장의 '며느리(сноха)'와 시어머니 입장의 '며느리(невестка)'가 구별되기 때문에 별도의 항목으로 처리하였고, '사돈'도 '며느리나 사위의 아버지(сват)'와 '며느리나 사위의 어머니(сватья)'가 구별되어 두 개의 항목으로 처리한 반면, 중국지역용 질문지에서는 각각 하나의 항목으로 설정하였다.

또한 한국어로는 손위 형제에 대해서 화자가 남자인지 여자인지에 따라 '형과 오빠', '언니와 누나'와 같이 명칭을 달리 하지만, 동생에 대해서는 '남동생, 여동생'만의 구분이 있을 뿐, 화자의 성은 문제가 되지 않는다. 매개언어인 중국어와 러시아어로는 손아래 형제뿐 아니라 손위 형제를 일컬을 때에도 화자의 성에 따른 구분이 없다. 그리고 '남동생'과 '여동생'을 구별하지 않고 말하는 '동생'이라는 개념도 없다. 그래서 중국어와 러시아어로는 손위 형제의 경우 화자의 성에 따른 구분을 괄호 안에 설명식으로 덧붙여서 표시하였고,■ '동생'이라는 개념도 나열식으로 제시하였다.■■ 그런데 손아래 형제에 대하여 화자의 성에 따른 구분은 따로 하지 않았기 때문에, 만약 조사 대상 언어에 이러한 구분이 있다면 조사에서 누락될 수도 있다. 그러므로 친족 명칭의 어휘 체계를 제대로 조사하기 위해서는 질문자가 추가로 질문을 하는 방식으로 보완하여야 한다.

뿐만 아니라 행정 단위, 도량형 단위, 화폐 단위 등과 같이 각 언어마다 고유의 체계가 있는 경우 이는 번역이 불가능하므로 매개언어의 대응어를 통해 조사할 수는 없다. 예를 들어, 한국어로 나타난 행정 단위 '도, 군, 현, 읍, 면' 등을 매개언어인 러시아어로 그대로 대응시키는 것은 어려운 일이다. 특히 '읍, 면'에 각각 대응시켰던 'село'와 'посёлок'은 단위

■ 2.1.1.6 예시와 설명이 필요한 경우의 (2) 참조.
■■ 2.1.1.5 한국어와 매개언어의 일대일 대응의 문제 참조.

의 크기가 아닌 성격으로 구분되는 어휘여서 러시아 고유의 개념이라고 볼 수 있기 때문에 '촌락'과 '부락'으로 이후에 수정하였다. 도량형 단위의 예를 보면, 한국어의 '치/촌, 자, 발, 장, 무, 되, 말, 근, 관, 평' 등과 같은 도량형 단위와 '원, 전' 등의 화폐 단위는 중국지역용 질문지에만 포함시켰고, 러시아지역용 질문지에는 러시아 고유의 도량형 단위인 '사젠, 아르신(길이)', '메라, 가르네츠(용적)', '푸드, 로트(무게)', '제샤찌나(면적)'와 고유의 화폐 단위인 '루블, 코페이카'를 설정하였다. 이러한 경우 질문지에 매개언어 고유의 단위를 제시하기는 하였지만, 조사 대상 언어에 고유한 체계가 있을 수 있으므로, 그 구체적인 어휘들을 나열하도록 유도하고, 그것에 대한 설명을 한국어로 적어 두는 것이 가장 합리적인 방법이다.

2.2.2.3 분화된 명칭의 차이

언어마다 사물의 종류를 지칭하는 어휘의 분화 정도가 다르기 때문에, 매개언어를 통해서 현지 조사가 이루어지는 알타이언어의 경우 질문지 작성 과정에서 어려움이 있다. 예를 들어 '눈(雪)'의 종류를 뜻하는 단어가 많이 분화되어 있는 언어도 있고, '사슴'의 종류를 가리키는 단어가 세분되어 있는 언어도 있다. 이러한 예에는 계절이나 절기 명칭, 색채어, 시간어, 식물과 동물 명칭 등 다양한 범주가 있을 수 있다. 이러한 경우 물론 '눈(雪)' 또는 '사슴'의 종류를 나타내는 모든 단어를 조사하고 한국어로 설명을 붙이는 것이 가장 좋은 방법이다. 그러나 이러한 어휘는 조사 전에 해당 언어의 특수한 상황을 알기가 어려우므로 사전에 질문지에 반영하기는 어렵다. 따라서 매개언어의 어휘에 나타나는 명칭을 기준으로 질문지를 작성할 수밖에 없는데, 이 때 매개언어와 조사 대상 언어 사이에도 세분된 명칭을 일대일로 대응시키기 어려운 문제가 있고, 그 이전에 질문지 작성 과정에서 이미 한국어와 매개언어 사이에도 분화된 명칭을 대응시키기 어려운 문제가 있다. 예를 들어, 러시아어로 버섯의 여러 종류를 뜻하는 '*подберёзовик, белые грибы, маслята, грузди*' 등의 단어를 조사 항목으로 포함시켰는데, 이는 한국어의 '양송이버섯, 느타리버섯, 표고버섯, 목이버섯' 등과 일대일로 대응되는 단어가 아니고 번역을 하면 낯선 이름들이 되기 때문에 처음에는 한국어로 '버섯의 일종'이라고만 제시하였다. 그러나 한국어 '버섯의 일종'이라는 항목이 여러 항목이 되는 결과가 되어서, 학명을 토대로 한국어 대응어를 찾아서 '거친껄껄이 그물버섯', '비단 그물버섯', '젖버섯' 등과 같이 일반적인 이름이 아닌 전문 용어이더라도 그대로 질문지에

적는 방식으로 수정하기로 결정하였다. 또 중국어로 '猴頭菇'는 '노루궁둥이 버섯'으로 번역
되는데, 처음에는 일반적인 어휘가 아니기 때문에 '버섯의 일종'으로 명기하였다가 이후 다
시 '노루궁둥이 버섯'이라고 수정하였다. 구체적인 이름을 적어 놓지 않으면 조사 결과 얻어
진 각각의 항목이 실제로 무엇을 가리키는지 모르는 상태로 남게 될 수도 있는 문제가 있기
때문에, 해당 조사 언어의 분화된 명칭을 모를 경우 매개언어의 각각의 명칭에 대해 학명을
토대로 한국어 대응어를 찾아서 명시해 놓는 것이 조사 결과를 명확하게 이해하는 데 도움
이 된다.

매개언어로 질문지에 수록한 명칭이 가리키는 실물의 그림이나 사진을 이용하는 것도
좋은 방법이지만, 가장 좋은 방법은 먼저 해당 범주의 세분된 명칭을 조사 대상 언어로 나열
하게 하고, 거꾸로 그것이 매개언어로 어떻게 번역될 수 있는지를 조사하여 추후에 가능한
한 한국어로 설명을 붙이는 것이다. 그 과정에서 현지 박물관에서 사진을 찍거나, 실물을
찾아서 사진을 찍거나, 현지에서 구한 그림 사전 등을 이용하여 조사 지역에서 서식하는
동물이나 식물, 주거, 복식, 음식 문화와 관련된 명칭들의 이미지자료를 보충해 놓는 것이
좋다.

2.2.2.4 현지 조사 지역의 특성

알타이언어 조사를 위한 질문지는 현지 조사 지역의 특성을 최대한 반영하도록 작성되었
다. 그러나 조사 지역에서 널리 쓰이는 어휘가 한국어로도 매개언어로도 대응어를 찾기 어
려운 경우가 있다. 이러한 항목은 조사 과정에서 현지에서 실제로 널리 쓰이는 독립적인
어휘가 아닌, 매개언어의 어휘 구조를 그대로 번역하는 답변을 얻는 경우가 대부분이었다.

예를 들어 시베리아의 순록을 키우는 지역에서 겨울철 순록의 먹이인 이끼의 한 종류를
뜻하는 말이 있다. 러시아어로는 'ягель'이라는 한 단어가 있지만 중국어로는 한국어 '흰 이
끼'를 번역하여 제시할 수밖에 없었다. 그 결과 동부요구르어나 다고르어와 같이 중국지역
용 질문지를 이용한 조사에서는 번역해서 만들어 내어 답하거나 '기억 못한다' 또는 '모른
다'라고 답하였다.

'말린 고기'는 원래 몽골 민족이 많이 먹는 이른바 육포와 같은 고기로 'bors~borc'라는
고유어가 있지만, 러시아어로는 'сушёное мясо', 중국어로는 '肉干'와 같이 번역식으로 표현

할 수밖에 없다. 이 항목에 대해서 쇼르어 므라스 방언 조사에서는 'quɾutqan ɛtʰ(말린 고기)', 돌간어 조사에서는 'kʰuːrbut ɛt(마른 고기)'라는 번역 조합식 답변을 얻었다. 또한 '익혀 말린 고기, 반쯤 말린 고기, 볶고 삶은 고기' 등의 항목은 러시아어로는 'варёное сушёное мясо'(익혀 말린 고기), 'наполовину готовое мясо'(반쯤 말린 고기), 'поджаренное варёное мясо'(볶고 삶은 고기)' 등과 같이 번역하였고, 중국어로는 '干熟肉'(익혀 말린 고기), '半熟肉'(반쯤 말린 고기), '熟肉'(볶고 삶은 고기)로 표현되었다. 이와 유사한 예는 '깔개(안장 밑의+), 장대올가미, 뿔 비뚤어진 소, 외뿔 소' 등이 있다. 이러한 항목들에 대해서는 매개언어의 표현을 번역한 형태의 답변이 나왔는데, 그 예를 정리하면 다음과 같다.

'말린 고기'
질문: сушёное мясо
답변: quɾutqan ɛtʰ(말린 고기) (쇼르어 므라스 방언)
　　　kʰuːrbut ɛt(마른 고기) (돌간어)

'익혀 말린 고기'
질문: варёное сушёное мясо
답변: buhan baɾan kʰuːrbut ɛt'(익어서 마른 고기)
　　　buspuʰ kʰuːrdulubut ɛt'(익은 말려진 고기)
　　　busput kʰuːrbut ɛt'(익은 마른 고기) (돌간어)

'뿔 비뚤어진 소'
질문: бык с кривым рогом
답변: qijir myːstyg puɣa(비뚤어진 뿔이 있는 황소) (쇼르어 므라스 방언)

그러나 '말린 고기'를 비롯한 몽골 지역 고유의 특성과 관련된 어휘는 러시아어와 중국어로는 말 그대로 직역을 한 형태로 질문했음에도 불구하고 몽골어 자료제공인은 대부분이 고유어로 대답하였다.

한편, 현지 조사 지역과 무관한 항목이어서 대답을 기대하기 어려운 어휘는 배제하였다. 예를 들어, 『질문지』를 작성할 때 참고한 중국어로 된 『鄂溫克語簡志』에는 '철라어, 세린어, 유근어, 창꼬치' 등과 같은 세분된 어류명이 있었으나, 매개언어인 러시아어로는 번역이 거의 불가능한 데다가, 실제로 조사 지역에서 답변을 기대하기 어려운 항목이어서 삭제하였다. '고래, 아귀', '고구마, 자두' 등과 같이 몽골어 사용 지역에서는 현지인이 한 번도 본 적이 없는 대상이어서 답변이 어려운 항목도 몽골지역용 질문지에서는 삭제하였다.

2.2.2.5 명사의 복수형

매개언어인 러시아어로는 복수형으로만 쓰이는 명사가 있고('штаны, брюки(바지)', 'очки(안경)', 'деньги(돈)' 등), 주로 복수형으로 쓰는 명사가 있다('сигареты(담배)', 'спички(성냥)', 'волосы(머리카락)' 등). 전자의 경우 단수로 적는 것이 불가능하므로 복수형으로 적었고, 후자의 경우도 복수로 모두 통일하였다. 질문지에 복수형으로 제시된 항목을 정리하여 예를 들면 다음과 같다.

표 24 매개언어인 러시아어에서 복수로만 쓰이거나 주로 복수로 쓰이는 명사의 예

복수로만 쓰이는 명사	주로 복수로 쓰이는 명사
близнецы(쌍둥이), влюблённые(연인), выборы(선거), ворота(대문), сопли(콧물), часы(시계), шипцы(집게), весы(저울), перчатки(장갑), тапочки(슬리퍼), варежки(벙어리장갑), серги(귀고리), овощи(채소), похороны(장례식), жабры(아가미)	новости(뉴스), переговоры(담판/협상), передние зубы(앞니), босые ноги(맨발), продукты(식품), бобы(콩), красные бобы(팥), хвостовые перья(꼬리 깃털), мелкие рыбьи кости(가시(물고기의+)), грибы(버섯), фрукты(과일), ягоды(베리류의 열매), брови(눈썹), дёсны(잇몸), слухи(소문)

이 경우 매개언어에서 복수형으로 표현된 항목에 대한 답은 조사 대상 언어로도 복수로 나오는 경우가 대부분이다. 예를 들어 러시아지역용 질문지에 복수 형태로 표현된 'спички(성냥)'의 경우 어웡키어로도 'ispiskəl'이라는 복수형의 답변이 나왔다. 그러나 실제 조사 대상 언어에서도 주로 복수로 쓰이는 것인지 매개언어인 러시아어의 영향인지 알기 어려우므로 질문 과정에서 확인할 필요가 있다.

2.2.2.6 단어가 아닌 형태소만 제시된 표제어

매개언어가 중국어인 경우 단어가 아닌 한 글자로 된 형태소를 어휘 항목으로 제시하는

오류가 있을 수 있다. 현대 중국어에도 단음절 어휘가 비교적 많이 분포하지만, 다음절어가 고대 중국어에 비하여 상당히 많다. 단음절이 독립적인 단어로 기능하는 경우가 아니라면 일상적으로 사용하는 다음절 어휘가 있는데도 그 다음절어 내의 한 형태소, 즉 한자 한 글자만을 표제어로 삼는 것은 주의하여야 한다. 예를 들면 중국어의 '国'는 단독으로 쓰이는 경우가 드물고 '中国'과 같은 국가명이나, '外国' 등과 같은 합성어의 일부로 쓰이는 형태소이기 때문에 '나라'는 '国'가 아닌 '国家'로 하는 것이 타당하다. 이 외에도 중국어의 방위를 나타내는 어휘인 '里(안)', '外(밖)', '中(가운데)'는 일반적으로 명사와 결합한 형태로 쓰이거나 숙어적 표현의 한 부분으로 쓰이기 때문에 각각 '里面', '外面', '中间' 등으로 바꾸었다.

2.2.2.7 대명사의 문제

문법 범주의 인칭대명사 항목 중에는 한국어로는 구별이 되지만 매개언어로는 구분할 수 없는 항목이 있다. 예를 들어 인칭대명사의 격변화 형태를 조사하고자 한 항목 중에 여격(~에게)과 여처격(~에게로)을 구분한 항목이 있다. 한국어로는 '나에게 편지를 보내세요'와 '내게로 엽서를 보내세요'와 같이 모든 인칭대명사에 대하여 두 가지의 격 형태를 구분하여 항목을 나누었지만, 매개언어인 중국어와 러시아어로는 이 둘을 구분하여 번역하는 것이 불가능하다. 그래서 러시아어로는 'Отправьте мне письмо'와 'Отправьте мне открытку'로, 즉 인칭대명사의 차이가 없는 두 문장으로 번역할 수밖에 없었고, 중국어로도 '给我寄信'이나 '给我寄明信片'과 같이 인칭대명사의 격을 구별할 수가 없었다. 중국어는 전치사와 인칭대명사가 결합된 형태로 격의 의미를 표현하는데, '나에게 편지를 보내세요'의 문장 의미에 여격의 의미를 가지는 전치사가 사용되기 때문에 여격과 여처격의 구분이 불가능하다. 조사의 예를 보면, 중국어를 매개언어로 한 몽골어의 호친 바르가 방언(네이멍구), 다고르어(신장타청), 동부요구르어(간쑤) 조사에서는 여처격 어미로 제대로 대답한 경우도 있지만, '~쪽으로', '~위로'와 같은 어휘를 덧붙여 대답한 경우도 있었다. 일부 교육 수준이 높은 자료제공인은 질문의 의도를 파악하고 각각의 격 어미를 구분하여 사용하였다.

또한 인칭대명사의 격변화를 조사하고자 하는 항목 중 조격 형태인 '나로'가 포함된 문장 '어머니는 나로 편지를 쓰셨다'는 러시아어로는 일반적인 문장에서 인칭대명사의 조격 형태가 단독으로 도구의 의미로 쓰이는 경우는 없기 때문에 대명사의 조격 변화 형태인 'мной'만을 적기로 하였다. 중국어에서는 인칭대명사가 격 변화를 하지 않고 특정 문법 의미를 가진 전치사를 써서 격의 의미를 나타낸다. 중국어에서도 인칭대명사와 조격 의미 전치사의 결합이 일반적으로 불가능하기 때문에 '我(让我)', '你(让你)'와 같이 괄호 안에 설명을 덧붙이는 식으로 번역하였다.

돌간어의 예를 들면, 다른 인칭에서는 조격으로 제대로 대답하였으나 1인칭 단수 'мной(나로)'는 'minigittεn(나에게서, 나로부터)', 3인칭 단수 'им/ей(그로/그녀로)'는 'giniεqε(그에게)'라는 엉뚱한 답변이 나왔다. 후자의 경우 매개언어인 러시아어에서는 3인칭 단수 조격과 3인칭 복수 여격이 똑같은 형태인 'им'이라는 사실과 관련이 있는 결과로 보인다. 이는 문법 형태를 문장 단위가 아닌 단어 단위로 제시한 경우가 갖는 한계이다.

1인칭 복수 인칭대명사의 배제형과 포함형을 조사하고자 하는 문장은 현재 '우리는 강으로 갈 테니, 너희는 산으로 가거라'(배제형), '우리 함께 숲으로 가자'(포함형)로 되어 있다. 그런데 러시아어에는 1인칭 복수 인칭대명사의 배제형과 포함형의 구분이 없기 때문에 이 두 항목을 'Мы пойдём на речку, а вы идите в горы(배제형)'와 'Давайте вместе пойдём в лес(포함형)'와 같이 글자 그대로 번역하는 수밖에 없었다. 특히 포함형의 경우 청유형으로 표현된 러시아어 문장에는 1인칭 복수 인칭대명사 '우리'가 나타나 있지 않기 때문에 조사 대상 언어의 포함형 인칭대명사가 조사되지 못할 가능성이 있다. 이런 경우 질문자가 조사 과정에서 보충적인 설명을 덧붙여야 한다.

그러나 실제 조사에서 포함형은 크게 문제가 되지 않고 오히려 배제형을 알아내기가 쉽지 않은데, 문법 질문지의 다른 범주에 포함되어 있는 '우리를 때리지 마세요', '우리에게 편지를 보내세요'와 같은 명령형 문장에서 배제형이 나타나는지를 확인해 볼 수 있을 것이다.

그리고 '이것들', '그것들/저것들'이라는 항목은 러시아어로는 단수인 '이것', '그것/저것'과 구별할 수가 없다. 'это', 'то'라는 지시대명사는 수에 관계없이 쓰이는 대명사이기 때문이다. 한국어의 관형어에 해당하는 '이/그/저'는 뒤에 오는 명사의 성과 수에 따라 다른 형태를 쓰기 때문에 구별이 된다. 그래서 러시아지역용 질문지에 실린 이 항목은 엄밀히 말하면 '이(물건들)', '그/저(물건들)'이라고 번역되는 단어이다. 또한 매개언어인 러시아어와 중국어에서 '이/그/저'의 구분이 한국어와 정확히 대응되지 않기 때문에 대략적인 대응이 될 수밖에 없었다.

2.2.2.8 내포문 주어의 격 표지 문제

『질문지』의 문법편에는 내포문 주어의 격 표지를 조사하기 위한 항목으로 '이것은 나의 어머니께서 만든 옷이다'라는 항목이 있다. 이 문장을 매개언어인 러시아어로 번역하면 'Это одежда, которую сшила моя мать'가 되는데 자료제공인들이 이 문장을 '나의 어머니께서 이 옷을 만들었다'의 뜻으로 해석하여 대답을 하는 경우가 많다. 이는 러시아어로 '이 옷(эта одежда)'과 '이것은 옷이다(Это одежда)'의 발음이 거의 동일하여 의미상의 혼돈을 주었기 때문일 수도 있고, 내포문 형식의 구조로 된 문장을 구어체에서 자주 접하지 않는 것이기 때문이다. 마찬가지로 '이것은 내가 산 책이다'라는 문장도 러시아어로는 'Это книга, которую я купил'로 번역되어 역시 '내가 이 책을 샀다' 라는 단문으로 해석하여 즉각적인 답변을 한 경우가 많았다.

이 경우 내포문의 의미를 더욱 정확히 하기 위하여 위의 문장을 각각 '나의 어머니께서 만든 옷은 예쁘다(Одежда, которую сшила моя мать, красивая)', '내가 산 책은 두껍다(Книга, которую я купила, толстая)'와 같이 수정하여 자료제공인들이 두 개의 상황이 결합된 복문으로 더 잘 이해하고, 내포문 주어의 격 표지 형태를 보여 주는 답변을 할 수 있도록 하였다.

2.2.3 동사의 문제

2.2.3.1 동사 활용형의 문제

러시아지역용 『질문지』에서 동사는 'петь(노래하다)', 'танцевать(춤추다)'와 같이 기본형으로 제시되어 있다. 그런데 실제 조사에서 자료제공인이 동사를 기본형으로 답하는 경우는 거의 없고, 거의 대부분의 경우 3인칭 단수 현재형으로 대답하거나, 1인칭 단수 현재형 또는 과거형, 2인칭 단수 명령형으로 대답하는 경우도 있다.

조사 예를 보면, 몽골 지역의 자료제공인과 러시아와 중국의 대부분의 자료제공인은 인칭이 개입되지 않은 기본형 또는 현재 미완료형(현재/미래)으로 대답하였다. 러시아지역용 질문지를 사용하여 조사한 부리야트어 아가호리 방언의 경우, 'xarxa(보다)', 'xəlxə(말하다)'와 같이 기본형으로 대답한 경우가 많았고, 중국지역용 질문지를 가지고 조사한 다고르어의 경우도 'twaalbye(数)(세다)'와 같이 기본형으로 답한 예가 있었다. 몽골어 호친 바르가 방언의 경우도 'toolox(数)(세다)', 'očix(去)(가다)'와 같이 기본형으로 대답하거나, 'təĭeen(喂)(먹인다)' 와 같이 현재 미완료형으로 대답한 예가 있었다.

그러나 러시아지역용 질문지를 사용한 돌간어 조사의 예를 보면, 3인칭 단수 현재형으로 대답한 경우가 대부분이었다. 즉 기본형이 아닌 '-aɾ', '-ɛɾ'와 같이 3인칭 단수 현재형 어미를 붙인 인칭형으로 답변한 것이다. 예를 좀 더 살펴보면 다음과 같다.

tʰaŋnaɾ '그가 옷을 입는다'
bieɾeɾ '그가 준다'
ylɛliːɾ '그가 일한다'
yœɾeneɾ '그가 배운다 / 그가 익숙해진다'
qʰaraŋaɾaɾ '그것이 (즉 날이) 저문다'

그리고 러시아와 중국 지역의 일부 자료제공인은 기본형, 현재 미완료형(1인칭/2인칭), 명령형을 번갈아 사용하는 경향이 있었다. 부리야트어 알라르 방언을 조사한 예를 보면 다음과 같이 여러 형태를 섞어서 대답한 자료제공인이 있었다.

xəlxə(말하다) (기본형)
irxəb(내가 온다/올 것이다) (1인칭 현재 미완료형)
garxat(나가세요/당신이 나간다/나갈 것이다) (명령형/2인칭 현재 미완료형)

한편, 형태 변화를 하지 않는 중국어 동사는 자료제공인이 명령형으로 이해하는 경우가 많아서 중국지역용 질문지를 사용하는 지역에서는 자료제공인이 대부분 명령형으로 대답하였다. 예를 들어 동부요구르어는 대부분 명령형으로 대답하였고, 몽골어 호친 바르가 방언과 다고르어에서도 아래와 같이 명령형의 대답이 나왔다.

> ir(回来)(와라) (몽골어 호친 바르가 방언)
> buc(回去)(돌아가라) (몽골어 호친 바르가 방언)
> iči(去)(가라) (다고르어)

이와 같은 조사 경험에 비추어 러시아지역용 질문지의 경우 인칭동사는 1인칭(пою, танцую) 또는 3인칭(поёт, танцует)으로, 무인칭동사는 3인칭 단수 형태로 제시하는 것도 고려해 볼 수 있을 것이다. 실제로 러시아지역용 질문지에는 특히 '오다(비가+)'와 같은 항목은 '가다'와 같은 동사가 쓰이기 때문에 '비가'를 붙여줘야 이해할 수 있고, 그 때 동사의 기본형을 쓰는 것은 매우 어색하기 때문에 활용형을 써서 아예 문장 형태로 제시하였다. 이와 같이 러시아지역용 질문지의 어휘 부분에서 문장 속의 동사 활용형으로 제시한 항목의 예를 들면 아래와 같다.

오다(비가+)	Идёт дождь. 비가 온다.
오다(눈이+)	Идёт снег. 눈이 온다.
불다(바람이+)	Дует ветер. 바람이 분다.
치다(천둥이+)	Гремит гром. 천둥이 친다.
치다(번개가+)	Сверкает молния. 번개가 친다.
뜨다(해가+)	Восходит солнце. 해가 뜬다.
지다(해가+)	Заходит солнце. 해가 진다.
고프다(배가+)	Хочу есть. (나는) 먹고 싶다.
마르다(목이+)	Хочу пить. (나는) 마시고 싶다.

2.2.3.2 동사 상과 시제의 문제

매개언어가 러시아어인 경우 모든 동사가 불완료상과 완료상의 쌍을 이루고 있기 때문에 질문지 어휘편의 표제어를 결정할 때에는 하나의 상 형태를 선택해야 한다. 『질문지』에는 모두 불완료상으로 적는 것을 원칙으로 하였다. 그러나 질문지는 사전이 아니므로 실제 많이 사용하는 형태, 절멸 위기의 언어를 구사하는 자료제공인이 단어를 더 잘 떠올릴 수 있는 형태를 채택하는 것이 자료제공인의 답변을 유도하기에 효율적일 것이다. 그런 의미에서 주로 완료상으로 쓰이는 동사는 완료상으로 적는 것이 바람직하다. 예를 들면 '감기 걸리다'는 불완료상 'простужаться'로 되어 있으나 주로 완료상 과거형인 'простудился(감기 걸렸다)'를 사용하게 되므로 이 형태가 대답을 끌어내기에 더 좋을 것이다. 의미상 현재 시제는 거의 쓰지 않고 주로 완료상 과거의 형태로 사용되는 동사는 아예 과거형으로 질문 항목을 만드는 것이 더 합리적일 수 있다. 다음과 같은 동사를 예로 들 수 있다.

> 죽다 умирать → умер
> 쓰러지다 падать → упал
> 시집가다 выходить замуж → вышла замуж

『질문지』에 이미 완료상 기본형으로 되어 있는 예도 있으나 이 동사들도 과거형으로 질문하는 것이 나을 수 있다. 질문지에 이미 완료상 과거형으로 제시된 예로는 'случился выкидыш(유산하다), приехал(пришёл, прибыл)(도착하다)'가 있다. 아래 열거한 동사들도 완료상 과거형을 제시하는 것을 고려해 볼 수 있을 것이다.

> 넘어지다(걸려+) споткнуться → споткнулся
> 넘어지다(미끄러져+) подскользнуться → подскользнулся
> 싫증나다 надоесть → надоело
> 고장나다 сломаться → сломался
> 되다 стать → стал
> 걸리다(병에+) заболеть → заболел
> 맞다(비를+) попасть под дождь → попал под дождь
> 지치다 устать → устал
> 잡다/포획하다 поймать → поймал
> 발견하다/찾다 найти → нашёл
> 잃다(길을+) заблудиться → заблудился

매개언어가 중국어인 경우는 상의 의미가 상 표지를 나타내는 문법 요소를 첨가하여 표현되기 때문에 러시아어와 같은 문제는 없다.

한편 시제 형태를 조사하는 항목에서 현재 시제에는 '지금'이라는 부사를 넣어주는 것이 좀 더 명확한 답변을 얻는 데 도움이 된다. '나는 담배를 피운다' 대신 '나는 지금 담배를 피운다'라는 문장이 현재 시제를 정확히 알아내기에 좋다.

2.2.3.3 이동 동사의 문제

러시아어의 이동 동사에는 정태와 부정태의 구분이 있어서 '(한 방향으로) 가다(정태)'와 '반복적으로 다니다(부정태)' 또는 '갔다오다(부정태)'가 서로 다른 동사로 짝을 이루고 있다. 예를 들어 '가다'의 'идти'(정태)와 '다니다'의 'ходить'(부정태), '뛰어가다'의 'бежать' (정태)와 '뛰어다니다'의 'бегать'(부정태)가 쌍을 이루고 있는 것이다. 『질문지』에서는 정태로 적는 것을 원칙으로 하였기 때문에 'идти', 'бежать'만 있고, 'ходить', 'бегать'는 항목으로 선정되어 있지 않다. 다른 한편, '기다(ползать)', '날다(летать)', '수영하다(плавать)'와 같이 한국어의 의미상 러시아어의 부정태의 의미에 가까운 경우는 부정태 형태를 제시하였다. 그러므로 조사 대상 언어에 역시 러시아어와 같은 구분이 있다면, 경우에 따라 정태 혹은 부정태의 형태가 조사에서 누락될 수 있는 문제가 있다.

한편, 한국어와 중국어에서는 '들어오다'와 '들어가다', '나오다'와 '나가다'가 구별되지만 매개언어인 러시아어로는 동사 하나로 구별할 수가 없고 길게 설명식으로 번역해야 한다. 그래서 러시아지역용 『질문지』에서는 '들어오다/들어가다', '나오다/나가다'를 각각 하나의 항목으로 묶어서 처리하였다. 만약 조사 대상 언어에 한국어처럼 '들어오다'와 '들어가다'가 구별된다면 매개언어의 한계로 인해 조사에 제약이 생기는 문제가 있다. 이러한 구분 여부를 확인하려면 질문할 때 길게 설명을 하는 수밖에 없다.

반면에 '가져오다(приносить)'와 '가져가다(уносить)', '데려오다(приводить)'와 '데려가다 (уводить)'는 러시아어에서도 각각 구분이 되고, '돌아오다(возвращаться сюда)'와 '돌아가다 (возвращаться куда-л.)'는 각각 부사 '이리로(сюда)'와 '어디론가(куда-л.)'를 덧붙여서 구분하여 가능한 한 구별된 답변을 얻어 낼 수 있도록 하였다.

2.2.3.4 사동태의 문제

러시아어의 경우 사동의 의미가 한국어와 달리 형태소에 의해 표현되지 않고 어휘와 통사 구조를 달리하여 표현된다. 예를 들어 '엄마가 나에게 물을 가져오게 했다'라는 문장의 의미는 '엄마가 나에게 물을 가져오라고 말했다' 또는 '부탁했다', '강요했다'의 의미로 표현할 수밖에 없다. 또한 '내가 내 동생으로 하여금 닭 한 마리를 잡게 했다'는 '내가 내 동생에게 닭 한 마리를 잡으라고 말했다'로 표현해야 한다. 이와 같이 매개언어의 문법적 기제가 한국어와 다를 경우 조사 대상 언어의 실제 상황을 파악하기 쉽지 않은 문제가 있다.

실제 몽골어 조사에서는 대부분의 자료제공인이 질문의 의도를 간파하고 몽골어의 전형적인 사동태로 대답했지만, 일부는 위에서 제시한 바와 같이 인용문으로 대답하였다. 돌간어 조사에서는 다음과 같이 사동태가 아니라 다른 동사를 쓴 답변도 나왔다.

> **'엄마가 나의 동생을 학교에 가게 했다.'**
>
> 질문: Мама вынудила моего брата пойти в школу.
>
> 답변: iɲɛm min ibajbin ʃkoːlaɣa iːtta '나의 어머니는 나의 형을 학교에 보냈다'

한편 돌간어 조사의 경우는 질문자가 '강요하다'의 뜻을 가진 '**вынудить**'라는 동사를 사용하여 질문했을 때 사동태의 답변을 얻었다.

> **'엄마가 나에게 물을 가져오게 했다.'**
>
> 질문: Мама вынудила меня принести воду.
>
> 답변: iɲɛm uː ɛɣɛltɛrbitɛ '나의 어머니가 물을 가져오게 했다'
>
> (ɛɣɛl- '가져오다', ɛɣɛltɛr- '가져오게 하다')
>
> **'내가 내 동생으로 하여금 닭 한 마리를 잡게 했다.'**
>
> 질문: Я вынудил моего брата поймать одну курицу.
>
> 답변: min ibajbin kʰuːritsani qʰaptardim '나는 나의 형을 닭을 잡게 했다'
>
> (qʰap- '잡다', qʰaptar- '잡게 하다')

2.2.3.5 접속 어미의 문제

『질문지』의 문법 범주에는 알타이언어의 접속 어미를 조사할 목적으로 동시, 계기, 조건, 기회, 양보, 인과, 선택 관계 등 7가지의 접속 어미 범주가 설정되어 있다. 그러나 매개언어인 중국어와 러시아어에는 접속 어미라는 문법 범주가 존재하지 않기 때문에 번역이 어렵고, 그에 따라 조사에 한계가 있을 수밖에 없다. 예를 들어 동시 관계의 접속 어미를 조사하고자 하는 항목에 '엄마는 생선을 먹고, 아빠는 양고기를 먹는다'라는 문장이 있다. 한국어와 같이 동사의 접속 어미를 사용하는지를 알아보고자 하는 것인데, 매개언어인 러시아어는 동사의 접속 어미가 따로 없기 때문에 이를 표현할 길이 없다. 접속형과 종지형의 구분이 없기 때문에, 'Мама ест рыбу, а папа ест баранину.'와 같이 접속사를 써서 두 문장을 이어줄 수밖에 없는 것이다.

접속 어미를 사용한 문장 '[   ]는 노래를 불렀고, [   ]는 춤을 추었다'를 접속사를 사용한 문장 '[   ]는 노래를 불렀다. 그리고 [   ]는 춤을 추었다'와 구별해야 하는 경우에도, 후자는 문제가 없지만, 전자는 '[   ] пел песню, а [   ] танцевал.'와 같이 두 개의 문장을 쉼표와 접속사로 연결할 수밖에 없다. 중국어도 러시아어와 마찬가지로 동사의 접속형과 종지형의 구분이 없기 때문에 구별해야 하는 경우에는 두 문장을 쉼표로 분리하여 휴지를 유도하거나, 동시에 문장 끝에 쓰이는 어기 조사를 두 문장에 각각 사용하여 두 문장이 분리됨을 나타낸다. 예를 들면 '[   ]는 노래를 불렀고 [   ]는 춤을 추었다'는 '[   ]唱歌[   ]跳舞了'로 나타내고 '[   ]는 노래를 불렀다. 그리고 [   ]는 춤을 추었다'는 '[   ]天福唱歌了, 托娅跳舞了'와 같이 나타낸다.

부리야트어, 다고르어 모두 한국어처럼 동사의 접속형으로 접속하는 방법이 있음에도 불구하고, 실제 조사 결과 부리야트어와 다고르어 자료제공인은 접속 어미가 포함된 문장을 동사의 종지형으로 끝나는 두 개의 독립된 문장으로 대답하였다. 돌간어 조사에서도 접속 어미 없이 두 문장을 나열하거나 러시아어의 접속사 'a'를 그대로 사용하였다.

'[   ]는 노래를 불렀고 [   ]는 춤을 추었다.'

답변1: siːdɛr iriəni illiːr juːlʲa yŋkyːlyːr

     (시데르는 노래를 부르고 있다. 율랴는 춤을 추고 있다.)

답변2: siːdɛr iriəni illiːr ɛtɛ aː juːlʲa yŋkyːlyːr

     (시데르는 노래를 부르고 있었다. 그리고 율랴는 춤을 추고 있다.)

'엄마는 생선을 먹고, 아빠는 양고기를 먹는다.'

답변: iɲɛm hiːr baligi tʰɛːtɛm baraːn ɛtin

     (나의 어머니는 먹는다 생선을, 나의 아버지는 양고기를.)

부리야트어 툰카 방언 조사에서도 두 개의 분리된 문장으로 대답하였다.

'엄마는 생선을 먹고, 아빠는 양고기를 먹는다.'

답변:	ibii	jagah-ye	id-na	baabai	xonin-ii	myxa	id-na
	어머니	생선대격	먹다-현재	아버지	양속격	고기	먹다-현재

중국어를 매개언어로 한 조사에서는 대부분의 경우 질문의 의도를 파악하고 몽골어의 접속사와 접속 어미를 구분하여 제대로 답변하였다. 그러나 몽골어 호친 바르가 방언, 다고르어, 동부요구르어의 경우는 두 개의 문장으로 대답하였고, 다고르어 신장 타청 방언, 몽골어 네이멍구 호르친 방언, 동부요구르어의 자료제공인은 모어와 중국어에 능통하고 교육 수준이 높은데도 두 개의 문장으로 대답하였다.

또한 동시 관계를 표현하는 접속 어미를 조사하기 위한 항목인 '아이들이 방으로 달려 들어왔다'는 매개언어인 러시아어로는 '안으로'의 뜻을 가진 접두사가 붙은 하나의 동사로 표현되지만, 몽골어 자료제공인의 경우 동사의 접속 어미를 사용하여 두 개의 동사로 제대로 답변하였고, 돌간어로도 다음과 같은 답변을 얻었다.

> **'아이들이 방으로 달려 들어 왔다.'**
> 답변: ɔɣɔlɔr hyːrɛ hyːrɛ kʰɛlbittɛr kuomnaya
> (아이들이 달려 왔다 방에)
> (hyːr- 달리다; hyːrɛ hyːrɛ '달려서')

중국어에서는 동시관계를 나타내는 문법적 표지인 '着'를 동시관계인 동사와 동사 사이에 사용하여 'V着V'와 같이 나타낸다. 예를 들면 '우리는 웃으면서 이야기한다'와 같은 문장은 '我们笑着说话'가 되는데, 몽골어를 모어로 사용하는 자료제공인은 모두 접속 어미를 사용하여 자연스러운 몽골어 구조로 대답하였다.

2.2.3.6 연어 관련 주의 사항

범언어적으로 특정한 술어와 보어의 연쇄만이 주로 허용되는 경우가 있다. 한국어로는 유사한 동작을 나타내는 하나의 동사를 사용하는 경우에도 매개언어로는 목적어가 무엇인가에 따라 각기 다른 동사를 사용하는 경우가 있으므로 질문지 작성 과정에서 주의하여야 한다. 예를 들어, 중국어의 경우 예를 들면 '수염을 깎다'(刮胡子)와 '머리를 깎다/자르다'(剃头, 剪头)는 목적어에 따라 각각 다른 동사를 사용한다. 러시아어도 마찬가지이다. 또한 한국어로는 '먹다'라는 하나의 동사를 '밥을 먹다', '약을 먹다'에 모두 사용하지만, 러시아어로는 '약을 먹다'인 경우 '마시다'라는 의미의 동사인 'пить'를 쓴다. 한국어에서는 '죽'이라는 음식에 상응하는 동사는 '먹다'이지만 중국어에서는 한국어의 '마시다'에 해당하는 '喝'를 사용하여 '죽을 먹다'를 '喝粥'로 표현한다. 이와 같은 어휘는 질문지 작성 과정에서 주의해야 할 항목이다.

2.3 질문지 적용의 문제

2.3.1 답변 유도가 어려운 항목

절멸 위기의 알타이언어를 현지 조사 할 때 자료제공인이 쉽게 떠올리지 못해서 답변을 기대하기 어려운 항목이 있다.

   (1) 추상명사('용건, 민족, 가족/가정, 음악')

   (2) 집합명사('물건')

   (3) 현대 문명 관련 어휘('의사, 법, 가게, 종이, 책, 글자, 편지, 학교, 건물, 역, 여관, 기차, 배')

   (4) 총칭명사('동물, 생물')

   (5) 조사 지역과 무관한 용어('유르트, 몽골 집, 다고르인')

   (6) 금기어('음경, 고환, 음문')

추상명사의 경우 모어 구사력이 부족한 자료제공인은 대개 러시아어 또는 중국어로 대답한다. 예를 들어 돌간어 조사의 경우 현대 문명과 관련된 어휘는 모두 러시아어 차용어로 대답하였고, 조사 지역과 무관한 어휘 항목에 대해서는 들어 본 적이 없다고 대답하였다. 그러나 몽골 지역의 거의 모든 자료제공인과 러시아, 중국 지역의 몽골어파 알타이언어 사용자의 대부분은 추상명사도 제대로 모어로 대답하였다. 집합명사도 마찬가지이다. 그러나 현대 문명 관련 어휘는 매개언어에 따라서 러시아어나 중국어로 대답한 경우가 많았다. 한편 유목 지역에서는 농경에 대한 항목에 대해 답변이 잘 나오는 편이지만, 농경 지역에서는 유목 관련 어휘에 대해 답변을 얻기 어려운 경우가 있었다.

이러한 항목의 답변을 이끌어 내기 위한 방법으로는 단어 단위가 아니라 문장 형태로 질문을 하는 방법이 있다. 예를 들면, '용건'을 묻는 대신 '무슨 용건으로 오셨어요?'와 같은 문장으로 질문하면 자료제공인이 기억을 되살리기가 더 쉬울 것이다. 어휘를 알아내는 것이 목적이 아닌 문법 질문 항목의 경우, 답변이 어려운 위와 같은 어휘를 포함시키지 않도록 하는 것이 중요하다. 예를 들어 '그는 돈이 없었다' 대신 '그는 생선이 없었다'라는 문장이 답변을 얻어 내기가 더 수월한 것이다.

한편 여성 자료제공인 또는 교육 수준이 그다지 높지 않은 중년 이상의 남성 자료제공인은 국가, 지역을 막론하고 금기어에 속하는 특정 신체부위의 명칭을 입에 담는 것을 기피하였고, 답변을 거부하거나 모른다고 답하기도 하였다. 이 경우는 조사 분위기 전체에 영향을 미칠 수 있으므로 조사 지역과 자료제공인의 특징을 잘 고려하여 융통성 있게 조사하여야 한다.

2.3.2 자료제공인이 만들어 내는 단어

알타이언어를 사용하는 소수 민족은 대부분 중국어 또는 러시아어를 동시에 사용하는 이중 언어 사용자이기 때문에 중국어와 러시아어의 영향을 크게 받는다. 따라서 중국어나 러시아어에는 있지만 알타이언어에는 없는 어휘나 표현의 경우, 또는 자료제공인이 모어의 어휘나 표현을 기억해 내지 못한 경우, 본인이 알고 있는 단어나 문장을 조합하여 조사 현장에서 바로 만들어

내는 경우가 적지 않다.

예를 들어 중국지역용 질문지의 '차남(次男)'과 '차녀(次女)'를 '둘째 아들'이나 '둘째 딸'로 대답하지 않고 '작은 아들', '작은 딸'로 대답하는 경우, 실제 알타이언어에서 그렇게 쓰이는 것인지 만들어 낸 것인지 알 수 없게 되는 문제가 발생하는 것이다. 다음과 같은 조사 예가 있었다.

표 25 자료제공인이 만들어 낸 답변의 예

한국어	질문(매개언어)	답변
목장 가시(물고기의+) 보병 고구마	пастбище мелкие рыбьи кости пехотинец сладкий картофель	[돌간어] tʰabalɨːɾ hiɾ (순록치는 곳) kʰɨɾa balɨktaɾ ɔŋuoχtaɾa (ɔŋuoɣɔ) (작은 물고기 뼈들(뼈)) qʰaːma hɨldʲaɾ kʰihi (걸어 가는 사람) haːqaɾdaːq qʰaɾtuopɔl (단/달콤한 감자)
원추리	黃花菜	[다고르어 타청 방언] šar ilga nogaː (노랑 꽃 채소)
기원	происхождение	[칼미크어] xamaagaas garč ịrseŋ (어디서 나와서 온)

이러한 예들은 조사 대상 알타이언어에서 실제로 번역 차용어로 사용되는 것인지 아니면 자료제공인이 그 자리에서 조합해 낸 것인지 판단하기 어렵다.

2.3.3 복수의 답변

자료제공인이 질문 항목에 대해 여러 개로 답변을 하는 경우가 종종 있다. 복수의 답변은

다음의 세 가지 경우 중 하나로 이해할 수 있다.

(1) 조사 대상 언어에서의 동의어
(2) 외래어와 고유어 관계의 동의어
(3) 가족 상황과 성장 과정의 영향으로 혼용해 온 또 다른 알타이언어의 형태

예를 들어 몽골어 함니강 방언의 경우 '빵'에 대하여 러시아어 차용어 'kleem'과 고유어 'talx'와 같이 두 가지로 답변하였다. 중국어를 매개언어로 한 몽골어 호친 바르가 방언의 조사에서 자료제공인은 '扇子'(부채)를 몽골어(gabiur)와 한어(šanj)로 대답하였다. 또한 돌간어 자료제공인은 1년 중 겨울 6개월은 야쿠츠크의 맏딸네 집에서 지낸다고 하였는데, 그 이유 때문인지, 돌간어의 'h-' 로 시작하는 어휘 몇 개를 's-' 로 시작하는 야쿠트어형으로 대답했다가 돌간어형으로 고쳐서 발음하였다. 예를 들어, '지름길/첩경'을 묻는 질문에 대해 처음에는 'ʧuɣas suɔl(가까운 길)'로 대답했다가 다시 물어 보니 역시 같은 형태로 대답했으며, 돌간어와 야쿠트어의 차이를 물어 보자 그제서야 돌간 사람들은 'huɔl', 야쿠트 사람들은 'suɔl'이라 한다며 'ʧuɣas huɔl'로 고쳐 대답하였고, '돼지고기'를 물었을 때에도 처음에는 'sibinŋ(ɛ) ɛtɛ ~ sibinŋɛ ɛtɛ'라고 야쿠트어형으로 대답하였다가 'hibinŋ(ɛ) ɛtɛ'로 대답을 고쳤다. 이 두 형태는 모두 러시아어 차용어이다.

조사자는 이 세 가지 경우를 모두 판단해 내는 능력이 요구되며, 판단할 수 없다면 그 자리에서 다시 질문하여 확인하고 별도로 표시하여야 한다.

2.3.4 어순의 문제

현지 조사를 할 때 매개언어의 영향을 크게 받는 것이 바로 어순이다. 자료제공인은 무의식적으로 매개언어의 어순을 따라하게 되는 경우가 매우 많기 때문이다. 예를 들어 실제로 돌간어를 조사할 때에도 이러한 경우가 많았다. 어순을 바꿔서 질문하면 대개 바뀐 어순을 그대로 따라서 대답하였다.

'이제 집으로 가거라'

질문1: Теперь иди домой.

'이제 가거라 집으로'

답변1: anɨ   baɾ   dʲiɛɣɛɾ

이제   가거라   집으로

질문2: Теперь домой иди.

'이제 집으로 가거라'의 순서로 고쳐 물은 경우

답변2: anɨ   dʲiɛɣɛɾ   baɾ

(이제 집으로   가거라)

'학교는 숲에서 떨어져 있다.'

질문1: Школа находится вдали от леса.

'학교는 있다 멀리 숲으로부터'

답변1: ʃkoːla   tʰuɾaɾ   ɨraːq   ɔjuːɾtan

(학교는   있다   멀리   숲으로부터)

질문2: Школа вдали от леса находится.

'학교는 멀리 숲으로부터 있다'로 고쳐 물은 경우

답변2: ʃkoːla   ɔjuːɾtan   ɨraːq   tuɾaɾ

(학교는   숲으로부터   멀리   있다)

(вдали от леса를 돌간어 어법에 맞게 ɔjuːɾtan ɨraːq '숲으로부터 멀리'로 바꾼 것이다.)

'아이들이 집에서 책을 읽고 있다.'

질문1: Дети читают книги дома.

'아이들이 읽고 있다 책을 집에서'

답변1: ɔɣɔlɔɾ   aːɣallaɾ   knigani   dʲiɛlɛɾiɣɛɾ

(아이들이   읽고 있다   책을   그들의 집에서)

질문2: Дети дома книги читают.

'아이들이 집에서 책을 읽고 있다'로 바꾸어 물은 경우

답변2: ɔɣɔlɔɾ   dʲiɛlɛɾiɣɛɾ   knigani   aːɣallaɾ

(아이들이   그들의 집에서   책을   읽고 있다)

러시아 지역의 칼미크어, 부리야트어의 알라르 방언과 에히리트-불라가트 방언 화자들도 러시아어 어순으로 대답한 경우가 많았다. 칼미크어의 예를 들면 다음과 같다.

'나는 어제 당신이 여기에 왔다는 것을 들었다.'
질문: Я слышал, что вы вчера приходили сюда.
　　　'나는 들었다 당신이 어제 왔다고 여기'
답변: bi　　sɔŋslɔː　tanigi　ysguldur naːraŋ　irtɛ　getɛ
　　　나는　들었다　당신을　어제　　여기에　왔다　하고

그렇기 때문에 조사 대상 언어의 실제 어순이 어떠한지를 알아내기 위해서는 수시로 어순을 바꾸어 질문해 보아야 한다. 바꾸면 바꾸는 대로 그 어순을 그대로 따라서 답변하는 경우가 많기 때문에, 조사 결과의 판단과 분석을 위해서는 해당 언어의 실제 어순에 대한 기본 지식이 있어야 한다.

2.3.5 사진 자료의 활용

알타이언어의 어휘 조사에서 한국어와 매개언어, 조사 대상 언어 사이에 지칭 대상이 분명히 일치하지 않을 가능성이 있는 경우, 자료제공인이 쉽게 이해할 수 있도록 사진 자료를 수집하여 활용하고자 하였다. 대답이 잘 나오는 경우에도, 서로 다른 것으로 이해하고 있을 소지가 있는 항목은 그림을 보여 주고 확인하는 것도 필요하다. 알타이언어 조사팀의 경우 총 1,029개의 이미지 파일을 수집하여 노트북 컴퓨터에 보관하고 필요한 경우 자료제공인에게 보여 주면서 질문하는 방식으로 활용하고자 하였다. 그러나 실제로는 조사 시간이 늘 넉넉하지 않아 답변이 잘 안 되는 것은 넘어가고 다음 항목을 기대하는 식으로 빨리 진행하였기 때문에 제대로 활용하지 못한 경우가 많았다. 어느 순간이든 필요할 때 곧바로 보여 줄 수 있도록 폴더를 열어 놓고 준비 태세를 갖춰 놓으면 얼마든지 활용할 수 있을 것이다. 또는 사진을 인화하여 그림 카드 형태로 만들어서 현지 조사에 가지고 간다면 활용하기가 더 쉬울 것이다. 또한 사진 자료가 준비된 항목의 경우 질문지에 별도로 표시를 해 두면 빨리 찾아서 활용할 수 있을 것이다.

다만 사진이나 이미지자료를 활용한다고 해도 그림 자체를 보고도 판단하기 어려운 경우가 있을 수 있기 때문에 각각의 경우에 대해 추가적인 설명을 사전에 준비하는 것이 좋다. 예를 들어 식물명은 그림을 보고도 판별하기가 쉽지 않으므로 특징이나 쓰임에 대한 설명을 준비하면 효율적으로 대답을 얻어 낼 수 있을 것이다.

맺음말

세계적으로 인류의 문화 다양성과 언어 다양성의 보존 필요성에 대한 관심이 커지고 있는 상황에서 우리나라에서도 한국연구재단의 지원 아래 우리 한국어의 뿌리와 연관이 있을 수 있는 절멸 위기의 알타이언어에 대한 조사와 연구가 가능하게 되었다는 것은 참으로 다행스러운 일이다. 알타이언어 현지 조사팀은 중국과 러시아, 몽골 등지의 알타이언어 사용 지역을 찾아다니며 현지 조사를 수행하였고, 그 결과 방대한 분량의 음성·영상자료를 수집하였을 뿐만 아니라, 조사 방법 면에서도 적잖은 노하우를 축적할 수 있었다. 이 책에서 우리는 조사의 내용을 결정하는 언어 조사 질문지에 대한 우리의 경험을 기존의 연구 내용과 함께 구체적으로 소개하였다.

언어 사용 지역을 직접 찾아가서 언어 자료를 수집하는 현지 조사의 경우, 제한된 시간 안에 최대한 효율적으로 작업을 진행해야 하므로, 그 성패는 준비를 얼마나 철저하게 했는가, 특히 내용면에서 질문지를 얼마나 체계적으로 조사 목적에 부합하도록 만들었는가에 달려있다고 해도 과언이 아니다. 알타이언어와 같이 사라져 가는 언어를 조사하는 경우는 더욱 더 그러하다.

아직 기술이 거의 되어 있지 않은 절멸 위기의 언어는 조사 대상 언어와 언어 사용 지역에 대한 기존의 연구가 충분하지 않기 때문에 이 언어를 조사하기 위한 질문지를 작성하기가 쉽지 않다. 더욱이 알타이언어와 같이 매개언어를 통해서 조사할 수밖에 없는 소수 민족의 언어를 조사하기 위한 질문지를 작성하는 것은 매개언어의 특성과 관련한 문제들이 더해져서 복잡하고 어려운 점이 많다. 이 책에서 우리는 이러한 구체적인 어려움을 가능한 한 자세하게 서술하고 그 동안의 경험을 바탕으로 각각의 경우에 대해 우리가 택했던 나름의 해결 방법을 제시하였다.

그러나 질문지의 구성과 내용뿐만 아니라 구체적인 질문법을 포함한 언어 조사 방법은 앞으로도 계속해서 개선되어야 할 것이다. 가장 좋은 것은 수집하는 언어 자료에 조사 대상 언어 사용 지역의 자연과 문화의 특징을 고스란히 반영하는 내용이 최대한 많이 포함될 수 있도록 하는 것이다. 현지의 동물과 식물, 해당 소수 민족의 주거 문화, 복식과 음식 문화, 이동 수단이나 의례 등과 관련된 언어 자료를 수집할 수 있다면 해당 민족의 언어와 문화의 연구를 위한 소중한 기초 자료가 될 것이기 때문이다. 이를 위해서는 현지의 특성을 최대한 고려하고, 질문 항목 하나하나를 자료제공인의 입장에서 구성하는 더욱 정교한 노력이 더해 져야 할 것이다.

이 책에서 제시하는 중국과 러시아지역용 언어 조사질문지는 매개언어를 사용하는 과정 에서 생기는 문제점을 해결하고 언어 조사 과정에서 보다 잘 언어 자료를 수집할 수 있도록 하기 위하여 수차례의 개정을 거친 것이다. 현재 상태의 언어 조사질문지 역시 면밀한 검토 와 개정이 필요하며, 이후 이러한 개정 과정을 통해 보다 잘 만들어진 질문지를 내 놓을 수 있을 것이다. 또한, 이 분야의 국내외 연구자들이 현지 언어 조사를 하는 과정에서 본 질문지를 활용할 수 있기를 기대하고, 본 질문지의 작성 과정에서 나타난 문제점에 대한 검토와 질문지 작성 방법에 대한 고찰이 이 분야의 연구에 조금이라도 기여할 수 있기를 바란다.

부 록

언어 조사 질문지: 어휘
언어 조사 질문지: 기초회화
언어 조사 질문지: 문법

부록 일러두기

1. 『언어 조사 질문지』의 최초 저자는 김주원, 고동호, 송재목, 권재일이고, 이후 여러 차례 수정과 보완을 거쳤다.
2. 한국알타이학회가 발행해 온 『언어 조사 질문지』는 중국지역용과 러시아지역용 질문지로 나뉘어 있으나, 여기에 서는 지면 관계로 하나의 질문지로 합쳐서 싣는다.
3. 매개언어의 특성상 중국지역용 혹은 러시아지역용 질문지에만 들어가는 항목이 있다. 중국지역용에만 포함되는 항목일 경우 러시아어는 비어있고, 반대로 러시아어지역용에만 포함되는 항목일 경우 중국어는 비어있다.
4. 원래 질문지의 어휘편과 기초회화편에는 각 항목마다 고유 번호가 부여되어 있으나 여기에서는 지면 관계로 싣지 않고, 편의상 일련 번호를 부여하였다.
5. 어휘의 한국어 열 오른쪽에 있는 열에 제시된 1부터 4까지의 숫자는 중요도 등급을 의미한다.

어 휘

번호	러시아어	중국어	한국어		전사
1	солнце	太阳 tai4 yang2	해 (太陽)	1	
2	луна	月亮 yue4 liang	달	1	
3	звезда	星星 xing1 xing	별	1	
4	небо	天 (天空的 +) tian1 (tian1 kong1 de +)	하늘	1	
5	свет (солнца)	光 (太阳光的 +) guang1 (tai4 yang2 guang1 de +)	빛	2	
6	земля	地 (天地的 +) di4 (tian1 di4 de +)	땅	1	
7	почва	土 (泥土的 +) tu3 (ni2 tu3 de +)	흙	1	
8	поле	田 (几亩田的 +) tian2 (ji3 mu3 tian2 de +)	밭/들	2	
9	песок	沙子 (盖房子用的 +) sha1 zi (gai4 fang2 zi yong4 de +)	모래	2	
10	лес	林子 (长满树的 +) lin2 zi (zhang3 man3 shu4 de +)	숲	1	
11	пастбище	牧场 mu4 chang3	목장	2	
12	гора	山 (上山的 +) shan1 (shang4 shan1 de +)	산	1	
13	река	江 (江河的 +) jiang1 (jiang1 he2 de +)	강	1	
14	речка	小河 xiao3 he2	시내/내	2	
15	море	海 (大海的 +) hai3 (da4 hai3 de +)	바다	2	
16	озеро	湖 (湖水的 +) hu2 (hu2 shui3 de +)	호수	2	
17	лёд	冰 (结冰的 +) bing1 (jie2 bing1 de +)	얼음	2	
18	вода	水 (喝水的 +) shui3 (he1 shui3 de +)	물	1	
19	колодец	井 (水井的 +) jing3 (shui3 jing3 de +)	우물	2	
20	родник, ключ	泉 (泉水的 +) quan2 (quan2 shui3 de +)	샘	1	
21	огонь	火 (着火的 +) huo3 (zhao2 huo3 de +)	불	1	
22	камень	石头 shi2 tou	돌	1	

번호	러시아어	중국어	한국어		전사
23	страна	国家 guo2 jia1	나라	2	
24	деревня	村 (村子的 +) cun1 (cun1 zi de +)	마을/동네	2	
25	место	地方 (这个地方 +) di4 fang (zhe4 ge di4 fang de +)	장소	2	
26	остров	岛 (岛屿的 +) dao3 (dao3 yu3 de +)	섬	2	
27	наводнение	洪水 hong2 shui3	홍수	2	
28	засуха	旱灾 han4 zai1	가뭄	2	
29	дождь	雨 (+ 下雨的 +) yu3 (xia4 yu3 de +)	비	1	
30	Идёт дождь.	下 (下雨的 +) xia4 (xia4 yu3 de +)	오다 (비가 +)	2	
31	снег	雪 (下雪的 +) xue3 (xia4 xue3 de +)	눈 (雪)	1	
32	Идёт снег.	下 (下雪的 +) xia4 (xia4 xue3 de +)	오다 (눈이 +)	2	
33	метель	风雪 feng1 xue3	눈보라	2	
34	ветер	风 (刮风的 +) feng1 (gua1 feng1 de +)	바람	1	
35	Дует ветер.	刮 (刮风的 +) gua1 (gua1 feng1 de +)	불다 (바람이 +)	2	
36	облако	云彩 yun2 cai	구름	1	
37	ясно	晴 (晴天的 +) qing2 (qing2 tian1 de +)	맑다	2	
38	облачно	阴 (阴天的 +) yin1 (yin1 tian1 de +)	흐리다 (날씨가 +)	2	
39	туман	雾 (起雾的 +) wu4 (qi3 wu4 de +)	안개 (짙은 +)	2	
40	радуга	彩虹 cai3 hong2	무지개	2	
41	гром	雷 (打雷的 +) lei2 (da3 lei2 de +)	천둥	2	
42	молния	闪电 shan3 dian4	번개	2	
43	роса	露水 lu4 shui3	이슬	2	
44	замерзать	冻 (白菜冻了的 +) dong4 (bai2 cai4 dong4 le de +)	얼다	2	
45	иней	霜 (霜降的 +) shuang1 (shuang1 jiang4 de de +)	서리	2	

번호	러시아어	중국어	한국어		전사
46	год	年 (2005年的 +) nian2 (er4 ling2 ling2 wu3 nian2 de +)	해/년	2	
47	этот год	今年 jin1 nian2	금년	1	
48	прошлый год	去年 qu4 nian2	작년	1	
49	следующий год	明年 ming2 nian2	내년	1	
50	весна	春天 chun1 tian1	봄	1	
51	лето	夏天 xia4 tian1	여름	1	
52	осень	秋天 qiu1 tian1	가을	1	
53	зима	冬天 dong1 tian1	겨울	1	
54	месяц	月 (一月的 +) yue4 (yi2 yue4 de +)	달/월	2	
55	день (напр. три дня)	天/日 (三天的 +) tian1 /ri4 (san1 tian1 de +)	날 (日)	2	
56	сегодня	今天 jin1 tian1	오늘	1	
57	вчера	昨天 zuo2 tian1	어제	1	
58	завтра	明天 ming2 tian1	내일	1	
59	утро	早晨 zao3 chen	아침	1	
60	день (напр. день и ночь)	白天 (白天和夜晚的 +) bai2 tian1 (bai2 tian2 he2 ye4 wan3 de +)	낮	1	
61	вечер	晚上 wan3 shang	저녁	1	
62	ночь	夜 (深夜的 +) ye4 (shen1 ye4 de +)	밤	1	
63	когда	什么时候 shen2 me shi2 hou	언제	1	
64	потом	以后 yi3 hou4	나중에	2	
65	сначала	先 (我先走了的 +) xian1 (wo3 xian1 zou3 le de +)	먼저	2	
66	уже	已经 yi3 jing1	이미	2	
67	ещё	还 (还没走的 +) hai2 (hai2 mei2 zou3 de +)	아직	2	
68	скоро	马上 (我们马上走的 +) ma3 shang4 (wo3 men ma3 shang4 zou3 de +)	곧	2	

번호	러시아어	중국어	한국어		전사
69	недолго	一会儿 yi2 hui4r	잠깐 (+동안)	2	
70	иногда	有时 (我有时抽烟的 +) you3 shi2 (wo3 you3 shi2 chou1 yan1 de +)	가끔	2	
71	часто	经常 (我经常抽烟的 +) jing1 chang2 (wo3 jing1 chang2 chou1 yan1 de +)	자주	2	
72	Сколько (Вам) лет?	岁 (年岁的 +) sui4 (nian2 sui4 de +)	몇 살 (당신은 +입니까?)	2	
73	сейчас	现在 xian4 zai4	지금	1	
74	теперь	现在 xian4 zai4	이제	2	
75	Новый Год	新年 xin1 nian2	새해	2	
76	день рождения	生日 sheng1 ri4	생일	2	
77	человек	人 (中国人的 +) ren2 (zhong1 guo2 ren2 de +)	사람	1	
78	фамилия	姓 (您贵姓的 +) xing4 (nin2 gui4 xing4 de +)	성씨	2	
79	имя	名字 ming2 zi	이름	1	
80	народ, нация	民族 min2 zu2	민족	2	
81	мужчина	男人 nan2 ren2	남자	2	
82	женщина	女人 nv3 ren2	여자	2	
83	семья	家族/家 jia1 zu2	가족/가정	2	
84		家族 jia1 zu2	가족	2	
85	дедушка	爷爷 ye2 ye	할아버지	1	
86	бабушка	奶奶 nai3 nai	할머니	1	
87	дедушка по материнской линии	外祖父/姥爷 wai4 zu3 fu4 /lao3 ye2	외할아버지	1	
88	бабушка по материнской линии	外祖母/姥姥 wai4 zu3 mu3 /lao3 lao	외할머니	1	
89	родители	父母 fu4 mu3	부모	2	
90	отец	父亲 fu4 qin1	아버지	1	
91	мать	母亲 mu3 qin1	어머니	1	

번호	러시아어	중국어	한국어		전사
92	папа	爸爸 ba4 ba	아빠	2	
93	мама	妈妈 ma1 ma	엄마	2	
94	сын	儿子 er2 zi	아들	1	
95	дочь	女儿 nv3 er2	딸	1	
96	старший брат (для мужчины)	哥哥 (男→男) ge1 ge (nan2→nan2)	형	1	
97	старший брат (для женщины)	哥哥 (女→男) ge1 ge (nv3→nan2)	오빠	2	
98	старшая сестра (для мужчины)	姐姐 (男→女) jie3 jie (nan2→nv3)	누나	2	
99	старшая сестра (для женщины)	姐姐 (女→女) jie3 jie (nv3→nv3)	언니	2	
100	младший брат	弟弟 di4 di	남동생	2	
101	младшая сестра	妹妹 mei4 mei	여동생	2	
102	младший брат, младшая сестра	弟弟妹妹 di4 di mei4 mei	동생	1	
103	внук	孙子 sun1 zi	손자	2	
104	внучка	孙女 sun1 nv3	손녀	2	
105	дядя		아저씨 (남자 친척의 총칭)	1	
106	тётя		아주머니 (여자 친척의 총칭)	1	
107	жениться	结婚 jie2 hun1	결혼하다	2	
108	муж	丈夫 zhang4 fu	남편	2	
109	жена	妻子 qi1 zi	아내	2	
110	свёкр	公公 gong1 gong	시아버지	2	
111	свекровь	婆婆 po2 po	시어머니	2	
112		儿媳妇 er2 xi2 fu	며느리	2	
113	сноха		며느리 (시아버지 입장)	2	

번호	러시아어	중국어	한국어		전사
114	невестка		며느리 (시어머니 입장)	2	
115	тесть	老丈人/岳父 lao3 zhang4 ren /yue4 fu4	장인	2	
116	тёща	丈母娘/岳母 zhang4 mu3 niang2 /yue4 mu3	장모	2	
117	зять	女婿/姑爷 nv3 xu /gu1 ye	사위	2	
118		亲家 qing4 jia	사돈	2	
119	сват		사돈 (며느리나 사위의 아버지)	2	
120	сватья		사돈 (며느리나 사위의 어머니)	2	
121	ребёнок	小孩儿 xiao3 hai2 er	아이 (어린이)	2	
122	мальчик	少年/男孩 shao4 nian2	소년/ 사내아이	2	
123		男孩 nan2 hai2	사내아이	2	
124	девочка	少女/女孩 shao4 nv3	소녀/ 여자아이	2	
125		女孩 nv3 hai2	여자아이	2	
126	парень	青年 qing1 nian2	청년	2	
127	девушка	姑娘 gu1 niang	처녀	2	
128	старик	老人 lao3 ren2	노인	1	
129		老人 (男)/老先生 lao3 ren2 (nan2)/lao3 xian1 sheng	노인 (남)	2	
130	старуха	老人 (女)/老太太 lao3 ren2 (nv3)/lao3 tai4 tai	노인 (여)	2	
131	взрослый	大人 da4 ren2	어른	2	
132	хозяин	主人 (房子的主人的+) zhu3 ren2 (fang2 zi de zhu3 ren2)	주인	2	
133	гость	客人 ke4 ren2	손님	2	
134	прохожий	过客/过路人 guo4 ke4/guo4 lu4 ren2	나그네	2	

번호	러시아어	중국어	한국어		전사
135	скотовод	牧民 mu4 min2	목축민	2	
136	пастух овец	放羊的 fang4 yang2 de	양치기	2	
137	пастух коров	放牛的 fang4 niu2 de	소치기	2	
138	табунщик	牧马人/放马的 mu4 ma3 ren2/fang4 ma3 de	말치기	2	
139	охотник	猎人 lie4 ren	사냥꾼	2	
140	рыбак	渔夫 yu2 fu1	어민/어부	2	
141	друг	朋友 peng2 you	친구	2	
142	врач	医生/大夫 yi1 sheng /dai4 fu	의사	1	
143	учитель	老师 lao3 shi1	스승	1	
144	ученик	学生 xue2 sheng	학생	1	
145	герой	英雄 ying1 xiong2	영웅	2	
146	вор	贼盗/强盗 zei2 dao4/qiang2 dao4	도둑	2	
147	закон	法律 fa3 lv4	법률/법	2	
148	шаман	萨满 (男的) sa4 man3 (nan 2de)	샤먼 (남)	1	
149	шаманка	萨满 (女的) sa4 man3 (nv2 de)	샤먼 (여)	1	
150	бубен	萨满鼓 sa4 man3 gu3	북 (샤먼의+)	2	
151	деньги	钱 (金钱的+) qian2 (jin1 qian2 de +)	돈/화폐	1	
152	богатые (люди)	富人/有钱人 fu4 ren2 /you3 qian2 ren2	부자	2	
153	покупать	买 (买东西的+) mai3 (mai3 dong1 xi de +)	사다	1	
154	продавать	卖 (卖东西的+) mai4 (mai4 dong1 xi de +)	팔다	1	
155	магазин	商店 shang1 dian4	가게/상점	2	
156	бумага	纸 (纸笔的+) zhi3 (zhi3 bi3 de +)	종이	1	
157	картина, рисунок	画儿 (年画儿的+) hua4r(nian2 hua4r de +)	그림	2	

번호	러시아어	중국어	한국어		전사
158	рисовать	画 (画图的 +) hua4(hua4 tu2 de +)	그리다 (그림을 +)	2	
159	книга	书 (看书的 +) shu1 (kan4 shu1 de +)	책	1	
160	музыка	音乐 yin1 yue4	음악	2	
161	песня	歌儿 ge1r	노래	1	
162	петь	唱歌 chang4 ge1	노래 부르다	2	
163	танец	舞蹈 wu3 dao3	춤	1	
164	танцевать	跳舞 tiao4 wu3	춤추다	2	
165	барабан	鼓 (敲鼓的 +) gu3 (qiao1 gu3 de +)	북 (鼓)	2	
166	колокол	钟 (挂钟的 +) zhong1 (gua4 zhong1 de +)	종	2	
167	буква	字 (写字的 +) zi4 (xie3 zi4 de +)	글자	2	
168	письмо	信 (寄信的 +) xin4 (ji4 xin4 de +)	편지	2	
169	рассказ	故事 gu4 shi	이야기	2	
170	мяч	球 (足球的 +) qiu2(zu2 qiu2 de +)	공 (球)	2	
171	флаг	旗子 qi2 zi	깃발	2	
172	речь	话 (说话的 +) hua4(shuo1 hua4 de +)	말 (言)	2	
173	язык (напр. алтайский)	语言 yu3 yan2	언어	2	
174	звук	声音 (开门的声音的 +) sheng1 yin1 (kai1 men2 de sheng1 yin1 de+)	소리	1	
175	сила	力气 li4 qi	힘	1	
176	дело	事情 shi4 qing	용건	2	
177	работа	工作 gong1 zuo4	일 (事)	2	
178	вещь	东西 dong1 xi	물건	1	
179	панты	鹿茸 lu4 rong2	녹용	2	
180	Бог	神 (神仙的 +) shen2 (shen2 xian1 de +)	신 (神)	1	

번호	러시아어	중국어	한국어		전사
181	рынок, базар	市场 (集贸市场的 +) shi4 chang3 (ji2 mao4 shi4 chang3 de +)	시장	1	
182	мир (во всём мире)	世界 shi4 jie4	세계	2	
183	школа	学校 xue2 xiao4	학교	2	
184	рай	天国/天堂 tian1 guo2 /tian1 tang2	천국	2	
185	ад	地狱 di4 yu4	지옥	2	
186	здание	建筑物 jian4 zhu4 wu4	건물	2	
187	вокзал	站 (车站的 +) zhan4 (che1 zhan4 de+)	역	2	
188	гостиница	旅馆 lv3 guan3	여관	2	
189	солдат	军人 jun1 ren2	군인	2	
190	война	战争 zhan4 zheng1	전쟁	2	
191	труба (музыкальный инструмент)	喇叭 la3 ba	나팔	2	
192	выигрывать	赢 (输赢的 +) ying2 (shu1 ying2 de +)	이기다	2	
193	проигрывать	败 (败仗的 +) bai4 (bai4 zhang4 de +)	지다 (敗)	2	
194	враг	敌人 di2 ren2	적	2	
195	нож	刀 (小刀的 +) dao1 (xiao3 dao1 de +)	칼	1	
196	меч	剑 (刀剑的 +) jian4 (dao1 jian4 de +)	검	2	
197	лук (оружие)	弓 (弓箭的 +) gong1 (gong1 jian4 de +)	활	2	
198	стрела	箭 (射箭的 +) jian4 (she4 jian4 de +)	화살	2	
199	ружьё	枪 (打枪的 +) qiang1 (da3 qiang1 de +)	총	1	
200	копьё	长枪 chang2 qiang1	창 (槍)	2	
201	пуля	子弹 zi3 dan4	총알	2	
202	порох	火药 huo3 yao4	화약	2	
203	путь	道路 dao4 lu4	길	1	

번호	러시아어	중국어	한국어		전사
204	повозка	车 (手推车的 +) che1 (shou3 tui1 che1 de +)	수레	1	
205	багаж	行李 xing2 li	짐	2	
206	мост	桥 (过河的 +) qiao2 (guo4 he2 de +)	다리 (橋)	2	
207	поезд	火车 huo3 che1	기차	2	
208	сани	雪撬 xue3 qiao1	썰매	2	
209	корабль	船 (坐船的 +) chuan2 (zuo4 chuan2 de +)	배 (船)	1	
210	долблёнка	独木舟 du2 mu4 zhou1	통나무배	2	
211	оморочка		배 (자작나무 껍질로 만든 +)	2	
212	голова	头 (头脑的 +) tou2 (tou2 nao3 de +)	머리	1	
213	волосы (на голове человека)	头发 tou2 fa	머리카락	2	
214	лоб	额头/脑门 e2 tou2 /nao3 men2	이마	2	
215	лицо	脸 (脸红的 +) lian3 (lian3 hong2 de +)	얼굴	1	
216	глаз	眼睛 yan3 jing	눈 (眼)	1	
217	слеза	眼泪 yan3 lei4	눈물	2	
218	нос	鼻子 bi2 zi	코	1	
219	ухо	耳朵 er3 duo	귀	1	
220	рот	嘴 (人的 +) zui3 (ren2 de +)	입	1	
221	губа	嘴唇 zui3 chun2	입술	2	
222	язык (напр. коровий)	舌头 she2 tou	혀	1	
223	зуб	牙齿 ya2 chi3	이/치아	1	
224	горло	喉咙 hou2 long2	목구멍	2	
225	голос	声音 (说话声音的 +) sheng1 yin1(shuo1 hua4 sheng1 yin1 de +)	목소리	2	
226	щека	脸颊 lian3 jia2	뺨	2	

번호	러시아어	중국어	한국어		전사
227	челюсть	下巴 xia4 ba	턱	2	
228	шея	脖子 bo2 zi	목	1	
229	плечо	肩膀 jian1 bang3	어깨	1	
230	грудь	胸脯 xiong1 pu2	가슴	1	
231	грудь (женская)	乳房 (人的) ru3 fang2 (ren2 de)	유방 (사람의 +)	2	
232	спина	脊背 ji3 bei4	등	2	
233	живот	肚子 du4 zi	배 (腹)	1	
234	рука	胳膊 ge1 bo	팔 (인체의 +)	1	
235	нога (без стопы)	腿 (大腿的 +) tui3 (da4 tui3 de +)	다리 (脚)	1	
236	кисть (от запястья до конца пальцев)	手 (手脚的 +) shou3 (shou3 jiao3 de+)	손	2	
237	стопа	脚 (手脚的 +) jiao3 (shou3 jiao3 de +)	발	2	
238	палец	手指 shou3 zhi3	손가락	1	
239	ноготь (на руке)	手指甲 shou3 zhi3 jia3	손톱	2	
240	ноготь (на ноге)	脚趾甲 jiao3 zhi3 jia3	발톱 (사람의 +)	2	
241	колено	膝盖 xi1 gai4	무릎	2	
242	сердце	心脏 xin1 zang4	심장	1	
243	поясница	腰 (腰疼的 +) yao1 (yao1 teng2 de +)	허리	2	
244	позвоночник	脊柱/脊梁骨/脊椎 ji3 zhu4 /ji3 liang2 gu3/ji3 zhui1	척추	2	
245	пуп	肚脐 du4 qi2	배꼽	2	
246	мышца	肌肉 ji1 rou4	근육/힘살	2	
247	плоть	肉 (我大腿上的肉的 +) rou4 (wo3 da4 tui3 shang4 de rou4 de +)	살	2	
248	желудок	胃 (肠胃的 +) wei4 (chang2 wei4 de +)	위	1	
249	кишка	肠 (肠子的 +) chang2 (chang2 zi de +)	장	1	

번호	러시아어	중국어	한국어		전사
250	почка (напр. левая)	肾 (肾脏的 +) shen4 (shen4 zang4 de +)	콩팥	1	
251	печень	肝 (肝脏的 +) gan1 (gan1 zang4 de +)	간	1	
252	жёлчный пузырь	胆 (苦胆的 +) dan3 (ku3 dan3 de +)	쓸개	2	
253	лёгкие	肺 (肺气肿的 +) fei4 (fei4 qi4 zhong3 de +)	폐	1	
254	мочевой пузырь	膀胱 pang1 guang1	방광	2	
255	кровь	血 (流血的 +) xue4 (liu2 xue4 de +)	피	1	
256	кровоточить	出 (出血的 +) chu1 (chu1 xie4 de +)	흘리다 (피를 +)	2	
257	дышать	喘气 chuan3 qi4	숨쉬다	2	
258	беременеть	怀孕 huai2 yun4	임신하다 (사람이 +)	2	
259	мозг	脑子 nao3 zi	뇌	2	
260	усы	小胡子/胡子 xiao3 hu2 zi	콧수염	2	
261	борода	须 (下巴的) xu1 (xia4 ba de)	턱수염	2	
262	бакенбарды	络腮胡子 luo4 sai1 hu2 zi	구레나룻	2	
263	кожа (напр. на руках)	皮肤 pi2 fu1	피부	2	
264	кость	骨头 gu3 tou	뼈	1	
265	ребро	肋骨 lei4 gu3	갈비	2	
266	кал	屎/大便 (人的) shi3 /da4 bian4	똥 (사람의 +)	2	
267	моча	尿 (尿液的 +) niao4 (niao4 ye4 de +)	오줌	2	
268	слюна	唾沫 tuo4 mo	침 (唾)	2	
269	пот	汗 (汗水的 +) han4 (han4 shui3 de +)	땀	2	
270	потеть	出 (出汗的 +) chu1 (chu1 han4 de +)	나다 (땀이 +)	2	
271	душа (напр. добрая)	心 (心肠好的 +) xin1(xin1 chang2 hao3 de +)	마음	2	
272	сон (напр. крепкий)	睡眠 shui4 mian2	잠	2	

번호	러시아어	중국어	한국어		전사
273	болезнь	病 (生病的 +) bing4 (sheng1 bing4 de +)	병 (病)	1	
274	заболеть	得 (得病 的 +) de2 (de2 bing4 de +)	걸리다 (병에 +)	2	
275	болеть (напр. Он болеет гриппом.)	患 (患病的 +) huan4 (huan4 bing4 de +)	앓다	2	
276	болеть (напр. У меня болит голова.)	痛/疼 (头疼的 +) tong4 /teng2 (tou2 teng2 de +)	아프다 (머리가+)	1	
277	рана	伤口 shang1 kou3	상처	2	
278	простудиться	得感冒 de3 gan3 mao4	감기 걸리다	2	
279	температура (напр. на лбу)	烧 (发烧的 +) shao1 (fa1 shao1 de +)	열 (이마의+)	2	
280	лекарство	药 (吃药的 +) yao4 (chi1 yao4 de +)	약	1	
281	пить лекарство	吃 (吃药的 +) chi1 (chi1 yao4 de +)	먹다 (약을+)	2	
282	дом	房子 fang2 zi	집	1	
283	юрта	帐篷 (游牧民族用的帐篷) zhang4 peng2 (you2 mu4 min2 zu2 yong4 de zhang4 peng)	유르트	2	
284	монгольская юрта	蒙古包 meng3 gu3 bao1	몽골 집	2	
285	проживать	住 (我住在北京的 +) zhu4 (wo3 zhu4 zai4 bei3 jing1 de +)	거주하다/ 살아가다	2	
286		住 (居住的 +) zhu4 (ju1 zhu4 de +)	거주하다	2	
287	дверь	门 (大门的 +) men2 (da4 men2 de +)	문	1	
288	комната	房间 fang2 jian1	방	2	
289	крыша	房顶 fang2 ding3	지붕	2	
290	столб	柱子 zhu4 zi	기둥	2	
291	пол (напр. деревянный)	地板 di4 ban3	마루바닥	2	
292	печка	火炉 huo3 lu2	페치카 (러시아식 난방시설)	2	
293		被子 bei4 zi	이불	2	
294	подушка	枕头 zhen3 tou	베개	2	

번호	러시아어	중국어	한국어		전사
295	стол	桌子 zhuo1 zi	탁자	2	
296	стул	椅子 yi3 zi	의자	2	
297	дрова	柴火 chai2 huo	장작	2	
298	лампа	灯 (电灯的 +) deng1 (dian4 deng1 de +)	등/등불	2	
299	канат	大绳子/粗绳子 da4 sheng2 zi /cu1 sheng2 zi	밧줄	2	
300	потолок	天花板 tian1 hua1 ban3	천장	2	
301	очки	眼镜儿 yan3 jing4r	안경	2	
302	склад	仓库 cang1 ku4	창고	2	
303	кухня	厨房 chu2 fang2	부엌	2	
304	замок (дворец и крепость)	城 (城门的 +) cheng2 (cheng2 men2 de +)	성 (城)	2	
305	серп	镰刀 (短把的 +) lian2 dao1 (duan3 ba4 de +)	낫 (짧은+)	2	
306	коса	镰刀 (长把的 +) lian2 dao1 (chang2 ba4 de +)	낫 (긴+)	2	
307	гвоздь	钉子 ding1 zi	못	2	
308	топор	斧子 fu3 zi	도끼	1	
309	удила	马嚼子 ma3 jiao2 zi	재갈	2	
310	седло	鞍 (马鞍子的 +) an1 (ma3 an1 zi de +)	안장	2	
311	стремя	马镫子 ma3 deng4 zi	등자	2	
312	узда, уздечка	笼头 long2 tou	굴레	2	
313	ярмо, хомут	轭子/马轭 e4 zi/ ma3 e4	멍에	2	
314	вожжи	缰绳 jiang1 sheng	고삐	2	
315	подкова	马掌 ma3 zhang3	편자	2	
316	оглобля	车辕 che1 yuan2	끌채	2	
317	кнут, бич	鞭子 bian1 zi	채찍	2	

번호	러시아어	중국어	한국어		전사
318	корзина	篮子/筐子 lan2 zi/kuang1 zi	바구니/ 광주리	2	
319	зеркало	镜子 jing4 zi	거울	1	
320	расчёска	梳子 shu1 zi	빗 (총칭)	2	
321	частый гребень	篦子 bi4 zi	참빗	2	
322	редкий гребень	梳子 shu1 zi	얼레빗	2	
323	ножницы	剪子 jian3 zi	가위	1	
324	пыль	灰尘 hui1 chen2	먼지	2	
325	дым	烟 (冒烟的 +) yan1 (mao4 yan1 de +)	연기	1	
326	сеть (напр. рыболовная)	鱼网 yu2 wang3	그물	2	
327	подарок	礼物 li3 wu4	선물	2	
328	одежда	衣服 yi1 fu	옷	1	
329	одеваться	穿 (穿衣服的 +) chuan1 (chuan1 yi1 fu de +)	입다 (옷을+)	1	
330	раздеваться	脱 (脱衣服的 +) tuo1 (tuo1 yi1 fu de +)	벗다 (옷을+)	1	
331	штаны, брюки	裤子 ku4 zi	바지	2	
332	юбка	裙子 qun2 zi	치마	2	
333	шкура (напр. овечья)	皮革 pi2 ge2	가죽	2	
334	одежда из кожи, кожаная одежда	皮衣 pi2 yi1	가죽옷	2	
335	мех	毛皮 mao2 pi2	털가죽/모피	2	
336	одежда из меха	皮袄 pi2 ao3	모피옷	2	
337	шуба	毛皮外套儿 mao2 pi2 wai4 tao4r	모피 외투	2	
338	головной убор	帽子 (总称) mao4 zi (zong3 cheng1)	모자 (총칭)	2	
339	шапка (меховая)	毛皮帽子 mao2 pi2 mao4 zi	털모자	2	
340	шляпа	帽子 (有沿儿的 +) mao4 zi (you3 yan2r de +)	모자 (챙이 있는+)	2	

번호	러시아어	중국어	한국어		전사
341	нитка	线 (缝衣服线的 +) xian4 (feng2 yi1 fu xian4 de +)	실	2	
342	иголка	针 (缝衣服用的 +) zhen1 (feng2 yi1 fu yong4 de +)	바늘/침 (針)	2	
343	шить	缝 (缝衣服的 +) feng2 (feng2 yi1 fu de +)	바느질하다	2	
344	овечья шерсть	羊毛 yang2 mao2	양털	2	
345	ткань	布 (布料的 +) bu4 (bu4 liao4 de +)	천/옷감	2	
346	обувь	鞋/鞋子 (穿鞋的 +) xie2 /xie2 zi (chuan1 xie2 de +)	신발	2	
347	сапоги	靴 (靴子的 +) xue1 (xue1 zi de+)	장화	2	
348	валенки	高长靴 gao1 chang2 xue1	펠트화 (겨울장화)	2	
349	галоши	套鞋 tao4 xie2	덧신 (방수용)	2	
350	кожаные сапоги с мехом	毛皮靴 mao2 pi2 xue1	털가죽 장화	2	
351	нижнее белье	衬衣 (内衣) chen4 yi1 (nei4 yi1)	속옷	2	
352	кольцо	戒指 jie4 zhi	반지	2	
353	завтрак	早饭 zao3 fan4	아침식사	2	
354	обед	午饭 wu3 fan4	점심식사	2	
355	ужин	晚饭 wan3 fan4	저녁식사	2	
356	масло (напр. растительное)	油 (油腻的 +) you2 (you2 ni4 de +)	기름	1	
357	каша	粥 (大米粥的 +) zhou1 (da4 mi3 zhou1 de +)	죽	2	
358	суп	汤 (鸡肉汤的 +) tang1 (ji1 rou4 tang1 de +)	수프/탕/국	2	
359	есть	吃 (吃饭的 +) chi1 (chi1 fan4 de +)	먹다	1	
360	пить	喝 (喝酒的 +) he1 (he1 jiu3 de +)	마시다	1	
361	голоден (а, ы)	饿 (肚子饿了的 +) e4 (du4 zi e4 le de +)	고프다 (배가 +)	1	
362	сыт (а, ы)	饱 (吃饱了的 +) bao3 (chi1 bao3 le de +)	부르다 (배가 +)	2	
363	Хочу пить.	渴 (口渴了的 +) ke3 (kou3 ke3 le de +)	마르다 (목이 +)	2	

번호	러시아어	중국어	한국어		전사
364	готовить (пищу)	烹饪 peng1 ren4	요리하다	2	
365	варить	煮 (煮牛肉的 +) zhu3 (zhu3 niu2 rou4 de +)	삶다	2	
366	рис	大米 da4 mi3	쌀	2	
367	варёный рис	饭/米饭 fan4	밥/쌀밥	2	
368	мука (пшеничная)	面粉 mian4 fen3	밀가루	1	
369	оладьи	饼 (吃饼的 +) bing3 (chi1 bing3 de+)	밀가루 부침	1	
370	хлеб	面包 mian4 bao1	빵	2	
371	мясо	肉 (肉的总称) rou4 (rou4 de zong3 cheng1 +)	고기	1	
372	спелый	熟 (水果熟了的 +) shu2 (shui3 guo3 shu2 le de +)	익다 (과일 등이 +)	2	
373	яйцо	蛋 (鸡蛋的 +) dan4 (ji1 dan4 de +)	알/달걀	1	
374		糖 (水果糖的 +) tang2 (shui3 guo3 tang2 de +)	사탕/설탕	2	
375	сахар		설탕	2	
376	молоко	奶 (妈妈的奶的 +) nai3 (ma1 ma de nai3 de +)	젖	1	
377	кобылье молоко	马奶 ma3 nai3	마유	2	
378	кумыс	马奶酒 ma3 nai3 jiu3	마유주	2	
379	спиртные напитки	酒 (喝酒的 +) jiu3 (he1 jiu3 de +)	술	1	
380	быть пьяным, опьянеть	醉 (喝醉了的 +) zui4 (he1 zui4 le de +)	취하다	1	
381	мёд	蜂蜜 feng1 mi4	꿀	2	
382	чай	茶 (龙井茶的 +) cha2 (long2 jing3 cha2 de +)	차	1	
383	сигареты	烟 (香烟的 +) yan1 (xiang1 yan1 de +)	담배	1	
384	курить	吸 (吸烟的 +) xi1 (xi1 yan1 de +)	피우다 (담배를 +)	2	
385	соль	盐 (咸盐的 +) yan2 (xian2 yan2 de +)	소금	1	
386	вкусный	好吃 hao3 chi1	맛있다	2	

번호	러시아어	중국어	한국어		전사
387	невкусный	不好吃 bu4 hao3 chi1	맛없다	2	
388	сладкий	甜 (糖很甜的 +) tian2 (tang2 hen3 tian2 de +)	달다	1	
389	горький	苦 (药很苦的 +) ku3 (yao4 hen3 ku3 de +)	쓰다 (맛이 +)	2	
390	острый (напр. соус)	辣 (辣椒很辣的 +) la4 (la4 jiao1 hen3 la4 de +)	맵다	2	
391	солёный	咸 (菜做咸了的 +) xian2 (cai4 zuo4 xian2 le de +)	짜다 (맛이 +)	2	
392	кислый	酸 (醋很酸的 +) suan1 (cu4 hen3 suan1 de +)	시다	2	
393	запах	味儿 (有味儿的 +) wei4r (you3 wei4r de +)	냄새	2	
394	грибы	蘑菇 mo2 gu	버섯	2	
395	бобы	大豆/黄豆 da4 dou4/huang2 dou4	콩	2	
396	зелёный лук	葱 (大葱的 +) cong1 (da4 cong1 de +)	파	2	
397	чеснок	蒜 (大蒜的 +) suan4 (da4 suan4 de +)	마늘	2	
398	яд	毒 (毒药的 +) du2 (du2 yao4 de +)	독 (毒)	2	
399	бутылка	瓶子 ping2 zi	병 (瓶)	2	
400	горшок	坛子 tan2 zi	단지	2	
401	палочки (для еды)	筷子 kuai4 zi	젓가락	2	
402	ложка	勺儿/匙 shao2r /chi2	숟가락	2	
403	котёл	锅子 guo1 zi	솥	1	
404	подвесной котёл	吊锅 diao4 guo1	매다는 솥	2	
405	кастрюля	锅 (做饭用的 +) guo1 (zuo4 fan4 yong4 de +)	냄비	2	
406	крышка (напр. котла)	盖子 gai4 zi	뚜껑	2	
407	медведь	熊 (大黑熊的 +) xiong2 (da4 hei1 xiong2 de +)	곰	1	
408	волк	狼 (野狼的 +) lang2 (ye3 lang2 de +)	이리/늑대	1	
409	лиса	狐狸 hu2 li	여우	1	

번호	러시아어	중국어	한국어		전사
410	рысь	猞猁 she1 li4	스라소니	2	
411	косуля	獐子 zhang1 zi	노루	2	
412	водяной олень	狍子 pao2 zi	고라니	2	
413	хорёк	黄鼠狼 huang2 shu3 lang2	족제비	2	
414	кабан	野猪 ye3 zhu1	멧돼지	2	
415	олень	鹿 (梅花鹿的 +) lu4 (mei2 hua1 lu4 de +)	사슴	1	
416	олень (самец)	公鹿 (公鹿母鹿的 +) gong1 lu4 (gong1 lu4 mu3 lu4 de +)	수사슴	2	
417	олень (самка)	母鹿 mu3 lu4	암사슴	2	
418	северный олень	驯鹿 xun4 lu4	순록	2	
419	кабарга	麝/香獐子 she4 /xiang1zhang1zi	사향 노루	2	
420	тарбаган		타르바가	2	
421	оленья шкура	鹿皮 lu4 pi2	사슴가죽	2	
422	след ноги	足迹/脚印 zu2 ji4/jiao3 yin4	발자국	1	
423	охотиться	打猎/狩猎 da3 lie4 /shou4 lie4	사냥하다	1	
424	стрелять	射 (+箭/+枪) she4 (+jian4 /+ qiang1)	쏘다/사격하 다	1	
425	стрелять из лука	射箭 she4 jian4	활쏘다	2	
426	охотничий нож	猎刀 lie4 dao1	사냥용 칼	2	
427	охотничья добыча	猎物 lie4 wu4	수렵물	2	
428	преследовать (животного)	追踪 (+猎物) zhui1 zong1 (+ lie4 wu4)	추격하다 (동물을 +)	2	
429	ловушка	猎套 lie4 tao4	덫	2	
430	заяц	兔子 tu4 zi	토끼 (산 +)	1	
431	тигр	老虎 lao3 hu3	호랑이	2	
432	куница	貂 diao1	담비	2	

번호	러시아어	중국어	한국어		전사
433	соболь	黑貂 hei1 diao1	흑담비	2	
434	крыса	老鼠 lao3 shu3	쥐	1	
435	домашний скот	家畜 jia1 chu4	가축	1	
436	лошадь	马 (骑马的 +) ma3 (qi2 ma3 de +)	말 (馬)	1	
437	жеребец	种马 zhong3 ma3	종마	2	
438	хвост	尾巴 wei3 ba	꼬리	1	
439	ехать (верхом на лошади)	骑 (骑马的 +) qi2 (qi2 ma3 de +)	타고가다 (말을 +)	1	
440	загон	圈 (羊圈的 +) juan4 (yang2 juan4 de +)	우리 (가축의 +)	2	
441	корова	牛 (黄牛的 +) niu2 (huang2 niu2 de +)	소	1	
442	овца	绵羊 mian2 yang2	면양	1	
443	коза	山羊 shan1 yang2	염소	2	
444	свинья	猪 (猪肉的 +) zhu1 (zhu1 rou4 de +)	돼지	1	
445	собака	狗 (小狗的 +) gou3 (xiao3 gou3 de +)	개	1	
446	кошка	猫 (小花猫的 +) mao1 (xiao3 hua1 mao1 de +)	고양이	1	
447	кормить	喂 (喂东西吃的 +) wei4 (wei4 dong1 xi chi1 de +)	먹이다	2	
448	корм	饲料 si4 liao4	사료	2	
449	фураж	干草 gan1 cao3	꼴 (草)	2	
450	стадо	群 (一群羊的 +) qun2 (yi4 qun2 yang2 de +)	떼/무리	2	
451	детёныш	崽儿 (下崽儿的 +) zai3r (xia4 zai3r de +)	새끼	2	
452	рог	角 (动物头上的 +) jiao3 (dong4 wu4 tou2 shang de +)	뿔	1	
453	шерсть	毛 (动物身上的 +) mao2 (dong4 wu4 shen1 shang de +)	털 (동물의 +)	1	
454	курица	鸡 (公鸡的 +) ji1 (gong1 ji1 de +)	닭	1	
455	птица	鸟 (小鸟儿的 +) niao3 (xiao3 niao3r de +)	새	2	

번호	러시아어	중국어	한국어		전사
456	фазан	野鸡 ye3 ji1	꿩	2	
457	ястреб	老鹰 lao3 ying1	매	1	
458	сокол	游隼/雕 you2 sun3/diao1	송골매 (매사냥에 쓰이는)	2	
459	крыло	翅膀 chi4 bang3	날개	2	
460	гнездо	巢 (鸟巢的+) chao2 (niao3 chao2 de+)	둥지	2	
461	рыба	鱼 (金鱼的+) yu2 (jin1 yu2 de +)	물고기	1	
462	червяк	虫 (虫子的+) chong2 (chong2 zi de +)	벌레	2	
463	муравей	蚂蚁 ma3 yi3	개미	2	
464	комар	蚊子 wen2 zi	모기	2	
465	змея	蛇 (毒蛇的+) she2 (du2 she2 de +)	뱀	1	
466	лягушка	蛙 (青蛙的+) wa1 (qing1 wa1 de +)	개구리	2	
467	дерево	树 (大树的+) shu4 (da4 shu4 de +)	나무	2	
468	берёза	桦树/白桦 hua4 shu4 /bai2 hua4	자작나무	1	
469	сосна	松树 song1 shu4	소나무	1	
470	ива	柳树 liu3 shu4	버드나무	2	
471	тополь	杨树 yang2 shu4	포플러/ 사시나무/ 백양나무	2	
472	дуб	柞树 zuo4 shu4	참나무	2	
473	трава	草 (小草的+) cao3 (xiao3 cao3 de +)	풀	1	
474	корень	根 (树根的+) gen1(shu4 gen1 de +)	뿌리	2	
475	ствол (дерева)	树干 shu4 gan4	나무 줄기	2	
476	плод	果实 guo3 shi2	열매	2	
477	кора (дерева)	树皮 shu4 pi2	나무 껍질	2	

번호	러시아어	중국어	한국어		전사
478	мох	苔藓 tai2 xian3	이끼	2	
479	ягель (белый мох)	白苔藓 bai2 tai2 xian3	흰 이끼 (겨울철 사슴의 먹이)	2	
480	цветок	花 (玫瑰花的 +) hua1 (mei2 gui hua1 de +)	꽃	1	
481	семя	种子 zhong3 zi	종자	2	
482	лист	叶子 ye4 zi	잎	1	
483	ветка	树枝 shu4 zhi1	나뭇가지	2	
484	золото	金 (金子的 +) jin1 (jin1 zi de+)	금	1	
485	серебро	银 (银子的 +) yin2 (yin2 zi de +)	은	1	
486	медь	铜 (铜器的 +) tong2 (tong2 qi4 de +)	동 (銅)	2	
487	железо	铁 (铁棍的 +) tie3 (tie3 gun4 de +)	쇠	1	
488	восток	东 (东西南北的 +) dong1 (dong1 xi1 nan2 bei3 de+)	동 (東)	1	
489	запад	西 (东西南北的 +) xi1 (dong1 xi1 nan2 bei3 de +)	서	1	
490	юг	南 (东西南北的 +) nan2 (dong1 xi1 nan2 bei3 de +)	남	1	
491	север	北 (东西南北的 +) bei3 (dong1 xi1 nan2 bei3 de +)	북 (北)	1	
492	в доме	里 (家里的 +) li3 (jia1 li de +)	안 (집+에)	1	
493	вне дома	外 (门外的 +) wai4 (men2 wai4 de+)	밖 (집+에)	1	
494	в центре	中 (中间的 +) zhong1 (zhong1 jian1 de +)	가운데	1	
495	между домом и школой	之间 (学校和家之间的 +) zhi1 jian1 (xue2 xiao4 he2 jia1 zhi1 jian1 de +)	사이 (집과 학교+)	2	
496	рядом с домом	旁边 pang2 bian1	옆 (집+)	2	
497	рядышком со мной	近旁 jin4 pang2	곁 (내+)	2	
498	над домом	上 (屋顶上的 +) shang4 (wu1ding3 shang4 de +)	위 (집+)	1	
499	под мостом	下 (大桥下的 +) xia4 (da4 qiao2 xia4 de +)	아래 (다리+)	1	
500	налево	往左 wang3 zuo3	왼쪽으로	2	

번호	러시아어	중국어	한국어		전사
501	направо	往右 wang3 you4	오른쪽으로	2	
502	слева	在左边 zai4 zuo3 bian	왼쪽에	2	
503	справа	在右边 zai4 you4 bian	오른쪽에	2	
504	здесь	这里 zhe4 li	여기	2	
505	там	那里 na4 li	저기/거기	2	
506	сюда	往这边 wang3 zhe4 bian	이리로	2	
507	туда	往那边 wang3 na4 bian	저리로	2	
508	впереди	前面/前边 qian2 mian /qian2 bian	앞/앞쪽	2	
509	сзади	后面/后边 hou4 mian /hou4 bian	뒤/뒤쪽	2	
510	перед домом	房前 fang2 qian2	집 앞	2	
511	за домом	房后 fang2 hou4	집 뒤	2	
512	вперёд	往前 wang3 qian2	앞으로	2	
513	назад	往后 wang3 hou4	뒤로	2	
514	один	一 yi1	일 (一)	1	
515	два	二 er4	이 (二)	1	
516	три	三 san1	삼	1	
517	четыре	四 si4	사	1	
518	пять	五 wu3	오	1	
519	шесть	六 liu4	육	1	
520	семь	七 qi1	칠	1	
521	восемь	八 ba1	팔 (八)	1	
522	девять	九 jiu3	구	1	
523	десять	十 shi2	십	1	

번호	러시아어	중국어	한국어		전사
524	тринадцать	十三 shi2 san1	십삼	2	
525	пятнадцать	十五 shi2 wu3	십오	2	
526	двадцать	二十 er4 shi2	이십	2	
527	тридцать	三十 san1 shi2	삼십	2	
528	сорок	四十 si4 shi2	사십	2	
529	пятьдесят	五十 wu3 shi2	오십	2	
530	шестьдесят	六十 liu4 shi2	육십	2	
531	семьдесят	七十 qi1 shi2	칠십	2	
532	восемьдесят	八十 ba1 shi2	팔십	2	
533	девяносто	九十 jiu3 shi2	구십	2	
534	сто	一百 yi4 bai3	백	1	
535	тысяча	一千 yi4 qian1	천 (千)	1	
536	десять тысяч	一万 yi2 wan4	만	1	
537	сколько штук	几个 ji3 ge	몇 개	2	
538	сколько	多少 (多少人的 +) duo1 shao (duo1 shao ren2 de +)	얼마	2	
539	первый	第一 di4 yi1	첫째	2	
540	второй	第二 di4 er4	둘째	2	
541	последний	最后 zui4 hou4	마지막	2	
542	один человек	一个人 yi2 ge ren2	한 사람	2	
543	(один) раз	一次 yi2 ci4	한 번	2	
544	два раза	两次 liang2 ci4	두 번	2	
545	по одному	各一个 ge4 yi2 ge	한 개씩	2	
546	по два	各两个 ge4 liang3 ge	두 개씩	2	

번호	러시아어	중국어	한국어		전사
547	больше 10	以上 yi3 shang4	이상 (10+)	2	
548	меньше 10	以下 yi3 xia4	이하 (10+)	2	
549	половина	一半儿 yi2 ban4r	절반	1	
550	всё, все	都/全 dou1 /quan2	모두/다	1	
551	много	多 (太多了的 +) duo1 (tai4 duo1 le de +)	많다	1	
552	мало	少 shao3	적다	1	
553	немного	一些/一点儿 yi4 xie1/yi4 dian3r	조금	2	
554	ширина	幅 (宽幅的布的 +) fu2r (kuan1 fu2r de bu4 de +)	너비/폭	2	
555	длина	长短 chang2 duan3	길이	2	
556	высота	高度 gao1 du4	높이	2	
557	площадь (напр. общая площадь Китая)	宽度 kuan1 du4	넓이	2	
558	вес	重量 zhong4 liang	무게	2	
559	я	我 wo3	나	1	
560	мы (не включая собеседника)	我们 wo3 men	우리 (청자 미포함)	1	
561	мы (включая собеседника)	咱们 zan2 men	우리 (청자 포함)	1	
562	ты	你 ni3	너	1	
563	вы (форма вежливости к одному лицу)	您 nin2	당신	1	
564	вы (при обращении к нескольким лицам)	你们 ni3 men	너희	1	
565	он	他 (男人的 +) ta1 (nan2 ren2 de +)	그	1	
566	она	她 (女人的 +) ta1 (nv3 ren2 de +)	그녀	1	
567	они (мужчины)	他们 (男人的 +) ta1 men (nan2 ren2 de +)	그들	1	
568	они (женщины)	她们 (女人的 +) ta1 men (nv3 ren2 de +)	그녀들	1	

번호	러시아어	중국어	한국어		전사
569	это	这个 zhe4 ge	이것	1	
570	эти (вещи)	这些 zhe4 xie1	이것들	2	
571	те (вещи)	那些 na4 xie1	그것들/ 저것들	2	
572	то	那个 na4 ge	그것/저것	1	
573	как	怎么样/怎样 zen3 me yang4 /zen3 yang4	어떻게	1	
574	где	哪里 na3 li	어디	1	
575	куда	哪边 na3 bian1	어느쪽	2	
576	этот (дом), это (дерево), эта (комната)	这 (这是我家的 +) zhe4 (zhe4 shi4 wo3 jia1 de +)	이 (+집/+ 나무/+방)	2	
577	тот (дом)	那 (那是他家的 +) na4 (na4 shi4 ta1 jia1 de +)	그/저 (+집)	2	
578	Почему (вы пришли?)	为什么 wei4 shen2 me	왜 (+ 왔습니까?)	1	
579	кто	谁 (你是谁的 +) shei2 (ni3 shi4 shei2 de +)	누구	1	
580	что	什么 (这是什么的 +) shen2 me (zhe4 shi4 shen2 me de +)	무엇	1	
581	чей	谁的 (这是谁的笔 +) shei2 de (zhe4 shi4 shei2 de bi3 de +)	누구의	2	
582	какой	哪 (哪国人的 +) na3 (na3 guo2 ren2 de +)	어느/어떤	2	
583	чужой	别人 bie2 ren	남/타인	2	
584	большой	大 da4	크다	1	
585	маленький (о размере)	小 xiao3	작다	1	
586	высокий	高 (高低的 +) gao1 (gao1 di1 de +)	높다	1	
587	низкий	低 (高低的 +) di1 (gao1 di1 de +)	낮다	1	
588	длинный	长 (长短的 +) chang2 (chang2 duan3 de +)	길다	1	
589	короткий	短 (长短的 +) duan3 (chang2 duan3 de +)	짧다	1	
590	далёкий	远 (远近的 +) yuan3 (yuan3 jin4 de +)	멀다	1	
591	близкий	近 (远近的 +) jin4 (yuan3 jin4 de +)	가깝다	1	

번호	러시아어	중국어	한국어		전사
592	глубокий	深 (深浅的 +) shen1 (shen1 qian3 de +)	깊다	2	
593	мелкий (напр. речка)	浅 (深浅的 +) qian3 (shen1 qian3 de +)	얕다	2	
594	толстый (напр. журнал)	厚 (厚薄的 +) hou4 (hou4 bao2 de +)	두껍다	2	
595	тонкий (напр. журнал)	薄 (厚薄的 +) bao2 (hou4 bao2 de +)	얇다	2	
596	толстый (напр. палка)	粗 (粗细的 +) cu1 (cu1 xi4 de +)	굵다	2	
597	тонкий (напр. палка)	细 (粗细的 +) xi4 (cu1 xi4 de +)	가늘다	2	
598	тяжёлый	重 (轻重的 +) zhong4 (qing1 zhong4 de +)	무겁다	2	
599	лёгкий (напр. чемодан)	轻 (轻重的 +) qing1 (qing1 zhong4 de +)	가볍다	2	
600	быстрый	快 (快慢的 +) kuai4 (kuai4 man4 de +)	빠르다	2	
601	медленный	慢 (快慢的 +) man4 (kuai4 man4 de +)	느리다 (속도가 +)	2	
602	жарко	热 (冷热的 +) re4 (leng3 re4 de +)	덥다	2	
603	холодно (о погоде)	冷 (冷热的 +) leng3 (leng3 re4 de +)	춥다	2	
604	горячий	烫 (热水很烫的 +) tang4 (re4 shui3 hen3 tang4 de +)	뜨겁다	2	
605	холодный (о воде)	凉 (水凉了的 +) liang2 (shui3 liang2 le de +)	차다	2	
606	новый	新 (新旧的 +) xin1 (xin1 jiu4 de +)	새롭다	2	
607	старый (напр. одежда)	旧 (新旧的 +) jiu4 (xin1 jiu4 de +)	낡다 (옷이 +)	2	
608	старый (напр. человек)	老 (老人的 +) lao3 (lao3 ren2 de +)	늙다	2	
609	молодой	年轻 nian2 qing1	젊다	2	
610	подлинный	真 (真假的 +) zhen1(zhen1 jia3 de +)	진짜의	2	
611	фальшивый	假 (假面具的 +) jia3 (jia3 mian4 ju4 de+)	가짜의	2	
612	хороший	好 (好坏的 +) hao3 (hao3 huai4 de +)	좋다	1	
613	плохой	坏 (坏人的 +) huai4 (huai4 ren2 de +)	나쁘다	1	
614	лёгкий (напр. задача)	容易 rong2 yi	쉽다	2	

번호	러시아어	중국어	한국어		전사
615	трудный (напр. задача)	难 (这道题很难的 +) nan2 (zhe4 dao4 ti2 hen3 nan2 de +)	어렵다	2	
616	широкий	宽 (宽阔的 +) kuan1 (kuai1 kuo4 de +)	넓다 (너비)	2	
617	узкий	窄 (宽窄的 +) zhai3 (kuan1 zhai3 de +)	좁다 (너비)	2	
618	дорогой	贵 (太贵了的 +) gui4 (tai4 gui4 le de +)	비싸다	2	
619	дешёвый	便宜 pian2 yi	싸다	2	
620	здоровый	健康 jian4 kang1	건강하다	1	
621	сильный	强 (强壮的 +) qiang2 (qiang2 zhuang4 de +)	세다 (强)	2	
622	слабый	弱 (虚弱的 +) ruo4 (xu1 ruo4 de +)	약하다	2	
623	умный	聪明/英明 cong1 ming /ying1 ming2	똑똑하다	2	
624	глупый	愚蠢 yu2 chun3	어리석다	2	
625	красный	红 hong2	붉다/빨갛다	1	
626	жёлтый	黄 huang2	노랗다	1	
627	синий	蓝 (海蓝色的 +) lan2 (hai3 lan2 se4 de +)	파랗다	1	
628	белый	白色 bai2 se4	희다	1	
629	чёрный	黑色 hei1 se4	검다	1	
630	зелёный	绿色 lv4 se4	초록	1	
631	прямой	直 (直线的 +) zhi2 (zhi2 xian4 de +)	곧다	2	
632	согнутый	弯/曲 (弯曲的 +) wan1 /qu1 (wan1 qu1 de +)	굽다 (曲)	2	
633	правдивый	正 (端正的 +) zheng4 (duan1 zheng4 de+)	바르다 (正)	2	
634	твёрдый	硬 (软硬的 +) ying4 (ruan3 ying4 de +)	단단하다	2	
635	мягкий (напр. хлеб)	软 (软硬的 +) ruan3 (ruan3 ying4 de +)	물렁물렁하다/부드럽다	2	
636	светлый	亮 (光亮的 +) liang4 (guang1 liang4 de +)	밝다	2	
637	тёмный	暗 (阴暗的 +) an4 (yin1 an4 de +)	어둡다	2	

번호	러시아어	중국어	한국어		전사
638	красивый	漂亮 piao4 liang	예쁘다/ 아름답다	1	
639	прекрасный	帅 (他真帅的 +) shuai4 (ta1 zhen1 shuai4 de +)	멋지다	2	
640	чистый	干净 gan1 jing4	깨끗하다	2	
641	грязный	脏 (脏衣服的 +) zang1 (zang1 yi1 fu de +)	더럽다	2	
642	мокрый	湿 (潮湿的 +) shi1 (chao2 shi1 de +)	젖은	2	
643	сухой	干 (干燥的 +) gan1 (gan1 zao4 de +)	마른	2	
644	высокий (о росте)	高 (他个子很高的 +) gao1 (ta1 ge4 zi hen3 gao1 de +)	크다 (키가 +)	2	
645	маленький, невысокий (о росте)	矮 (个子矮的 +) ai3 (ge4 zi ai3 de +)	작다 (키가 +)	2	
646	радостный	高兴 (今天我很高兴的 +) gao1 xing4 (jin1 tian1 wo3 hen3 gao1 xing4 de+)	기쁘다	1	
647	печальный	悲伤 (悲伤的眼泪的 +) bei1 shang1 (bei1 shang1 de yan3 lei4 de +)	슬프다	1	
648	бедный	穷 (贫穷的 +) qiong2 (pin2 qiong2 de +)	가난하다	2	
649	богатый	富 (富有的 +) fu4 (fu4 you3 de +)	부유하다	2	
650	прав(а, ы), верный	对 (考题作对了的 +) dui4 (kao3 ti2 zuo4 dui4 le de +)	옳다	2	
651	неверный	不对 bu2 dui4	그르다	2	
652	одинаковый	一样 yi2 yang4	같다	2	
653	разный	不同 bu4 tong2	다르다	2	
654	другой	别的 bie2 de	다른/다른 것	2	
655	счастливый	幸福 (我很幸福的 +) xing4 fu2 (wo3 hen3 xing4 fu2 de +)	행복하다	2	
656	несчастный	不幸 (她生活得很不幸的 +) bu2 xing4 (ta1 sheng1 huo2 de hen3 bu2 xing4 de +)	불행하다	2	
657	смелый, храбрый	勇敢 yong3 gan3	용감하다	2	
658	страшный	可怕 ke3 pa4	무섭다	2	
659	интересный	有意思 you3 yi4 si	재미있다	2	
660	опасный	危险 wei1 xian3	위험하다	2	

번호	러시아어	중국어	한국어		전사
661	занят(а, ы)	忙 (繁忙的 +) mang2 (fan2 mang2 de +)	바쁘다	2	
662	ранний	早 (来早了的 +) zao3 (lai2 zao3 le de +)	이르다 (早)	2	
663	поздний	晚 (时间很晚了的 +) wan3 (shi2 jian1 hen3 wan3 le de +)	늦다 (시간이 +)	2	
664	похож(а, и) (напр. на отца)	像 (他长得像爸爸的 +) xiang4 (ta1 zhang3 de xiang4 ba4 ba de+)	닮다 (아버지를 +)	2	
665	свежий (напр. огурец)	新鲜 xin1 xian1	싱싱하다	2	
666	У меня есть деньги.	有 (我有钱的 +) you3 (wo3 you3 qian2 de +)	있다 (나는 돈이 +)	1	
667	У меня нет денег.	没有 (我没有钱的 +) mei2 you3 (wo3 mei2 you3 qian2 de +)	없다 (나는 돈이 +)	1	
668	На столе есть книга.	在 (书在桌子上的 +) zai4 (shu1 zai4 zhuo1 zi shang4 de +)	있다 (책상에 책이 +)	1	
669	Здесь нет мамы.	不在 (妈妈不在的 +) bu2 zai4 (ma1ma bu2 zai de +)	없다 (여기 엄마가 +)	1	
670	давать	给 (给礼物的 +) gei3 (gei3 li3 wu4 de +)	주다	1	
671	получать	收 (收到的 +) shou1 (shou1 dao4 de +)	받다	1	
672	достать	得到/获得 de2 dao4 /huo4 de2	얻다	2	
673	посылать	送 (送给的 +) song4 (song4 gei3 de +)	보내다	2	
674	делать	做 (做事情的 +) zuo4 (zuo4 shi4 qing2 de +)	하다	1	
675	работать	做事 zuo4 shi4	일하다	1	
676	просить	请求 (请求你的 +) qing3 qiu2 (qing3 qiu2 ni3 de +)	요청하다/ 구하다	2	
677	двигаться	动 (石头动了 +) dong4 (shi2 tou dong4 le)	움직이다 (바위가 +)	2	
678	нравиться	喜欢 xi3 huan	좋아하다	2	
679	не нравиться	讨厌 tao3 yan4	싫어하다	2	
680	любить	爱 (我爱你的 +) ai4 (wo3 ai4 ni3 de +)	사랑하다	2	
681	любовь	爱情 ai4 qing2	사랑	2	
682	ненавидеть	恨 (我恨你的 +) hen4 (wo3 hen4 ni3 de +)	미워하다	2	
683	смотреть	看 (看电视的 +) kan4 (kan4 dian4 shi4 de +)	보다 (watch)	1	

번호	러시아어	중국어	한국어		전사
684	слушать	听 (听音乐的 +) ting1 (ting1 yin1 yue4 de+)	듣다 (listen)	1	
685	видеть	看见 kan4 jian4	보다/보이다 (see)	2	
686	слышать	听见 ting1 jian4	듣다/들리다 (hear)	2	
687	показывать	给看 (给我看看的 +) gei3 kan4 (gei3 wo3 kan4 kan de+)	보여주다	2	
688	думать	想 (我想想的 +) xiang3 (wo3 xiang3 xiang de +)	생각하다	1	
689	преподавать	教 (教书的 +) jiao1 (jiao1 shu1 de +)	가르치다	2	
690	учиться	学 (学习的 +) xue2 (xue2 xi2 de +)	배우다	2	
691	говорить	说 (说话的 +) shuo1 (shuo1 hua4 de +)	말하다	1	
692	писать	写 (写字的 +) xie3 (xie3 zi4 de +)	쓰다	1	
693	читать	读 (读课文的 +) du2 (du2 ke4 wen2 de +)	읽다	1	
694	рассказывать	谈话 tan2 hua4	이야기하다	2	
695	разговаривать	对话 dui4 hua4	대화하다	2	
696	спрашивать	问 (提问的 +) wen4 (ti2 wen4 de +)	묻다 (問)	2	
697	отвечать	回答 (请回答我的 +) hui2 da2 (qing3 hui2 da2 wo3 de +)	대답하다	2	
698	знать	知道 zhi1 dao	알다	1	
699	не знать	不知道 bu4 zhi1 dao	모르다	1	
700	понимать	懂 (懂了吗的 +) dong3 (dong3 le ma de +)	이해하다	2	
701	звать	叫 (喊叫的 +) jiao4 (han4 jiao4 de +)	부르다	2	
702	считать (напр. деньги)	数 (数钱的 +) shu3(shu3 qian2 de +)	세다 (數)	1	
703	приходить	来 (他来了的 +) lai2 (ta1 lai2 le de +)	오다	1	
704	идти	去 (去上学的 +) qu4 (qu4 shang4 xue2 de +)	가다	1	
705		进来 jin4 lai2	들어오다	2	
706		进去 jin4 qu4	들어가다	2	

번호	러시아어	중국어	한국어		전사
707	входить		들어오다/ 들어가다	2	
708		出来 chu1 lai2	나오다	2	
709		出去 chu1 qu4	나가다	2	
710	выходить		나오다/나가 다	2	
711	возвращаться сюда	回来 hui2 lai2	돌아오다	2	
712	возвращаться куда-л.	回去 hui2 qu4	돌아가다	2	
713	подходить	接近 jie1 jin4	접근하다	2	
714	уходить	走掉 zou3 diao4	떠나다	2	
715	покидать	离开 (我要离开他的 +) li2 kai1 (wo3 yao4 li2 kai1 ta1 de +)	떠나가다 (를)	2	
716	отправляться	出发 chu1 fa1	출발하다	2	
717	приехал (пришёл, прибыл)	到/到达 dao4 /dao4 da2	도착하다	1	
718	приносить	拿来 na2 lai2	가져오다	2	
719	идти пешком	走 (走路的 +) zou3 (zou3 lu4 de +)	걷다	1	
720	бежать	跑 (跑步的 +) pao3 (pao3 bu4 de +)	달리다	2	
721	плавать	游泳 you2 yong3	수영하다	2	
722	летать	飞 (飞翔的 +) fei1 (fei1 xiang2 de +)	날다	2	
723	вставать	起来 qi3 lai2	일어서다	1	
724	садиться	坐 (请坐的 +) zuo4 (qing3 zuo4 de +)	앉다	1	
725	ложиться	躺 (躺着的 +) tang3 (tang3 zhe de)	눕다	1	
726	сообщать	转告/告诉 zhuan3 gao4 /gao4 su	전하다/알리 다	2	
727	желать	愿意 yuan4 yi	원하다	2	
728	голодать	饿 (我饿了的 +) e4 (wo3 e4 le de +)	굶다	2	
729	смеяться	笑 (他笑了的 +) xiao4 (ta1 xiao4 le+)	웃다	1	

번호	러시아어	중국어	한국어		전사
730	плакать	哭 (哭泣的 +) ku1 (ku1 qi4 de +)	울다 (일반적으로)	1	
731	держать	抓 (用手抓的 +) zhua1 (yong4 shou3 zhua1 de +)	쥐다/잡다	2	
732	нужен (напр. нож)	要 (我要刀的 +) yao4 (wo3 yao4 dao1 de +)	필요하다 (칼이 +)	2	
733	отдыхать	休息 xiu1 xi	쉬다	2	
734	спать	睡 (睡觉的 +) shui4 (shui4 jiao4 de +)	자다	1	
735	устать	累 (劳累的 +) lei4 (lao2 lei4 de +)	지치다	2	
736	стричь (напр. овсчью шерсть)	刮 (刮羊毛的 +) gua1 (gua1 yang2 mao2 de +)	깎다 (양털을 +)	2	
737	открывать (напр. дверь)	开 (开门的 +) kai1 (kai1 men2 de +)	열다 (문을 +)	2	
738	закрывать (напр. дверь)	关 (关门的 +) guan1 (guan1 men2 de +)	닫다 (문을 +)	2	
739	запирать	锁 (锁门的 +) suo3 (suo3 men2 de +)	잠그다	2	
740	изменять	换 (交换的 +) huan4 (jiao1 huan4 de +)	바꾸다	2	
741	нажимать	压 (往下压得 +) ya1 (wang3 xia4 ya1 de +)	누르다	2	
742	падать (напр. листья)	落 (掉落的 +) luo4 (diao4 luo4 de +)	떨어지다 (낙엽 따위가 +)	2	
743	резать (ножом)	切 (切肉的 +) qie1 (qie1 rou4 de +)	썰다/자르다 (칼로 +)	2	
744	косить (напр. траву, сено)	割 (割草的 +) ge1 (ge1 cao3 de +)	베다 (풀을 +)	1	
745	бить	打 (打架的 +) da3 (da3 jia4 de +)	때리다/치다	2	
746	драться	打架 da3 jia4	싸우다	1	
747	ссориться	斗争 (??) dou4 zheng1	다투다	2	
748	сердиться	怒/发火 nu4 /fa1 huo3	화내다 (행동으로 +)	2	
749	обижаться	生气 sheng1 qi4	화내다 (마음이나 표정으로 +)	2	
750	удивляться	惊/惊吓 jing1 /jing1 xia4	놀라다	2	
751	бояться	害怕 hai4 pa4	두려워하다	2	

번호	러시아어	중국어	한국어		전사
752	убивать	杀死 sha1 si3	죽이다	1	
753	начинать	开始 (我开始做作业了的 +) kai1 shi3 (wo3 kai1 shi3 zuo4 zuo4 ye4 le de +)	시작하다	2	
754	кончать (напр. работу)	终 / 结束 zhong1 /jie2 shu4	마치다	2	
755	продолжать (напр. разговор)	继续 (继续说话) ji4 xu4 (ji4 xu4 shuo1 hua4)	계속하다 (대화를 +)	2	
756	кусать (животное)	咬 (狗咬着骨头的 +)) yao3 (gou3 yao3 zhe gu3 tou de +)	물다 (동물이 +)	2	
757	поймать	捉 (捉住的 +) zhuo1 (zhuo1 zhu4 de +)	잡다/포획하다	1	
758	завязывать	捆/ 系 kun3 /ji4	묶다/매다	2	
759		捆 (捆行李的 +) kun3 (kun3 xing2 li de +)	묶다	2	
760		系 (系腰带的 +) ji4 (ji4 yao1 dai4 de +)	매다	2	
761	развязывать	解开 jie3 kai1	풀다	2	
762	сжигать	烧 (烧纸的 +) shao1 (shao1 zhi3 de +)	태우다	2	
763	разделять	分离 / 分开 fen1 li2 /fen1 kai1	나누다/ 분리하다	2	
764	встречаться	见面 jian4 mian4	만나다 (약속해서 +)	1	
765	встречать (случайно)	遇见 yu4 jian4	만나다 (우연히 +)	1	
766	видеть сон	做 (做梦的 +) zuo4 (zuo4 meng4 de +)	꾸다 (꿈을 +)	2	
767	сон (напр. страшный сон)	梦 (做梦的 +) meng4 (zuo4 meng4 de +)	꿈	2	
768	сломаться	出故障 chu1 gu4 zhang4	고장 (故障) 나다	2	
769	жевать	嚼 (嚼食物的 +) jiao2 (jiao2 shi2 wu4 de +)	씹다	2	
770	нюхать	闻 (闻味儿的 +) wen2 (wen2 wei4r de +)	맡다 (냄새를 +)	2	
771	трогать	摸 (抚摸的 +) mo1 (fu3 mo1 de +)	만지다	2	
772	рвать (напр. ягоды)	采/摘 (采果子的 +) cai3/zhai1(cai3 guo3 zi de +)	뜯다/따다 (열매를 +)	2	
773	бросать	掷/扔 zhi4 /reng1	던지다	2	
774	чинить, ремонтировать	修理 xiu1 li3	고치다/ 수선하다	2	

번호	러시아어	중국어	한국어		전사
775	поднимать	举 (举起的 +) ju3 (ju3 qi3 de +)	들다/올리다	2	
776	вырвать (напр. зуб)	拔 (拔牙的 +) ba2 (ba2 ya2 de +)	뽑다/빼다 (이를+)	2	
777	грузить	装 (装车的 +) zhuang1 (zhuang1 che1 de +)	싣다	2	
778	мыть	洗 (洗手的 +) xi3 (xi3 shou3 de +)	씻다	1	
779	включать (напр. свет)	点/开 (点灯的 +) dian3 /kai1 (dian3 deng1 de +)	켜다 (전등을 +)	2	
780	выключать	关/闭 (关灯的 +) guan1/bi4(guan1 deng1 de +)	끄다 (전등을 +)	2	
781	зажигать	点 (点火的 +) dian3 (dian3 huo3 de +)	피우다 (불을 +)	2	
782	тушить	灭 (熄灭的 +) mie4 (xi1 mie4 de +)	끄다 (불을+)	2	
783	потерять	丢 (丢失的 +) diu1 (diu1 shi1 de +)	잃어버리다	2	
784	искать	找/寻找/找寻 zhao3 /xun2 zhao3 /zhao3 xun2	찾다	2	
785	найти	发现/找着 fa1 xian4 /zhao3 zhao2	발견하다/찾 다	2	
786	заблудиться	迷路 mi2 lu4	잃다 (길을+)	2	
787	использовать	使用 shi3 yong4	쓰다/사용하 다	2	
788	играть	玩儿 wan2r	놀다	2	
789	помогать	帮助/帮忙 bang1 zhu4	돕다	2	
790	выздоравливать	痊愈/病好了 quan2 yu4/bing4 hao3 le	낫다 (治)	2	
791	ждать	等候 deng3 hou4	기다리다	2	
792	гнать (напр. стадо коров)	赶 (赶牛群的 +) gan3 (gan3 niu2 qun2 de +)	몰다 (소 떼를 +)	2	
793	красть	偷 (偷东西的 +) tou1 (tou1 dong1 xi de +)	훔치다	2	
794	верить	相信 xiang1 xin4	믿다	2	
795	забывать	忘记 wang4 ji4	잊어버리다	2	
796	уметь	会 (我会说英语的 +) hui4 (wo3 hui4 shuo1 ying1 yu3 de +)	할 줄 알다	2	
797	подниматься (в гору)	上 (上山的 +) shang4 (shang4 shan1 de +)	오르다 (산에 +)	2	

번호	러시아어	중국어	한국어		전사
798	спускаться с горы	下 (下山的 +) xia4 (xia4 shan1 de +)	하산하다	2	
799	сесть (на лошадь)	上 (上马的 +) shang4 (shang4 ma3 de +)	오르다 (말에 +)	2	
800	сходить (с лошади)	下 (下马的 +) xia4 (xia4 ma3 de +)	내리다 (말에서 +)	2	
801	кипятить	烧 (烧水的 +) shao1 (shao1 shui3 de +)	끓이다 (물을 +)	2	
802	кипеть	开 (水开了的 +) kai1 (shui3 kai1 le de +)	끓다 (물이 +)	2	
803	родить (ребёнка)	生 (生孩子的 +) sheng1 (sheng1 hai2 zi de +)	낳다 (아이를 +)	2	
804	родить (детёныша)	下 (下牛犊的 +) xia4 (xia4 niu2 du2 de +)	낳다 (새끼를 +)	2	
805	родиться	出生 chu1 sheng1	태어나다	2	
806	жить	活 (活着的 +) huo2 (huo2 zhe de +)	살다	1	
807	умирать	死 (死去的 +) si3 (si3 qu4 de +)	죽다	1	
808	запрягать	套 (套马的 +) tao4 (tao4 ma3 de +)	메우다 (마구를 +)	2	
809	кастрировать	骟 (骟马的 +) shan4 (shan4 ma3 de +)	거세하다	2	
810	доить	挤 (挤牛奶的 +) ji3 (ji3 niu2 nai3 de +)	짜다 (우유를 +)	2	
811	делать (напр. стол)	做 (做东西的 +) zuo4 (zuo4 dong1 xi de+)	만들다 (물건을 +)	1	
812	строить (напр. дом)	盖 (盖房子的 +) gai4 (gai4 fang2 zi de +)	짓다 (집을 +)	2	
813	очищать (кожуру)	剥 (剥皮的 +) bao1 (bao1 pi2 de +)	까다 (껍질을 +)	2	
814	класть	放/搁 (放下的 +) fang4 /ge1 (fang4 xia de +)	놓다	2	
815	ставить	立起来 li4 qi3 lai2	세우다	2	
816	собирать (напр. марки)	收集 shou1 ji2	모으다	2	
817	молиться	祈求 qi3 qiu2	빌다	2	
818	сеять	撒 (撒种的 +) sa3 (sa3 zhong3 de +)	뿌리다 (씨를 +)	2	
819	стать (напр. учителем)	成为 (成为老师的 +) cheng2 wei2 (cheng2 wei2 lao3 shi1 de+)	되다	2	
820	Я хочу есть.	想 (我想吃饭的 +) xiang3 (wo3 xiang3 chi1 fan4 de +)	싶다 (나는 먹고 +)	2	

번호	러시아어	중국어	한국어		전사
821	чувствовать	感觉到 gan3 jue2 dao4	느끼다	2	
822	ранить (напр. ногу)	伤 (受伤的 +) shang1(shou4 shang1 de +)	다치다 (발을 +)	2	
823	указывать	指 (指点的 +) zhi3 (zhi3 dian3 de +)	가리키다	2	
824	иметь	拿 (拿东西的 +) na2 (na2 dong1 xi de +)	가지다	2	
825	вдруг	突然 tu1 ran2	갑자기	2	
826	только	只 (我只喜欢她的 +)/光 zhi3(wo3 zhi3 xi3 huan ta1 de +) /guang1	다만/오직	2	
827	очень	非常/很 fei1 chang2 /hen3	몹시/매우	1	
828	вместе	一起 yi4 qi3	같이/함께	2	
829	медленно	慢慢儿 man4 man4r	천천히	2	
830	быстро	快 (快点儿的 +) kuai4 (kuai4 dian3r de +)	빨리	2	
831	всегда	常常/经常 chang2 chang2 /jing1 chang2	항상/언제나	2	
832	тоже	也 (我也是中国人的 +) ye3 (wo3 ye3 shi4 zhong1 guo2 ren2 de +)	역시/또한	2	
833	опять	又 (又说了一次的 +) you4 (you4 shuo1 le yi2 ci4 de +)	또/다시	2	
834	Не ешь.	别（做)(别吃了的 +) bie2 (bie2 chi1 le de +)	지 마라 (먹지 +)	1	
835	Восходит солнце.	出 (日 +) chu1	뜨다 (해가+)	3	
836	Заходит солнце.	落 (日 +) luo4	지다 (해가+)	3	
837	полная луна	圆月 yuan2 yue4	보름달	3	
838	Большая Медведица	北斗七星 bei3 dou3 qi1 xing1	북두칠성	3	
839	болото	沼泽 zhao3 ze2	늪	3	
840	степь	草原 cao3 yuan2	초원	3	
841	равнина	平原 ping2 yuan2	평원	3	
842	вершина горы	山顶/山峰 shan1 ding3 /shan1 feng1	산꼭대기/산봉우리	3	
843		山顶 shan1 ding3	산꼭대기	3	

번호	러시아어	중국어	한국어		전사
844	долина	山谷 shan1 gu3	산골짜기/ 계곡	3	
845	обрыв	山崖 shan1 ya2	절벽	3	
846	пустыня	沙漠 sha1 mo4	사막	3	
847	ручей	小溪 xiao3 xi1	개울	3	
848	пруд	莲花池 lian2 hua1 chi2	연못	3	
849	скала	岩石 yan2 shi2	바위	3	
850	Китай	中国 zhong1 guo2	중국	3	
851	Маньчжурия	满洲 man3 zhou1	만주	3	
852	Пекин	北京 bei3 jing1	북경	3	
853	Монголия	蒙古 meng3 gu3	몽골	3	
854	Казахстан	哈萨克斯坦 ha1 sa4 ke4	카자흐스탄	3	
855	Татарстан	鞑靼斯坦 da2 da2	타타르스탄	3	
856	Россия	俄罗斯 e2 luo2 si1	러시아	3	
857	Япония	日本 ri4 ben3	일본	3	
858	Корея	朝鲜 chao2 xian3	한국	3	
859	город	城市/都市 cheng2 shi4 /du1 shi4	도시	3	
860	улица	街上/街头 jie1 shang1 /jie1 tou	거리 (街)	3	
861	семья (единица. напр. 10 семей)	户 (+几户人家的 +) hu4 (+ji3 hu4 ren2 jia1 de +)	가구 (家口)	3	
862	месторасположение	位置 wei4 zhi	위치	3	
863	речной залив	河湾 he2 wan1	만 (강의 +)	3	
864	волна	波涛 bo1 tao1	파도	3	
865	берег	岸 (河岸上的 +) an4 (he2 an4 shang de +)	기슭	3	
866	пещера	洞/洞穴/窟窿 dong4 /dong4 xue2 /ku1 long	굴/동굴	3	

번호	러시아어	중국어	한국어		전사
867		洞 (山洞的 +) dong4 (shan1 dong4 de +)	굴	3	
868	снежная лавина	雪崩 xue3 beng1	눈사태	3	
869	буря	风暴 feng1 bao4	폭풍	3	
870	дымка	游丝 you2 si1	아지랑이	3	
871	погода	天气 tian1 qi4	날씨	3	
872	воздух	空气 kong1 qi4	공기	3	
873	туманно	下/起 (下雾的 +) xla4 /ql3 (xla4 wu4 de +)	끼다 (안개가 +)	3	
874	Гремит гром.	打 (打雷的 +) da3 (da3 lei2 de +)	치다 (천둥이 +)	3	
875	Сверкает молния.	打 (打闪电的 +) da3 (+da4 shan3 dian4 de +)	치다 (번개가 +)	3	
876	грозовой разряд	霹雳 pi1 li4	벼락	3	
877	град	雹子/冰雹 bao2 zi /bing1 bao2	우박	3	
878	загорать (на солнце)	晒 (晒太阳的 +) shai4 (shai4 tai4 yang de +)	쬐다 (햇볕을 +)	3	
879	время	时间 shi2 jian1	시간	3	
880	первое число месяца	初一 chu1 yi1	초하루	3	
881	пятнадцатое число месяца	十五天 shi2 wu3 tian1	보름	3	
882	этот месяц	这个月 zhe4 ge yue4	이번 달	3	
883	прошлый месяц	上个月 shang4 ge yue4	지난 달	3	
884	следующий месяц	下个月 xia4 ge yue4	다음 달	3	
885	январь	一月/正月 yi2 yue4 /zheng1 yue4	1월	3	
886	февраль	二月 er4 yue4	2월	3	
887	март	三月 san2 yue4	3월	3	
888	апрель	四月 si4 yue4	4월	3	
889	май	五月 wu3 yue4	5월	3	

번호	러시아어	중국어	한국어		전사
890	июнь	六月 liu4 yue4	6월	3	
891	июль	七月 qi2 yue4	7월	3	
892	август	八月 ba1 yue4	8월	3	
893	сентябрь	九月 jiu3 yue4	9월	3	
894	октябрь	十月 shi2 yue4	10월	3	
895	ноябрь	十一月 shi2 yi2 yue4	11월	3	
896	декабрь	十二月 shi2 er4 yue4	12월	3	
897	сутки	一天 yi4 tian1	하루(24시간)	3	
898	позавчера	前天 qian2 tian1	그저께	3	
899	предыдущий день	前一天 qian2 yi tian1	전날	3	
900	послезавтра	后天 hou4 tian1	모레	3	
901	воскресенье	星期日 xing1 qi1 ri4	일요일	3	
902	понедельник	星期一 xing1 qi1 yi1	월요일	3	
903	вторник	星期二 xing1 qi1 er4	화요일	3	
904	среда	星期三 xing1 qi1 san1	수요일	3	
905	четверг	星期四 xing1 qi1 si4	목요일	3	
906	пятница	星期五 xing1 qi1 wu3	금요일	3	
907	суббота	星期六 xing1 qi1 liu4	토요일	3	
908	минута	分 (30分钟的 +) fen1 (san1 shi2 fen1 zhong1 de +)	분	3	
909	секунда	秒 (几分几秒的 +) miao3 (ji3 fen1 ji3 miao3 de +)	초	3	
910	который час?	几点 ji3 dian3	몇 시	3	
911	дождливый сезон, сезон дождей	梅雨季节/雨季 mei2 yu3 ji4 jie2 /yu3 ji4	장마철/우기	3	
912	засушливый сезон	旱季 han4 ji4	건기	3	

번호	러시아어	중국어	한국어		전사
913	рассвет	黎明 li2 ming2	새벽	3	
914	утром	早晨 (早晨吃面的 +) zao3 chen (zao3 chen chi1 mian4 de +)	아침에	3	
915	днём	白天 (白天吃面的 +) bai2 tian1 (bai2 tian1 chi1 mian4 de +)	낮에	3	
916	до обеда	上午 shang4 wu3	오전에	3	
917	полдень	中午 zhong1 wu3	정오	3	
918	после обеда	下午 xia4 wu3	오후에	3	
919	сумерки	黄昏 huang2 hun1	황혼	3	
920	вечером	晚上 (晚上吃面的 +) wan3 shang (wan3 shang chi1 mian4 de +)	저녁에	3	
921	ночью	夜里 ye4 li	밤에	3	
922	полночь	半夜 ban4 ye4	한밤중/자정	3	
923	раньше	以前/从前 yi3 qian2	이전에/ 종전에	3	
924		以前 (我以前来过这儿的 +) yi3 qian2 (wo3 yi3 qian2 lai2 guo4 zhe4r de +)	이전에	3	
925	только что	刚才 gang1 cai2	방금/막	3	
926	недавно	刚刚 gang1 gang1	조금 전	3	
927	в наши дни	近来/最近 jin4 lai2 /zui4 jin4	요즘	3	
928	по-прежнему	仍然 reng2 ran2	여전히	3	
929	до сих пор	至今 zhi4 jin1	지금까지	3	
930	с этого момента	今后 jin1 hou4	지금부터	3	
931	немедленно, сразу	立刻 li4 ke4	즉각	3	
932	редко	很少 (他很少抽烟的 +) hen3 shao3 (ta1 hen3 shao3 chou1 yan1 de +)	드물게	3	
933	возраст	岁数 sui4 shu	나이	3	
934	около (двух часов)	左右 (时间) zuo3 you4 (shi2 jian1)	경/쯤 (2시 +)	3	
935	каждый год	每年 mei3 nian2	해마다/매년	3	

번호	러시아어	중국어	한국어		전사
936	каждый месяц	每月 mei3 yue4	매달	3	
937	каждый день	每天 mei3 tian1	매일	3	
938	эта неделя	这个星期 zhe4 ge xing1 qi1	이번 주	3	
939	сегодня утром	今天早上 jin1 tian1 zao3 shang	오늘 아침에	3	
940	сегодня вечером	今天晚上 jin1 tian1 wan3 shang	오늘 저녁에	3	
941	сегодня ночью	今夜 jin1 ye4	오늘 밤에	3	
942	вчера ночью	昨天夜里/昨晚 zuo2 tian1 ye4 li /zuo2 wan3	어젯밤에/ 지난밤	3	
943	племя	氏族 shi4 zu2	씨족	3	
944	жена старшего брата (для мужчины)	嫂子 (男→女) sao3 zi (nan2→nv3)	형수	3	
945	жена старшего брата (для женщины)	嫂子 (女→女) sao3 zi (nv3→nv3)	올케	3	
946	муж старшей сестры (для мужчины)	姐夫/男的姐姐的丈夫 jie3 fu /nan2 de jie3 jie de zhang4 fu	매형	3	
947	муж старшей сестры (для женщины)	姐夫/女的姐姐的丈夫 jie3 fu /nv3 de jie3 jie de zhang4 fu	형부	3	
948	деверь (брат мужа)		시숙/시동생	3	
949		丈夫的哥哥 (大伯) zhang4 fu de ge1 ge (da4 bo2)	시숙	3	
950		丈夫的弟弟 (小叔子) zhang4 fu de di4 di (xiao3 shu1 zi)	시동생	3	
951	золовка (сестра мужа)		시누이 (손위/ 손아래)	3	
952		丈夫的姐姐 (大姑子) zhang4 fu de jie3 jie (da4gu1zi)	시누이 (손위)	3	
953		丈夫的妹妹 (小姑子) zhang4 fu de mei4 mei (xiao3 gu1 zi)	시누이 (손아래)	3	
954	шурин (брат жены)		처남 (손위/ 손아래)	3	
955		内兄 nei4 xiong1	처남 (손위)	3	
956		内弟 nei4 di4	처남 (손아래)	3	
957	свояченица (сестра жены)		처형/처제	3	
958		姨姐 yi2 jie3	처형	3	

번호	러시아어	중국어	한국어		전사
959		姨妹 yi2 mei4	처제	3	
960	сношенница (жена деверя) (жёны братьев по отношению друг к другу)	妯娌 zhou2 li3	동서 (형제의 아내끼리)	3	
961	свояк (муж свояченицы) (мужья сёстр по отношению друг к другу)	连襟 lian2 jin1	동서 (자매의 남편끼리)	3	
962	братья	兄弟 xiong1 di4	형제	3	
963	сёстры	姐妹 jie3 mei4	자매	3	
964	брат и сестра	兄妹 xiong1 mei4	남매	3	
965	старший сын	长子 zhang3 zi3	장남	3	
966	старшая дочь	长女 zhang3 nv3	장녀	3	
967	второй сын	次子 (第二个儿子) ci4 zi3 (di4 er4 ge er2 zi)	차남	3	
968	вторая дочь	次女 (第二个女儿) ci4 nv3 (di4 er4 ge nv3 er2)	차녀	3	
969	младший сын	老小 (+儿子)/小儿子 lao3 xiao3r (+er2 zi) /xiao3 er2 zi	막내 (+아들)	3	
970	младшая дочь	老小 (+女儿)/小女儿 lao3 xiao3r (+nv3 er2) /xiao3 nv3 er2	막내 (+딸)	3	
971	двоюродный брат	表兄弟 biao3 xiong1 di4	사촌 형제	3	
972	двоюродная сестра	表姐妹 biao3 jie3 mei4	사촌 자매	3	
973	троюродный брат	堂兄弟 tang2 xiong1di	6촌 형제	3	
974	троюродная сестра	堂姐妹 tang2 jie3 mei4	6촌 자매	3	
975	племянник	侄子 zhi2 zi	조카	3	
976	племянница	侄女 zhi2 nv3	조카딸	3	
977	прадедушка	曾祖父 zeng1 zu3 fu4	증조부	3	
978	прабабушка	曾祖母 zeng1 zu3 mu3	증조모	3	
979	правнук	曾孙 zeng1 sun1	증손자	3	

번호	러시아어	중국어	한국어		전사
980	правнучка	曾孙女 zeng1 sun1 nv3	증손녀	3	
981	прапрадедушка	高祖父 gao1 zu3 fu4	고조부	3	
982	прапрабабушка	高祖母 gao1 zu3 mu3	고조모	3	
983	праправнук	玄孙 xuan2 sun1	고손자	3	
984	праправнучка	玄孙女 xuan2 sun1 nv3	고손녀	3	
985	брат отца	叔叔 shu1 shu	숙부	3	
986	жена брата отца	婶儿 shen3r	숙모	3	
987	сестра отца	姑姑/姑妈 gu1 gu /gu1 ma1	고모	3	
988	брат матери	舅舅 jiu4 jiu	외삼촌	3	
989	сестра матери	姨母/姨 yi2 mu3 /yi2	이모	3	
990	вдова	寡妇 gua3 fu	홀어미/과부	3	
991	вдовец	鳏夫 (丧偶的男子) guan1 fu1 (sang4 ou3 de nan2 zi3)	홀아비	3	
992	сирота	孤儿 gu1 er2	고아	3	
993	супруги, муж и жена	夫妇/夫妻 fu1 fu4 /fu1 qi1	부부	3	
994	жених	新郎 xin1 lang2	신랑	3	
995	невеста	新娘 xin1 niang2	신부	3	
996	родственник	亲属/亲戚 qin1 shu3 /qin1 qi	친족/친척	3	
997	младенец (грудной ребёнок)	娃娃 (谁家的娃娃的 +) wa2 wa (shei2 jia1 de wa2 wa de +)	아기	3	
998	предок	祖先 zu3 xian1	조상	3	
999	потомок	子孙 zi3 sun1	자손	3	
1000	хозяйка	女主人 nv3 zhu3 ren2	주인 (여+)	3	
1001	крестьянин	农民 nong2 min2	농민	3	
1002	дровосек	打柴人 da3 chai2 ren2	나무꾼	3	

번호	러시아어	중국어	한국어		전사
1003	плотник	木匠 mu4 jiang	목수	3	
1004	торговец	商人 shang1 ren2	상인	3	
1005	нищий	花子 (乞丐) hua1 zi (qi3 gai4)	거지	3	
1006	знакомый	熟人/认识的人 shu2 ren2 /ren4 shi de ren2	지인/아는 사람	3	
1007	иностранец	外国人 wai4 guo2 ren2	외국인	3	
1008	король	国王 guo2 wang2	국왕	3	
1009	император	皇上 huang2 shang	황제 (일반)	3	
1010	царь	皇帝 huang2 di4	황제 (러시아의 짜르)	3	
1011	монах	僧人 (和尚) seng1 ren2 (he2 shang)	중 (僧)/승려	3	
1012	дурак	傻子 sha3 zi	바보	3	
1013	сосед	邻居/街坊 lin2 ju1 /jie1 fang	이웃사람	3	
1014		汉族 han4 zu2	한족	3	
1015	эвенк	鄂温克族 e4 wen1 ke4 zu2	어윙키 인	3	
1016	орочон	鄂伦春族 e4 lun2 chun1 zu2	오로챈 인	3	
1017	даур	达斡尔族 da2 wo4 er3 zu2	다고르 인	3	
1018	монгол	蒙古人 meng3 gu3 ren2	몽골 인	3	
1019	калмык	卡尔梅克人 ka3 er3 mei2 ke4 ren2	칼미크 인	3	
1020	казах	哈萨克人 ha1 sa4 ke4 ren2	카자흐 인	3	
1021	кыргыз	吉尔吉斯人/柯尔克孜人 ji2 er3 ji2 si1 ren2 /ke1 er3 ke4 zi1 ren2	키르기스 인	3	
1022		朝鲜族 chao2 xian3 zu2	조선족	3	
1023	русский кореец	高丽人 gao1 li4 ren2	고려인	3	
1024	слухи	传闻 chuan2 wen2	소문	3	
1025	история	历史 li4 shi3	역사	3	

번호	러시아어	중국어	한국어		전사
1026	судьба	命运 ming4 yun4	운명	3	
1027	удача	运气 yun4 qi	운수	3	
1028	похороны	葬礼 zang4 li3	장례	3	
1029	свадьба	婚礼 hun1 li3	결혼식	3	
1030	отдых	休息 xiu1 xi	휴식	3	
1031	рыбалка	钓鱼 (我喜欢钓鱼的 +) diao4 yu2 (wo3 xi3 huan1 diao4 yu2 de +)	낚시질	3	
1032	игра	游戏 you2 xi4	놀이	3	
1033	азартная игра	赌博 du3 bo2	노름/도박	3	
1034	банкет	宴会 yan4 hui4	잔치	3	
1035	доля	份儿 (你一份儿, 我一份儿的 +) fen4r (ni3 yi2 fen4r, wo3 yi2 fen4 de +)	몫	3	
1036	монета	硬币 ying4 bi4	동전	3	
1037	цена	价钱 jia4 qian	값	3	
1038	процент (выплачивать)	利息 li4 xi1	이자	3	
1039	налог	税金 shui4 jin1	세금	3	
1040	товар	商品 shang1 pin3	상품	3	
1041	техника, оборудование	机器 ji1 qi4	기계	3	
1042	кисть (художника)	毛笔 mao2 bi3	붓	3	
1043	тушь	墨 (墨水的 +) mo4(mo4 shui3 de +)	먹	3	
1044	жидкая тушь	墨水 mo4 shui3	먹물	3	
1045	карандаш	铅笔 qian1 bi3	연필	3	
1046	ручка	笔 (用笔写字的 +) bi3(yong4 bi3 xie3 zi4 de +)	펜 (일반)	3	
1047	краска (для рисования)	颜料 yan2 liao4	물감	3	
1048	пословица	俗话/俗语 su2 hua4 /su2 yu3	속담	3	

번호	러시아어	중국어	한국어		전사
1049	загадка	谜语 mi2 yu3	수수께끼	3	
1050	переводить (напр. переводить роман / переводить устно)	翻译 (+外语) fan1 yi(+wai4 yu3)	번역하다/ 통역하다	3	
1051	музыкальный инструмент	乐器 yue4 qi4	악기	3	
1052	дудка	笛子 di2 zi	피리	3	
1053	гонг	锣 (打锣的 +) luo2 (da3 luo2 de +)	징	3	
1054	колокольчик	铃铛 ling2 dang	방울	3	
1055	свист	口哨儿 kou3 shao4r	휘파람	3	
1056	шар	球 (地球的 +) qiu2 (di4 qiu2 de +)	구 (球)	3	
1057	тень	影子 ying3 zi	그림자	3	
1058	призрак	鬼 (魔鬼的 +) gui3 (mo2 gui3 de +)	귀신	3	
1059	храм	寺院 si4 yuan4	사원	3	
1060	достоинство	优点 you1 dian3	장점	3	
1061	недостаток (слабое место)	缺点 que1 dian3	단점	3	
1062	ошибка	错误 cuo4 wu4	실수	3	
1063	мнение	意见 yi4 jian	의견	3	
1064	правда	真理 zhen1 li3	참/진실	3	
1065	несчастье	不幸 (我很同情她的不幸的 +) bu2 xing4 (wo3 hen3 tong2 qing2 ta1 de bu2 xing4 de +)	불행	3	
1066	счастье	幸福 xing4 fu2	행복	3	
1067	тайна	秘密 mi4 mi4	비밀	3	
1068	обещание	誓言 shi4 yan2	약속	3	
1069	отношения, связь	关系 guan1 xi	관계	3	
1070	происхождение	起源 qi3 yuan2	기원	3	

번호	러시아어	중국어	한국어		전사
1071	причина	原因 yuan2 yin1	원인	3	
1072	последствие, результат	结果 jie2 guo3	결과	3	
1073	цель	目的 mu4 di4	목적	3	
1074	средство	手段 shou3 duan4	수단	3	
1075	случай	情况 qing2 kuang4	경우	3	
1076	возможность, шанс	机会 ji1 hui	기회	3	
1077	сельское хозяйство	农业 nong2 ye4	농업/농사	3	
1078	календарь	挂历 gua4 li4	달력	3	
1079	зарубежная страна	外国 wai4 guo2	외국	3	
1080	вера (вероисповедование)	信仰 xing4 yang3	신앙	3	
1081	остановка	汽车站 qi4 che1 zhan4	정류장	3	
1082	больница	医院 yi1 yuan4	병원	3	
1083	привычка	习惯 (好习惯的 +) xi2 guan4 (hao3 xi2 guan4 de +)	습관	3	
1084	ссора	吵架 chao3 jia4	말다툼	3	
1085	пожар	火灾 huo3 zai1	화재	3	
1086	наказание	处罚 chu3 fa2	벌 (罰)	3	
1087	господин	先生/同志 xian1 sheng /tong2 zhi4	씨 (남자에 대해)	3	
1088	госпожа	小姐 xiao3 jie3	씨 (여자에 대해)	3	
1089	вопрос	提问 ti2 wen4	질문	3	
1090	ответ	回答 (这是他的回答的 +) hui2 da2 (zhe4 shi4 ta1 de hui2 da2 de +)	대답	3	
1091	значение	意思 yi4 si	뜻	3	
1092	зёрнышко	粒儿 (米粒儿 +) li4r (mi3 li4r de +)	알갱이	3	
1093	гаданье	占卜 zhan1 bu3	점 (占)	3	

번호	러시아어	중국어	한국어		전사
1094	ряд	队 (排队的 +) dui4 (pai2 dui4 de +)	줄/열	3	
1095	армия	军队 jun1 dui4	군대	3	
1096	рядовой (солдат)	士兵 shi4 bing1	병사	3	
1097	знамя	旗 (五星红旗的 +) qi2 (wu5 xing1 hong2 qi2 de +)	기	3	
1098	окружать (напр. вражеские войска)	包围 bao1 wei2	포위하다	3	
1099	стрельба	射击 (枪) she4 ji1 (qiang1)	사격	3	
1100	стрельба из лука	射击 (弓) she4 ji1 (gong1)	활쏘기	3	
1101	погоня	追击 (敌人的追击的 +) zhui1 ji1 (di2 ren2 de zhui1 ji1 de +)	추격	3	
1102	рассеиваться	散 (散开的 +) san4 (san4 kai1 de +)	흩어지다	3	
1103	отступать (назад)	退 (退出的 +) tui4 (tui4 chu1 de +)	물러나다	3	
1104	побеждать	胜利 (我们胜利了的 +) sheng4 li4 (wo3 men sheng4 li4 le de +)	승리하다	3	
1105	терпеть поражение	失败 shi1 bai4	패배하다	3	
1106	тетива (лука)	弦 (弓弦的 +) xian2 (gong1 xian2 de +)	활시위	3	
1107	наконечник стрелы	箭头 jian4 tou2	화살촉	3	
1108	проводник	向导 (他是我们的向导的 +) xiang4 dao3 (ta1 shi4 wo3 men de xiang4 dao3 de +)	길안내인	3	
1109	короткий путь	近道/捷径 jin4 dao4 /jie2 jing4	지름길/첩경	3	
1110	телега	马车 (行李用的 +) ma3 che1 (xing2 li yong4 de+)	짐마차	3	
1111	железная дорога	铁道 tie3 dao4	철도	3	
1112	велосипед	自行车 zi4 xing2 che1	자전거	3	
1113	автомобиль	汽车 qi4 che1	자동차	3	
1114	самолёт	飞机 fei1 ji1	비행기	3	
1115	лодка	小船 xiao3 chuan2	조각배	3	
1116	плот	划子 hua2 zi	뗏목	3	

번호	러시아어	중국어	한국어		전사
1117	переправа (место)	渡口 du4 kou3	나루터	3	
1118	коса (заплетённые волосы)	辮子 bian4 zi	땋은 머리	3	
1119	лысый	禿头 tu1 tou2	대머리	3	
1120	брови	眉毛 mei2 mao	눈썹	3	
1121	верхняя губа	上嘴唇 shang4 zui3 chun2	윗입술	3	
1122	нижняя губа	下嘴唇 xia4 zui3 chun2	아랫입술	3	
1123	верхние зубы	上牙 shang4 ya2	윗니	3	
1124	нижние зубы	下牙 xia4 ya2	아랫니	3	
1125	дёсны	牙龈 ya2 yin2	잇몸	3	
1126	локоть	胳膊肘 ge1 bo zhou3	팔꿈치	3	
1127	запястье	手腕子 shou3 wan4 zi	손목	3	
1128	кулак	拳头 quan2 tou	주먹	3	
1129	ладонь	手掌 shou3 zhang3	손바닥	3	
1130	палец ноги	脚趾 jiao3 zhi3	발가락	3	
1131	большой палец	大拇指 da4 mu zhi3	엄지 손가락	3	
1132	указательный палец	食指 shi2 zhi3	집게 손가락	3	
1133	средний палец	中指 zhong1 zhi3	가운데 손가락	3	
1134	безымянный палец	无名指 wu2 ming2 zhi3	약지/무명지	3	
1135	мизинец	小指 (小手指的 +) xiao3 zhi3 (xiao3 shou3 zhi3 de +)	새끼 손가락	3	
1136	ягодица	屁股 pi4 gu	엉덩이	3	
1137	бедро	大腿 da4 tui3	넓적다리/허벅지	3	
1138	задняя часть голени	小腿 xiao3 tui3	종아리	3	
1139	лодыжка	脚脖子 jiao3 bo2 zi	발목	3	

번호	러시아어	중국어	한국어		전사
1140	пятка	脚后跟 jiao3 hou4 gen	발꿈치	3	
1141	подошва стопы	脚掌 jiao3 zhang3	발바닥	3	
1142	сухожилие	筋 (筋骨的 +) jin1 (jin1 gu3 de +)	힘줄	3	
1143	жир	脂肪 zhi1 fang2	지방 (脂肪)	3	
1144	кровеносный сосуд	血管 xue4 guan3	혈관	3	
1145	дыхание	呼吸 (名饲) hu1 xi1	호흡	3	
1146	беременность	身孕 (名饲) shen1 yun4	임신	3	
1147		胡子 hu2 zi	수염	3	
1148	чихать	打喷嚏 da3 pen1 ti4	재채기하다	3	
1149	зевать	打哈欠 da3 ha1 qian	하품하다	3	
1150	пукать	放 (放屁的 +) fang4 (fang4 pi4 de +)	뀌다 (방귀를 +)	3	
1151	какать	拉 (拉屎的 +) la1 (la1 shi3 de +)	누다 (똥을+)	3	
1152	писать (мочу)	尿/撒 (尿尿的 +) niao4 /sa1(niao4 niao4 de +)	누다 (오줌을 +)	3	
1153	мокрота	痰 (吐痰的 +) tan2 (tu3 tan2 de +)	가래	3	
1154	плевать	吐 (吐吐沫的 +) tu3 (tu3 tu4 mo de +)	뱉다 (침을+)	3	
1155	морщина	皱纹 zhou4 wen2	주름	3	
1156	шишка	瘤子 liu2 zi	혹	3	
1157	труп	尸体 shi1 ti3	시체	3	
1158	храпеть	打 (打呼噜的 +) da3 (da3 hu1 lu de +)	골다 (코를+)	3	
1159	пульс	脉搏 mai4 bo2	맥박	3	
1160	больной (человек)	病人 bing4 ren2	환자	3	
1161	простуда	感冒 gan3 mao4	감기	3	
1162	головная боль	头痛 tou2 tong4	두통	3	

번호	러시아어	중국어	한국어		전사
1163	заражать	传染 chuan2 ran3	전염하다	3	
1164	кашлять	咳嗽 (他咳嗽了的 +) ke2 sou (ta1 ke2 sou le de +)	기침하다	3	
1165	рвать (о рвоте, Больного рвёт.)	呕吐 ou3 tu4	토하다	3	
1166	понос	腹泻/拉肚子 fu4 xie4 /la1 du4 zi	설사	3	
1167	отекать	发肿 fa1 zhong3	부어오르다 (종기가 +)	3	
1168	косой (косоглазый)	斜眼 xie2 yan3	사시의	3	
1169	сопли	鼻涕 bi2 ti4	콧물	3	
1170	сморкаться	擤 (擤鼻涕的 +) xing3 (xing3 bi2 ti4 de +)	풀다 (코를 +)	3	
1171	слепой	瞎子 xia1 zi	맹인	3	
1172	глухой	聋子 long2 zi	귀머거리	3	
1173	немой	哑巴 ya3 ba	벙어리	3	
1174	сумасшедший	疯子 feng1 zi	미치광이	3	
1175	хромой	瘸子 que2 zi	절름발이	3	
1176	глохнуть	聋 (耳聋的 +) long2 (er3 long2 de +)	귀가 먹다	3	
1177	заика	口吃 kou3 chi1	말더듬이	3	
1178	смерть	死亡 si3 wang2	죽음	3	
1179	могила	坟墓 fen2 mu4	무덤	3	
1180	палатка	帐篷 (搭个帐篷的 +) zhang4 peng2 (da1 ge zhang4 peng2 de +)	천막	3	
1181	ворота	大门 da4 men2	대문	3	
1182	окно	窗/窗户 chuang1 /chuang1 hu	창문	3	
1183	стена	墙壁 qiang2 bi4	벽	3	
1184	труба (дымовая)	烟筒/烟囱 yan1 tong /yan1 cong1	굴뚝/연통	3	
1185	топка	灶膛 zao4 tang2	아궁이	3	

번호	러시아어	중국어	한국어		전사
1186	кровать	床 (单人床的 +) chuang2 (dan1 ren2 chuang2 de +)	침대	3	
1187	матрас	褥子 ru4 zi	요/매트	3	
1188	одеяло	毯子 tan3 zi	담요	3	
1189	зонт, зонтик	雨伞 yu3 san3	우산	3	
1190	колесо	轮子 lun2 zi	바퀴	3	
1191	коробка	箱子 xiang1 zi	상자	3	
1192	сундук	大箱子 da4 xiang1 zi	큰 상자/궤	3	
1193	ящик	抽屉 chou1 ti	서랍	3	
1194	письменный стол	书桌 shu1 zhuo1	책상	3	
1195	табуретка	凳子 deng4 zi	걸상 (등받이가 없는)	3	
1196	спички	火柴 huo3 chai2	성냥	3	
1197	древесный уголь	炭/木炭 tan4 /mu4 tan4	숯	3	
1198	светильник (с горящим маслом)	煤油灯 mei2 you2 deng1	등잔	3	
1199	факел	火炬 huo3 ju4	횃불	3	
1200	керосин	灯油 deng1 you2	등유	3	
1201	шнурок	绳子 sheng2 zi	끈/줄	3	
1202	лямка	皮条儿 (捆东西的 +) pi2 tiao2r (kun3 dong1 xi de +)	가죽 끈	3	
1203	трость	拐棍/手杖 guai3 gun4	지팡이	3	
1204	планка	板子 ban3 zi	판 (板)	3	
1205	окно на крыше (чума)	天窗 tian1 chuang1	지붕 창	3	
1206	полка	架子 jia4 zi	선반	3	
1207	сумка	皮包 pi2 bao1	가방	3	
1208	весло	桨 (船桨的 +) jiang3 (chuan2 jiang3 de +)	노 (배의+)	3	

번호	러시아어	중국어	한국어		전사
1209	веер	扇子 shan4 zi	부채	3	
1210	игрушка	玩具 wan2 ju4	장난감	3	
1211	кукла	玩具娃娃 wan2 ju4 wa2 wa	인형	3	
1212	маска	面具/假面 mian4 ju4 /jia3 mian4	가면	3	
1213	огонёк	灯光 deng1 guang1	불빛	3	
1214	часы	表/钟 (手表的 +) biao3 /zhong1 (shou3 biao3 de +)	시계	3	
1215	дом из глины	泥房子 ni2 fang2 zi	진흙 집	3	
1216	яма	坑 (土坑的 +) keng1 (tu3 keng1 de +)	구덩이	3	
1217	огород	菜园子 cai4 yuan2 zi	텃밭	3	
1218	уборная, туалет	厕所 ce4 suo3	변소	3	
1219	хижина	棚子 peng2 zi	오두막	3	
1220	забор	栅子 zha4 zi	울타리	3	
1221	краска (напр. для покрытия забора)	油漆 you2 qi1	페인트	3	
1222	сад	庭园 ting2 yuan2	정원	3	
1223	лестница	楼梯 lou2 ti1	계단	3	
1224	второй этаж	二楼 er4 lou2	이층	3	
1225	место поклонения предкам	庙 (土地庙的 +) miao4 (tu3 di4 miao4 de +)	사당	3	
1226	пол с подогревом	炕 (热炕的 +) kang4 (re4 kang4 de +)	온돌	3	
1227	кирпич	砖 (砖瓦的 +) zhuan1 (zhuan1 wa3 de +)	벽돌	3	
1228	черепица	瓦 (砖瓦的 +) wa3 (zhuan1 wa3 de +)	기와	3	
1229	плуг	犁 (犁地的 +) li2 (li2 di4 de +)	쟁기	3	
1230	борона	耙子 pa2 zi	써레	3	
1231	маленькая мотыга с короткой ручкой	锄头 chu2 tou	호미	3	

번호	러시아어	중국어	한국어		전사
1232	мотыга	镐头 gao3 tou	괭이	3	
1233	молоток	锤子 (铁制的 +) chui2 zi (tie3 zhi4 de +)	망치	3	
1234	пила	锯 子 ju4 zi	톱	3	
1235	рубанок	刨子 (工具) bao4 zi (gong1 ju4)	대패	3	
1236	зубило, долото	凿子 zao2 zi	끌	3	
1237	напильник	锉 (锉刀的 +) cuo4 (cuo4 dao1 de +)	줄	3	
1238	щипцы	钳子 qian2 zi	집게/펜치	3	
1239	шило	锥子 zhui1 zi	송곳	3	
1240	весы	秤 (杆秤的 +) cheng4 (gan3 cheng4 de +)	저울	3	
1241	подпруга	马肚带 ma3 du4 dai4	뱃대끈	3	
1242	прокладка под седлом	鞍垫子 an1 dian4 zi	깔개 (안장 밑의 +)	3	
1243	шест с петлей	套马竿 tao4 ma3 gan1	장대올가미	3	
1244	привязь для коров	牛缰绳 niu2 jiang1 sheng2	소 끈	3	
1245	палка	棍子 gun4 zi	막대기/ 몽둥이	3	
1246	дубинка	槌子 (木制的 +) chui2 zi (mu4 zhi4 de +)	방망이	3	
1247	веялка	簸箕 bo4 ji	키	3	
1248	решето, сито	筛子 shai1 zi	체	3	
1249	коровий помёт	牛粪 niu2 fen4	쇠똥	3	
1250	замок (дверной)	锁 (钥匙和锁的 +) suo3 (yao4 shi he2 suo3 de +)	자물쇠	3	
1251	ключ	钥匙 yao4 shi	열쇠	3	
1252	метла	扫帚 sao4 zhou	빗자루	3	
1253	бочка	桶 (水桶的 +) tong3 (shui3 tong3 de +)	통	3	
1254	ведро	铝皮水桶 lv3 pi2 shui3 tong3	양동이	3	

번호	러시아어	중국어	한국어		전사
1255	таз	盆 (脸盆的 +) pen2 (lian3 pen2 de +)	대야	3	
1256	мыло	肥皂/香皂 fei2 zao4 /xiang1 zao4	비누	3	
1257	тряпка	抹布 (擦炕的抹布的 +) mo2 bu4 (ca1 kang4 de ma2 bu4+)	걸레	3	
1258	ножик	小刀 xiao3 dao1	작은 칼	3	
1259	лестница (напр. пожарная)	梯子 ti1 zi	사다리	3	
1260	деревянная расчёска	木梳 mu4 shu1	나무 빗	3	
1261	щётка	刷子 shua1 zi	솔	3	
1262	свеча	蜡烛 la4 zhu2	양초	3	
1263	электрическая лампа	电灯 dian4 deng1	전등	3	
1264	пепел, зола	烟灰/炉灰 yan1 hui1 /lu2 hui1	재	3	
1265	лакировка, покрытие лаком	漆 (油漆的 +) qi1 (you2 qi1 de +)	옻칠	3	
1266	порошок	粉 (粉末的 +) fen3 (fen3 mo4 de +)	가루	3	
1267	соринка	尘埃 chen2 ai1	티끌	3	
1268	сажа	锅烟子 (锅底的灰) guo1 yan1 zi (guo1 di4 de hui1)	그을음	3	
1269	пар	蒸汽 zheng1 qi4	김	3	
1270	пена	泡沫 pao4 mo4	거품	3	
1271	мусор	垃圾 la1 ji1	쓰레기	3	
1272	древесина	木材 mu4 cai2	목재	3	
1273	топливо	燃料 ran2 liao4	땔감/연료	3	
1274	электричество	电 (电灯的 +) dian4 (dian4 deng1 de +)	전기 (電氣)	3	
1275	шест	竿子 gan1 zi	장대	3	
1276	удилище	钓鱼竿 diao4 yu2 gan1	낚싯대	3	
1277	леска	钓鱼线 diao4 yu2 xian4	낚싯줄	3	

번호	러시아어	중국어	한국어		전사
1278	рыболовный крючок	鱼钩 yu2 gou1	낚싯바늘	3	
1279	гарпун	鱼叉 yu2 cha1	작살	3	
1280	трубочка	管子 (管道的 +) guan3 zi (guan3 dao4 de +)	대롱	3	
1281	проволока	铁丝 tie3 si1	철사	3	
1282	цепь	链子 lian4 zi	사슬	3	
1283	урожай	收获物 shou1 huo4 wu4	수확물	3	
1284	культура (напр. рис)	庄稼 zhuang1 jia	농작물/작물	3	
1285	пучок	捆 (一捆小麦的 +)/束 kun3 (yi4 kun3 xiao3 mai4 de +) /shu4	다발/묶음	3	
1286		上衣 shang4 yi1	상의	3	
1287	пиджак	夹克 jia1 ke4	재킷	3	
1288	рубашка	衬衫 chen4 shan1	셔츠	3	
1289	вторые штаны (надеваемые поверх первых)	套裤 tao4 ku4	덧바지	3	
1290		头巾 tou2 jin1	두건	3	
1291	шёлковая нитка	丝 (丝绸的 +) si1 (si1 chou2 de +)	명주실	3	
1292	хлопчатобумажная ткань	棉 (棉花的 +) mian2 (mian2 hua1 de +)	면 (綿)	3	
1293	хлопок	棉花 mian2 hua	목화/솜	3	
1294	шёлк	绸子 chou2 zi	비단	3	
1295	лён	纤麻 xian1 ma2	마 (麻)/아마	3	
1296	тапочки	拖鞋 tuo1 xie2	슬리퍼	3	
1297	перчатки	手套 shou3 tao4	장갑	3	
1298	варежки, рукавицы	手套 (不分手指的 +) shou3 tao4 (bu4 fen1 shou3 zhi3 de +)	장갑 (벙어리 +)	3	
1299	носки	袜子 wa4 zi	양말	3	
1300	полотенце	毛巾 mao2 jin1	면 수건	3	

번호	러시아어	중국어	한국어		전사
1301	одежда, сшитая из ткани в два слоя (на подкладке)	夹衣 jia2 yi1	겹옷	3	
1302	ремень (аксессуар)	腰带 yao1 dai4	허리띠 (장식용)	3	
1303	ремень	裤腰带 ku4 yao1 dai4	허리띠 (바지용)	3	
1304	воротник	领子 ling3 zi	옷깃	3	
1305	рукав	袖子 xiu4 zi	소매	3	
1306	жилетка	坎肩 kan3 jian1	조끼	3	
1307	карман	口袋 kou3 dai4	주머니	3	
1308	ожерелье	项链 xiang4 lian4	목걸이	3	
1309	серьги	耳环 er3 huan2	귀고리	3	
1310	наушники для утепления	耳套 er3 tao4	귀마개 (방한용)	3	
1311	браслет	手镯/镯子 shou3 zhuo2	팔찌	3	
1312	носить (очки)	戴 (戴眼镜的 +) dai4 (dai4 yan3 jing4 de +)	쓰다 (안경을 +)	3	
1313	надевать (кольцо)	戴 (戴戒指的 +) dai4 (dai4 jie4 zhi de +)	끼다 (반지를 +)	3	
1314	надевать на ноги, обуваться	穿 (穿鞋的 +) chuan1 (chuan1 xie2 de +)	신다 (신을 +)	3	
1315	надевать (на голову)	戴 (戴帽子的 +) dai4 (dai4 mao4 zi de +)	쓰다 (모자를 +)	3	
1316	утюг	熨斗 yun4 dou3	다리미	3	
1317	пояс	带子 dai4 zi	띠 (帶)	3	
1318	платок	大披巾/皮肩 da4 pi1 ji1 /pi1 jian1	숄	3	
1319	еда, пища	食物 shi2 wu4	음식물	3	
1320	(воду) едим / пьём	(+水) 喝/吃 (+shui3) he1/chi1	(물을) 먹다/마시다 ('먹다'도 쓰는지 확인)	3	
1321	рубить (мясо)	剁 (剁菜的 +) duo4 (duo4 cai4 de +)	다지다 (고기를 +)	3	
1322	резать (слоями)	片 (片肉片儿的 +) pian4 (pian4 rou4 pian4r de +)	저미다	3	

번호	러시아어	중국어	한국어		전사
1323	слегка варить	涮 (涮羊肉的 +) shuan4 (shuan4 yang2 rou4 de +)	데치다	3	
1324	свариться	熟 (果实熟了的 +) shu2 (guo3 shi2 shu2 le de +)	익다	3	
1325	печь (напр. хлеб)	烤 (烤肉的 +) kao3 (kao3 rou4 de +)	굽다 (음식을 +)	3	
1326	жарить	炒 (炒菜的 +) chao3 (chao3 cai4 de +)	볶다	3	
1327	готовить на пару	蒸 (蒸馒头的 +) zheng1 (zheng1 man2 tou de +)	찌다	3	
1328	ячмень	大麦 da4 mai4	보리	3	
1329	чумиза	小米 xiao3 mi3	좁쌀	3	
1330	пшеница	小麦 xiao3 mai4	밀	3	
1331	овёс	燕麦 (饲料用的 +) yan4 mai4 (si4 liao4 yong4 de+)	귀리	3	
1332	гречиха	荞麦 qiao2 mai4	메밀	3	
1333	гаолян	高粱 gao1 liang	수수	3	
1334	кукуруза	玉米 yu4 mi3	옥수수	3	
1335	сырое мясо	生肉 sheng1 rou4	날고기	3	
1336	сушёное мясо	肉干 rou4 gan1	말린 고기	3	
1337	жёсткий (напр. мясо)	硬肉 ying4 rou4	질기다	3	
1338	сырой	生 (生西瓜的 +) sheng1 (sheng1 xi1 gua1 de +)	날것의	3	
1339	молозиво	初乳 chu1 ru3	초유	3	
1340	парное молоко	鲜奶 xian1 nai3	생우유	3	
1341	овечье молоко	羊奶 yang2 nai3	양젖	3	
1342	йогурт	酸奶 suan1 nai3	요구르트	3	
1343	кипяток	开水 kai1 shui3	끓인 물	3	
1344	горячая вода	热水 re4 shui3	뜨거운 물	3	
1345	печенье	点心／饼干 dian3 xin1 /bing3 gan1	과자	3	

번호	러시아어	중국어	한국어		전사
1346	напиток	饮料 yin3 liao4	음료	3	
1347	масло (сливочное)	黄油 huang2 you2	버터	3	
1348	перец (черный)	胡椒 hu2 jiao1	후추	3	
1349	крепкий (чай)	浓 (浓汤的 +) nong2 (nong2 tang1 de +)	진하다 (차가 +)	3	
1350	слабый (чай)	清淡 (茶很清淡的 +) qing1 dan4 (cha2 hen3 qing1 dan4 de +)	연하다 (차가 +)	3	
1351	пробовать (на вкус)	尝 (品尝的 +) chang2 (pin3 chang2 de +)	맛보다	3	
1352	хорошо пахнуть (напр. мясо)	香 (香味的 +) xiang1 (xiang1wei4 de +)	향기롭다	3	
1353	пресный, недосоленный	淡 (菜做淡了的 +) dan4 (cai4 zuo4 dan4 le de +)	싱겁다	3	
1354	терпкий	涩 (酸涩的 +) se4 (suan1 se4 de +)	떫다 (맛이+)	3	
1355	овощи	蔬菜 shu1 cai4	채소	3	
1356	черемша (дикий лук-порей)	野韭菜 ye3 jiu3 cai4	들 부추	3	
1357	цветки черемши	韭菜花 jiu3 cai4 hua1	부추 꽃	3	
1358	дикорастущий омежник лежачий	野芹菜 ye3 qin2 cai4	들 미나리	3	
1359	красоднев, лилейник	黄花菜 huang2 hua1 cai4	원추리	3	
1360	полынь	柳蒿/艾蒿 liu3 hao1 /ai4hao1	쑥	3	
1361		桦树蘑 hua4 shu4 mo2	참버섯	3	
1362	подберёзовик	桦树牛肝菌 hua4 shu4 niu2 gan1 jun4	거친껄껄이그물버섯 (자작나무버섯)	3	
1363		木耳 mu4 er3	목이버섯	3	
1364	ежовик гребенчатый	猴头蘑 hou2 tou2 mo2	노루궁둥이버섯	3	
1365	белый гриб		그물버섯	3	
1366	маслята		비단그물버섯	3	
1367	грузди		젖버섯	3	
1368	картофель	土豆 tu3 dou4	감자	3	

번호	러시아어	중국어	한국어		전사
1369	тыква	南瓜 nan2 gua1	호박 (채소의 일종)	3	
1370	огурец	黄瓜 huang2 gua	오이	3	
1371	арбуз	西瓜 xi1 gua1	수박	3	
1372	баклажан	茄子 qie2 zi	가지 (채소의 일종)	3	
1373	дикорастущий зелёный лук	野葱 ye3 cong1	야생 파	3	
1374	красный перец	辣椒 la4 jiao1	고추	3	
1375	фрукты	水果 shui3 guo3	과일	3	
1376	яблоко	苹果 ping2 guo3	사과	3	
1377	ягоды		딸기류의 열매	3	
1378	слива	李子 li3 zi	자두	3	
1379	абрикос	杏 (杏子的 +) xing4 (xing4 zi de +)	살구	3	
1380	персик	桃子 tao2 zi	복숭아	3	
1381	хурма	柿子 (黄色的大柿子) shi4 zi (huang2 se4 de da4 shi4 zi)	감	3	
1382	виноград	葡萄 pu2 tao2	포도	3	
1383	вишня	樱桃 ying1 tao2	체리	3	
1384		山丁子 shan1 ding1 zi	팥배나무 열매	3	
1385	завязываться (о фруктах)	结 (+果实) jie2 (+guo3 shi2)	열리다 (열매가+)	3	
1386	мякина, отруби	粗糠 cu1 kang1	겨 (굵은+)	3	
1387	чан (глиняный)	瓮 (酒瓮的 +) weng4(jiu3 weng4 de +)	독 (항아리)	3	
1388	посуда	餐具 can1 ju4	식기/그릇	3	
1389	тарелка	盘子／碟子 pan2 zi /die2 zi	접시	3	
1390	поднос	托盘 tuo1 pan2	쟁반	3	
1391		杯子 bei1 zi	잔	3	

번호	러시아어	중국어	한국어		전사
1392	чашка	茶碗 cha2 wan3	찻잔	3	
1393	стакан	玻璃杯 bo1 li bei1	유리컵	3	
1394	графин	水瓶 shui3 ping2	물병	3	
1395	чайник	壶 (水壶的 +) hu2 (shui3 hu2 de +)	주전자	3	
1396	миска	碗 (饭碗的 +) wan3 (fan4 wan3 de +)	사발	3	
1397	кувшин	缸 (水缸的 +) gang1 (shui3 gang1 de +)	항아리	3	
1398	банка	罐头 guan4 tou	깡통/작은 유리병	3	
1399	ступка	臼 (淘东西用的 +) jiu4 (tao2 dong1 xi yong4 de +)	절구	3	
1400	кухонный нож	菜刀 cai4 dao1	부엌칼	3	
1401	половник	勺子 shao2 zi	국자	3	
1402	большой котёл	大锅 da4 guo1	가마솥	3	
1403	берестяной туес	桦皮桶 hua4 pi2 tong3	백화수 통 (자작나무 껍질로 만든 통)	3	
1404	кухонное полотенце	抹布 (洗碗的抹布的 +) ma2 bu4 (xi3 wan3 de ma2 bu4 de +)	행주	3	
1405	накладывать (рис в плошку)	盛 (盛饭的 +) cheng2 (cheng2 fan4 de +)	담다 (밥을 용기에 +)	3	
1406	наливать (напр. суп половником)	舀/打 (舀水的 +) yao3 /da3(yao3 shui3 de +)	뜨다 (국/물을 +)	3	
1407	наливать (напр. напитки)	倒 (倒酒的 +) dao4 (dao4 jiu3 de +)	따르다 (술을 +)	3	
1408	животное	动物 dong4 wu4	동물	3	
1409	дикий зверь	野兽 ye3 shou4	야수	3	
1410	самец	公／雄 (公牛的 +) gong1 /xiong2 (gong1 niu2 de +)	수컷	3	
1411	самка	母／雌 (母牛的 +) mu3 /ci2 (mu3 niu2 de +)	암컷	3	
1412	выдра	水獭 shui3 ta3	수달	3	
1413	бобр	河狸 he2 li2	비버	3	

번호	러시아어	중국어	한국어		전사
1414	барсук	獾子 huan1 zi	오소리	3	
1415	дикая кошка	山猫 shan1 mao1	살쾡이	3	
1416	антилопа	羚羊 ling2 yang2	영양(羊)	3	
1417	бурундук	松鼠 song1 shu3	다람쥐	3	
1418	белка	灰鼠 hui1 shu3	청설모	3	
1419	белка-летяга	鼯鼠 wu2 shu3	날다람쥐	3	
1420		艾虎 ai4 hu3	땅족제비	3	
1421	крот	田鼠 tian2 shu3	두더지	3	
1422	росомаха	貉子 hao2 zi	너구리	3	
1423	лось	驼鹿 tuo2 lu4	타록 (말코손 바닥사슴)	3	
1424	марал	马鹿 마록	마록	3	
1425	охота	打猎 da3 lie4	사냥	3	
1426	дракон	龙 (动物的 +) long2 (dong4 wu4 de +)	용	3	
1427	слон	大象 da4 xiang4	코끼리	3	
1428	слоновая кость	象牙 xiang4 ya2	상아	3	
1429	лев	狮子 (狮子老虎的 +) shi1 zi (shi1 zi lao3 hu3 de +)	사자	3	
1430	леопард	豹子 (动物的 +) bao4 zi (dong4 wu4 de +)	표범	3	
1431	обезьяна	猴子 hou2 zi	원숭이	3	
1432	ёж	刺猬 ci4 wei	고슴도치	3	
1433	мышь	小老鼠 xiao3 lao3 shu3	생쥐	3	
1434	грызть	啃 (啃骨头的 +) ken3 (ken3 gu3 tou de +)	갉아먹다	3	
1435	прогрызать	打洞 da3 dong4	쏠다 (쥐가+)	3	
1436	летучая мышь	蝙蝠 bian1 fu2	박쥐	3	

번호	러시아어	중국어	한국어		전사
1437	конь (самец)	公马 gong1 ma3	수말	3	
1438	кобыла	母马 mu3 ma3	암말	3	
1439	мерин	去势马/骟马 qu4 shi4 ma3 /shan4 ma3	거세마	3	
1440	верховая лошадь	乘用马 cheng2 yong4 ma3	승용마	3	
1441	жеребёнок	马驹子 ma3 ju1 zi	망아지	3	
1442	табун лошадей	马群 ma3 qun2	말떼	3	
1443	грива	鬃毛 zong1 mao2	갈기	3	
1444	клеймо (напр. на лошадей)	马印 (记号) ma3 yin4 (ji4 hao4)	낙인	3	
1445	копыто	蹄子 (马蹄子的＋) ti2 zi (ma3 ti2 zi de ＋)	발굽	3	
1446	лапа	爪子 (动物的＋) zhua3 zi (dong4 wu4 de＋)	발 (짐승의＋)	3	
1447	коготь	爪指甲 (动物的＋) zhao3 zhi jia (dong4 wu4 de＋)	발톱 (짐승의＋)	3	
1448	вымя	乳房 (动物的＋) ru3 fang2 (dong4 wu4 de＋)	유방 (짐승의＋)	3	
1449	нора (диких зверей)	窝 (野生动物的＋) wo1 (ye3 sheng1 dong4 wu4 de＋)	움 (야생동물의＋)	3	
1450	конюшня	马棚 ma3 peng2	마구간	3	
1451	хлев	牛棚 niu2 peng2	외양간	3	
1452	осёл	驴 (毛驴的＋) lv2 (mao2 lv2 de ＋)	당나귀	3	
1453	мул	骡子 luo2 zi	노새	3	
1454	кастрированный бык	犍牛 jian1 niu2	거세우	3	
1455	бык	黄牛 huang2 niu2	황소	3	
1456	корова (самка)	母牛 mu3 niu2	암소	3	
1457	бык-производитель	种牛 zhong3 niu2	종자 소	3	
1458	телёнок	牛犊 niu2 du2	송아지	3	
1459	дойная корова	奶牛 nai3 niu2	젖소	3	

번호	러시아어	중국어	한국어		전사
1460	баран	公绵羊 gong1 mian2 yang2	숫양	3	
1461	овца (самка)	雌羊／母羊 ci2 yang2 /mu3 yang2	암양	3	
1462	баран-производитель	种绵羊 zhong3 mian2 yang2	종자 면양	3	
1463	ягнёнок	绵羊羔 mian2 yang2 gao1	새끼 면양	3	
1464	козёл	公山羊 gong1 shan1 yang2	숫염소	3	
1465	коза (самка)	雌山羊／母山羊 ci2 shan1 yang2 /mu3 shan1 yang2	암염소	3	
1466	козёл-производитель	种山羊 zhong3 shan1 yang2	종자 염소	3	
1467	козлёнок	山羊羔 shan1 yang2 gao1	새끼 염소	3	
1468	верблюд	骆驼 luo4 tuo	낙타	3	
1469	верблюд (самец)	公驼 gong1 tuo2	수낙타	3	
1470	верблюд (самка)	母驼 mu3 tuo2	암낙타	3	
1471	верблюд-производитель	种驼 zhong3 tuo2	종자 낙타	3	
1472	верблюжонок	驼羔 tuo2 gao1	새끼 낙타	3	
1473	щенок	小狗 xiao3 gou3	강아지	3	
1474	разводить (животных)	饲养 si4 yang3	기르다 (짐승을+)	3	
1475	выращивать	栽培 (+植物) zai1 pei2 (+ zhi2 wu4)	키우다/ 재배하다 (식물을+)	3	
1476	пасти	放牧 fang4 mu4	방목하다	3	
1477	питаться травой	吃 (吃草的+) chi1 (chi1 cao3 de +)	먹다 (풀을+)	3	
1478	вынашивать детёныша (животное)	怀胎 (牲畜) huai2 tai1 (sheng1 chu4)	수태하다 (동물이+)	3	
1479	помёт	粪 (动物的) fen4 (dong4 wu4 de)	똥 (동물의+)	3	
1480	петух	公鸡 (大公鸡的+) gong1 ji1 (da4 gong1 ji1 de +)	수탉	3	
1481	курица (самка)	母鸡 mu3 ji1	암탉	3	

번호	러시아어	중국어	한국어		전사
1482	цыплёнок	鸡崽儿 ji1 zai3r	병아리	3	
1483	птенец	小鸟儿 xiao3 niao3r	새끼 새	3	
1484	журавль	鹤 (丹顶鹤的 +) he4 (dan1 ding3 he4 de +)	학/두루미	3	
1485	дикий гусь	雁 (大雁的 +) yan4 (da4 yan4 de +)	기러기	3	
1486	утка	鸭子 ya1 zi	오리	3	
1487	дикая утка	野鸭 ye3 ya1	물오리	3	
1488	домашняя утка	家鸭 jia1 ya1	집오리	3	
1489	гусь	鹅 (大鹅的 +) e2 (da4 e2 de +)	거위	3	
1490	ворона	乌鸦 wu1 ya1	까마귀	3	
1491	ворон	燕乌 yan4 wu1	갈까마귀	3	
1492	орёл	雕 (大雕的 +) diao1 (da4 diao1 de +)	독수리	3	
1493	дятел	啄木鸟 zhuo2 mu4 niao3	딱따구리	3	
1494	филин	猫头鹰 mao1 tou2 ying1	부엉이	3	
1495	сова	鸱鸮 chi1 xiao1	올빼미	3	
1496	воробей	麻雀 ma2 que4	참새	3	
1497	ласточка	燕子 yan4 zi	제비 (燕)	3	
1498	лебедь	天鹅 tian1 e2	백조	3	
1499	голубь	鸽子 ge1 zi	비둘기	3	
1500	сорока	喜鹊 xi3 que	까치	3	
1501	кукушка	杜鹃鸟/布谷鸟 du4 juan1 niao3 /bu4 gu3 niao3	두견새/ 뻐꾸기	3	
1502	глухарь	棒鸡 bang4 ji1	멧닭	3	
1503	перо (птичье)	羽毛 yu3 mao2	깃털	3	
1504	клюв	嘴 (鸟儿的 +) zui3 (niao3r de +)	부리	3	

번호	러시아어	중국어	한국어		전사
1505	мелкие рыбьи кости	鱼刺 yu2 ci4	가시 (물고기의 +)	3	
1506	кит	鲸鱼 jing1 yu2	고래	3	
1507	сазан, карп	鲤鱼 li3 yu2	잉어	3	
1508	карась	鲫鱼 ji4 yu2	붕어	3	
1509	сом	鲶鱼 nian2 yu2	메기	3	
1510	щука	狗鱼 gou3 yu2	창꼬치	3	
1511	раковина	贝 (贝壳的 +) bei4 (bei4 ke2 de +)	조개	3	
1512	креветка	虾 (龙虾的 +) xia1 (long2 xia1 de +)	새우	3	
1513	краб	螃蟹 pang2 xie4	게	3	
1514	рак	刺蛄 ci4 gu1	가재	3	
1515	плавник	鳍 (鱼鳍的 +) qi2 (yu2 qi2 de +)	지느러미	3	
1516	жабры	鱼鳃 yu2 sai1	아가미	3	
1517	чешуя	鱼鳞 yu2 lin2	비늘	3	
1518	пчела	蜜蜂/蜂 mi4 feng1	꿀벌/벌	3	
1519	оса	土蜂 tu3 feng1	땅벌	3	
1520	бабочка	蝴蝶 hu2 die2	나비	3	
1521	паук	蜘蛛 zhi1 zhu1	거미	3	
1522	муха	苍蝇 cang1 ying	파리	3	
1523	вошь	虱子 (头发上起虱子了的 +) shi1 zi (tou2 fa shang4 qi3 shi1 zi le de +)	이 (벌레의 일종)	3	
1524	клоп	臭虫 chou4 chong2	빈대	3	
1525	блоха	跳蚤 tiao4 zao3	벼룩	3	
1526	ящерица	蜥蜴/爬山虎 xi1 yi4 /pa2 shan1 hu3	도마뱀	3	
1527	древесная лягушка, квакша	青蛙 qing1 wa1	청개구리	3	

번호	러시아어	중국어	한국어		전사
1528	черепаха	乌龟 wu1 gui1	거북이	3	
1529	стрекоза	蜻蜓 qing1 ting2	잠자리	3	
1530	сверчок	蟋蟀 xi1 shuai4	귀뚜라미	3	
1531	кузнечик	蝈蝈 guo1 guo	여치	3	
1532	саранча	蚂蚱 ma4 zha	메뚜기	3	
1533	многоножка	蜈蚣 wu2 gong1	지네	3	
1534	дождевой червь	蚯蚓 qiu1 yin3	지렁이	3	
1535	личинка	蛆虫 qu1 chong2	구더기	3	
1536	шелковичный червь	蚕 (动物的 +) can2 (dong4 wu4 de +)	누에	3	
1537	кокон	茧儿 (蚕茧的 +) jian3r (can2 jian3 de +)	고치 (누에+)	3	
1538	ночная бабочка	蛾子 e2 zi	나방	3	
1539	вяз	榆树 yu2 shu4	느릅나무	3	
1540	кипарис	杉树 shan1 shu4	삼나무	3	
1541	бамбук	竹子 zhu2 zi	대나무	3	
1542	старое дерево	枯木 ku1 mu4	고목	3	
1543	тростник	芦苇 lu2 wei3	갈대	3	
1544	стебель	茎 (植物主干的 +/草茎的 +) jing1(zhi2 wu4 zhu3 gan4 de +/cao3 jing1 de +)	줄기(식물의 +)	3	
1545	лоза	蔓 (瓜蔓的 +) wan4 (gua1 wan4 de +)	덩굴/넝쿨	3	
1546	колос	穗 (麦穗的 +) sui4 (mai4 sui4 de +)	이삭	3	
1547	шип	刺儿 (玫瑰刺儿的 +) ci4r (mei2 gui ci4r de +)	가시 (식물의 +)	3	
1548	росток	芽 (发芽的 +) ya2 (fa1 ya2 de +)	싹	3	
1549	бутон	花骨朵儿 hua1 gu1 duor	꽃봉오리	3	
1550	драгоценный камень	宝石 bao3 shi2	보석	3	

번호	러시아어	중국어	한국어		전사
1551	сталь	钢 (钢铁的 +) gang1 (gang1 tie3 de +)	강철	3	
1552	свинец	铅 (铅笔铅的 +) qian1 (qian1 bi3 qian1 de +)	납	3	
1553	яшма	玉 yu4	옥	3	
1554	агат	玛瑙 ma3 nao3	마노	3	
1555	стекло	玻璃 bo1 li2	유리	3	
1556	олово	锡 (锡箔的 +) xi1 (xi1 bo2 de +)	주석 (朱錫)	3	
1557	бронза	青铜 qing1 tong2	청동	3	
1558	уголь	煤 (煤炭的 +) mei2 (mei2 tan4 de +)	석탄	3	
1559	сторона	边儿 (左边儿的 +) bian1r (zuo3 bian1r de)	쪽	3	
1560	обе стороны	两边/双方 liang3 bian1 /shuang1 fang1	양쪽/쌍방	3	
1561	одна сторона	一方 yi4 fang1	한쪽	3	
1562	внутрь	往里 wang3 li3	안으로	3	
1563	наружу	往外 wang3 wai4	밖으로	3	
1564	центральная часть	中心/中央 zhong1 xin1 /zhong1 yang1	중심/중앙	3	
1565	середина	中间 zhong1 jian1	중간	3	
1566	вверх	往上 wang3 shang4	위로	3	
1567	вниз	往下 wang3 xia4	아래로	3	
1568	левый	左 (左边的 +) zuo3 (zuo3 bian de +)	왼	3	
1569	правый	右 (右边的 +) you4 (you4 bian de +)	오른	3	
1570	эта сторона	这边 zhe4 bian	이쪽	3	
1571	та сторона	那边 na4 bian	저쪽/그쪽	3	
1572	там и сям	处处/各处 chu4 chu4 /ge4 chu4	여기저기	3	
1573	везде, всюду	到处 dao4 chu4	곳곳	3	

번호	러시아어	중국어	한국어		전사
1574	напротив	对面 dui4 mian4	맞은편	3	
1575	поблизости	附近 fu4 jin4	부근	3	
1576	близко	近 (贴近点儿的 +) jin4 (tie1 jin4 dian3r de +)	가까이	3	
1577	край	边儿/端 bian1r /duan1	가장자리	3	
1578	форма, образ	形态 xing2 tai4	형태	3	
1579	вид	样子 yang4 zi	모양	3	
1580	кончик	尖儿 (树尖儿的 +) jian1r (shu4 jian1r de +)	끝 (尖)	3	
1581	вокруг	在～周围 (在党的周围的 +) zai4 zhou1 wei2 (zai4 dang3 de zhou1 wei2 de +)	주위에	3	
1582	дно	底 (井底的 +) di3 (jing3 di3 de +)	바닥	3	
1583	круг	圆 (围成一个圆的 +) yuan2 (wei2 cheng2 yi2 ge4 yuan2 de +)	동그라미	3	
1584	линия	线 (一条线的 +) xian4 (yi4 tiao2 xian4 de)	선 (線)	3	
1585	отметка	标志 biao1 zhi4	표시	3	
1586	точка	点儿 (斑点儿的 +) dian3r (ban1 dian3r de +)	점	3	
1587	граница	边界 bian1 jie4	경계	3	
1588	направление	方向 fang1 xiang4	방향	3	
1589	по дороге	半道儿上 ban4 dao4r shang	도중에/ 중도에	3	
1590	вершина	顶 (屋顶的 +) ding3 (wu1ding3 de +)	꼭대기/정상	3	
1591	угол (напр. в углу комнаты)	角落 jiao3 luo4	구석	3	
1592	угол (напр. на углу улиц)	角儿 (墙角儿的 +) jiao3r (qiang2 jiao3r de +)	모퉁이	3	
1593	угол (напр. прямой угол)	角 (直角的 +) jiao3 (zhi2 jiao3 de +)	각	3	
1594	прямая линия	直线 zhi2 xian4	직선	3	
1595	кривая линия	曲线 qu1 xian4	곡선	3	
1596	выход	出口 (紧急出口的 +) chu1 kou3 (jin3 ji2 chu1 kou3 de +)	출구	3	

번호	러시아어	중국어	한국어		전사
1597	вход	入口 ru4 kou3	입구	3	
1598	цифра	数字 shu4 zi4	숫자	3	
1599	номер	号/号码 hao4 /hao4 ma3	번호	3	
1600	число	数 (数量的+) shu4 (shu4 liang4 de +)	수	3	
1601	количество	数量 shu4 liang4	양 (量)	3	
1602	одиннадцать	十一 shi2 yi1	십일	3	
1603	двенадцать	十二 shi2 er4	십이	3	
1604	четырнадцать	十四 shi2 si4	십사	3	
1605	шестнадцать	十六 shi2 liu4	십육	3	
1606	семнадцать	十七 shi2 qi1	십칠	3	
1607	восемнадцать	十八 shi2 ba1	십팔	3	
1608	девятнадцать	十九 shi2 jiu3	십구	3	
1609	двадцать один	二十一 er4 shi2 yi1	이십일	3	
1610	двести	二百 er4 bai3	이백	3	
1611	триста	三百 san1 bai3	삼백	3	
1612	две тысячи	两千 liang3 qian1	이천	3	
1613	три тысячи	三千 san1 qian1	삼천	3	
1614	сто тысяч	十万 shi2 wan4	십만	3	
1615	миллион	一百万 yi4 bai3 wan4	백만	3	
1616	десять миллионов	一千万 yi4 qian1 wan4	천만	3	
1617	сто миллионов	一亿 yi2 yi4	억	3	
1618	миллиард	十亿 shi2 yi4	십억	3	
1619	десять миллиардов	一百亿 yi4 bai3 yi4	백억	3	

번호	러시아어	중국어	한국어		전사
1620	какой по порядку	第几 di4 ji3	몇 번째	3	
1621	третий	第三 di4 san1	셋째	3	
1622	четвёртый	第四 di4 si4	넷째	3	
1623	пятый	第五 di4 wu3	다섯째	3	
1624	десятый	第十 di4 shi2	열번째	3	
1625	одиннадцатый	第十一 di4 shi2 yi1	열한번째	3	
1626	двадцатый	第二十 di4 er4 shi2	스무번째	3	
1627	тридцатый	第三十 di4 san1 shi2	서른번째	3	
1628	сороковой	第四十 di4 si4 shi2	마흔번째	3	
1629	следующий	下次 xia4 ci4	다음 번	3	
1630	два человека	两个人/俩人 liang3 ge ren2 /lia3 ren2	두 사람	3	
1631	три человека	仨人/三个人 sa1 ren2 /san1 ge ren2	세 사람	3	
1632	три раза	三次 san1 ci4	세 번	3	
1633	дважды	倍 (2倍的＋) bei4 (liang3 bei4 de ＋)	곱	3	
1634	по три	各三个 ge4 san1 ge	세 개씩	3	
1635	двадцать с лишним	二十多 er4 shi duo1	이십 여	3	
1636	тридцать с лишним	三十多 san1 shi duo1	삼십 여	3	
1637	сорок с лишним	四十多 si4 shi duo1	사십 여	3	
1638	делить пополам	对半分 dui4 ban4 fen1	반분하다	3	
1639	(одна) треть	三分之一 san1 fen1 zhi1 yi1	삼분의 일	3	
1640	(одна) четверть	四分之一 si4 fen1 zhi1 yi1	사분의 일	3	
1641	две шестых	六分之二 liu4 fen1 zhi1 er4	육분의 이	3	
1642	очень много	许多 xu3 duo1	아주 많다	3	

번호	러시아어	중국어	한국어		전사
1643	очень мало	很少／一点儿 hen3 shao3 /yi4 dian3r	아주 적다	3	
1644	пара	对儿／套／双 dui4r /tao4 /shuang1	짝／쌍	3	
1645	одна пара	一双 yi4 shuang1	한 쌍	3	
1646		趟／次 tang4 /ci4	번／차례／횟수	3	
1647	раз		번／배 (倍)	3	
1648	ноль, нуль	零 (一百零二的 +) ling2 (yi4 bai3 ling2 er4 de +)	영	3	
1649	расстояние	距离 ju4 li2	거리 (距離)	3	
1650	прочность	强度／强弱 qiang2 du4 /qiang2 ruo4	세기／강약	3	
1651	температура	温度 wen1 du4	온도	3	
1652	скорость	速度／快慢 su4 du4 /kuai4 man4	속도	3	
1653	этаж	层 (二层楼的 +) ceng2 (er4 ceng2 lou2 de +)	층 (건물의 +)	3	
1654	пядь	拃 (一拃宽的 +) zha3 (yi4 zha3 kuan1 de +)	뼘／장뼘	3	
1655		寸 (一寸长的 +) cun4 (yi2 cun4 chang2 de +)	치／촌	3	
1656		尺 (尺子的 +) chi3 (chi3 zi de +)	자	3	
1657	сажень (мера длины)		사젠 (러시아 길이 단위)	3	
1658	аршин (мера длины)		아르신 (러시아 길이 단위)	3	
1659		庹 (一庹远的 +) tuo3 (yi4 tuo3 yuan3 de +)	발 (단위)	3	
1660		丈 (一丈远的 +) zhang4 (yi2 zhang4 yuan3 de +)	장 (丈)	3	
1661		亩 (一亩地的 +) mu3 (yi4 mu3 di4 de +)	무 (畝)	3	
1662		升 (一升油的 +) sheng1 (yi4 sheng1 you2 de +)	되 (升)	3	
1663		斗 (一斗米的 +) dou3 (yi4 dou3 mi3 de +)	말 (斗)	3	
1664	мера (мера объёма)		메라 (러시아 용적 단위)	3	
1665	гарнец (мера объёма)		가르네츠 (러시아 용적 단위)	3	

번호	러시아어	중국어	한국어		전사
1666		斤 (一斤菜的 +) jin1 (yi4 jin1 cai4 de +)	근 (斤)	3	
1667		贯 (一贯钱的 +) guan4 (yi2 guan4 qian2 de +)	관 (貫)	3	
1668	пуд (мера веса)		푸드 (러시아 무게 단위)	3	
1669	лот (мера веса)		로트 (러시아 무게 단위)	3	
1670		坪 (几坪的房子的 +) ping2 (ji3 ping2 de fang2 zi de +)	평 (坪)	3	
1671	десятина (мера площади)		제샤찌나 (러시아 면적 단위)	3	
1672		块／元 (一块钱的 +) kuai4 /yuan2 (yi2 kuai4 qian2 de+)	원 (화폐 단위)	3	
1673		分 (一分钱的 +) fen1 (yi4 fen1 qian2 de +)	전 (화폐 단위)	3	
1674	рубль (денежная единица)		루블 (러시아 화폐 단위)	3	
1675	копейка (денежная единица)		코페이카 (러시아 화폐 단위)	3	
1676	избыток	多余 duo1 yu2	여분	3	
1677	целое	全体 quan2 ti3	전체	3	
1678	часть	部分 bu4 fen	부분	3	
1679	примерно	大约 da4 yue1	대략	3	
1680	около (пяти)	约 (+五) yue1 (+ wu3)	약 (+다섯)	3	
1681	Зачем (вы пришли?)	来做什么? lai2 zuo4 shen2 me	뭐하러 (+ 왔습니까?)	3	
1682	кто-то	有人 (有人来了的 +) you3 ren2 (you3 ren2 lai2 le de +)	누구인가	3	
1683	что-то	有什么 (那儿好像有什么的 +) you3 shen2 me (na4r hao3 xiang4 you3 shen2 me de +)	무엇인가	3	
1684	такой, как этот	这样的 (这样的形状的 +) zhe4 yang4 de (zhe4 yang4 de xing2 zhuang4 de+)	이러한	3	
1685	такой	那样的 (那样的形状的 +) na4 yang4 de (na4 yang4 de xing2 zhuang4 de +)	그러한/ 저러한	3	
1686	таков(а, о, ы)	这样/那样 zhe4 yang4 /na4 yang4	이렇다/그렇 다	3	

번호	러시아어	중국어	한국어		전사
1687	как это (Сделайте как это.)	这样做/这么做 zhe4 yang4 zuo4 /zhe4 me4 zuo4	이렇게 (+ 하세요)	3	
1688	так (Сделайте так.)	那样做/那么做 na4 yang4 zuo4 /na4 me zuo4	그렇게/ 저렇게 (+ 하세요)	3	
1689	для себя	为了自己 wei4 le4 zi4 ji3	자기 (+를 위해)	3	
1690	каждый	各 (各自的 +) ge4 (ge4 zi4 de +)	각각	3	
1691	очень большой	很大 hen3 da4	매우 크다	3	
1692	очень маленький	很小 hen3 xiao3	매우 작다	3	
1093	медлительный	迟缓 (行动迟缓的 +) chi2 huan3 (xing2 dong4 chi2 huan3 de +)	느리다 (행동이 +)	3	
1694	тепловатый	温 (温水的 +) wen1 (wen1 shui3 de +)	미지근하다	3	
1695	влажный, сырой	潮湿 chao2 shi1	눅눅하다/ 축축하다	3	
1696	тёплый	暖和 nuan3 huo	따뜻하다	3	
1697	прохладный	凉快 liang2 kuai	시원하다	3	
1698	древний	旧的 jiu4 de	옛날의 (것)	3	
1699	нехороший	不好 bu4 hao3	좋지 않다	3	
1700	добрый	善 (善良的 +) shan4 (shan4 liang2 de +)	착하다	3	
1701	злой	恶 (恶毒的 +) e4 (e4 du2 de +)	악하다	3	
1702	трудный (напр. положение)	困难 kun4 nan	곤란하다	3	
1703	подходящий	合适/适合/适宜 he2 shi4 /shi4 he2 /shi4 yi2	맞다/알맞다/ 적당하다	3	
1704	неподходящий	不合适 bu2 he2 shi4	알맞지 않다	3	
1705	просторный	广阔 guang3 kuo4	넓다 (면적)	3	
1706	тесный	狭窄 xia2 zhai3	좁다 (면적)	3	
1707	выгодный	好处 hao3 chu4	이롭다	3	
1708	прочный	结实 jie1 shi	튼튼하다/ 견고하다	3	
1709	толстый (напр. человек)	肥/胖 fei2 /pang4	뚱뚱하다/ 살찌다	3	

번호	러시아어	중국어	한국어		전사
1710	худой (о животном)	瘦 (动物瘦的 +) shou4 (dong4 wu4 shou4 de +)	마르다 (동물이 +)	3	
1711	худой (о человеке)	瘦 (人瘦的 +) shou4 (ren2 shou4 de +)	마르다 (사람이 +)	3	
1712	полный (напр. стакан)	满 (装满的 +) man3 (zhuang1 man3 de +)	가득하다	3	
1713	пустой (напр. дом)	空 (空房间的 +) kong1 xu1 (kong1 fang2 jian1 de+)	빈 (+집)	3	
1714	трудолюбивый	勤快 qin2 kuai	부지런하다	3	
1715	ленивый	懒/懒惰 lan3 /lan3 duo4	게으르다	3	
1716	важный	重要 zhong4 yao4	중요하다	3	
1717	обычный	普通 pu3 tong1	보통이다	3	
1718	особенный	特别 te4 bie2	특별하다	3	
1719	цвет	颜色/色彩 yan2 se4 /se4 cai3	색깔	3	
1720	голубой	天蓝色 tian1 lan2 se4	하늘색의	3	
1721	тёмно-синий	深蓝色 shen1 lan2 se4	남색의	3	
1722	красно-фиолетовый	紫色 zi3 se4	자주색의	3	
1723	фиолетовый	藕荷色 ou3 he2 se4	보라색의	3	
1724	розовый	粉红色 fen3 hong2 se4	분홍색의	3	
1725	светло-розовый	桃红色 tao2 hong2 se4	연분홍색의	3	
1726	серый	灰色 hui1 se4	회색의	3	
1727	коричневый	茶色 cha2 se4	갈색의	3	
1728	острый (напр. копьё)	尖 (尖下巴的 +) jian1 (jian1 xia4 ba de +)	뾰족하다	3	
1729	острый (напр. нож)	锐 (锐利的 +) rui4 (rui4 li4 de +)	날카롭다	3	
1730	тупой	钝 (刀钝了的 +) dun4 (dao1 dun4 le de +)	무디다	3	
1731	круглый	圆 (圆脸的 +) yuan2 (yuan2 lian3 de +)	둥글다	3	
1732	квадратный	方 (方块的 +) fang1 (fang1 kuai4r de)	네모지다	3	

번호	러시아어	중국어	한국어		전사
1733	кривой	歪 (歪斜的 +) wai1 (wai1 xie2 de +)	비뚤다	3	
1734	косой	斜 (歪斜的 +) xie2 (wai1 xie2 de +)	기울다/ 비스듬하다	3	
1735	горизонтальный	横 (人行横道的 +) heng2 (ren2 xing2 heng2 dao4 de +)	가로의	3	
1736	вертикальный	竖 (竖直的 +) shu4 (shu4 zhi2 de +)	세로의	3	
1737	ровный	平 (平面的 +) ping2 (ping2 mian4 de +)	평평하다	3	
1738	крутой (напр. берег)	陡 (陡坡的 +) dou3 (dou3 po1 de +)	가파르다/ 험하다	3	
1739	пологий	缓 (缓坡的 +) huan3(huan3 po1 de+)	완만하다	3	
1740	скользкий	滑 (地很滑的 +) hua2 (di4 hen3 hua2 de +)	미끄럽다	3	
1741	грубый	粗 (表面很粗糙的 +) cu1 (biao3 mian4 hen3 cu1 cao1 de +)	거칠다	3	
1742	буйный	强暴/粗暴 qiang2 bao4 /cu1 bao4	난폭하다	3	
1743	мягкий (напр. климат)	温和 (态度温和+) wen1 he2 (tai4 du4 wen1 he2 +)	온화하다	3	
1744	нежный	柔软 (布料柔软的 +) rou2 ruan3 (bu4 liao4 rou2 ruan3 de +)	유연하다	3	
1745	гладкий	光滑 (皮肤光滑的 +) guang1 hua2 (pi2 fu1 guang1 hua2 de +)	매끄럽다	3	
1746	плотный	稠密 chou2 mi4	조밀하다	3	
1747	редкий	稀少 xi1 shao3	드물다	3	
1748	густой	浓 (浓烟的 +) nong2 (nong2 yan1 de +)	되다 (濃)/짙 다	3	
1749	симпатичный	好看 hao3 kan4	보기좋다/ 잘생겼다	3	
1750	милый	可爱 ke3 ai4	귀엽다	3	
1751	уродливый	丑 (丑陋的 +) chou3 (chou3 lou4 de +)	추하다	3	
1752	нетугой	松 (放松的 +) song1 (fang4 song1 de +)	느슨하다	3	
1753	натянутый (напр. канат)	紧 (勒紧的 +) jin3 (lei1 jin3 de +)	팽팽하다	3	
1754	выпуклый	凸 (凸出来的 +) tu1 (tu1 chu1 lai2 de +)	볼록하다	3	
1755	вогнутый	凹 (凹下去的 +) ao1 (ao1 xia4 qu de +)	오목하다	3	

번호	러시아어	중국어	한국어		전사
1756	усталый	累 (我累了的 +) lei4 (wo3 lei4 le de +)	피곤하다	3	
1757	чесаться (У меня спина чешется.)	痒 (瘙痒的 +)/刺挠 yang3 (sao1 yang3 de +) /ci4 nao	가렵다 (나는 등이 +)	3	
1758	щекотно	发痒 fa1 yang3	간지럽다	3	
1759	верный	实在/老实 shi2 zai4 /lao3 shi	참되다	3	
1760	жалкий	可怜 ke3 lian2	불쌍하다	3	
1761	славный (напр. победа)	光荣 guang1 rong2	영광스럽다	3	
1762	великий (напр. Великая отечественная война)	伟大 wei3 da4	위대하다	3	
1763	точный	正确 zheng4 que4	정확하다	3	
1764	достоверный	确实 que4 shi2	확실하다	3	
1765	правильный	对 (你说的对的 +) dui4 (ni3 shuo1 de dui4 de +)	맞다	3	
1766	неправильный	不对/错 bu2 dui4 /cuo4	틀리다	3	
1767	подобный (напр. ответ)	差不多 cha4 bu4 duo1	비슷하다	3	
1768	удачный	幸运/运气好 xing4 yun4 /yun4 qi hao3	운 좋다	3	
1769	неудачный	运气不好 yun4 qi bu4 hao3	운 나쁘다	3	
1770	бесстрашный	大胆 da4 dan3	대담하다	3	
1771	трусливый	卑鄙 (卑鄙小人的 +) bei1 bi3 (bei1 bi3 xiao3 ren2 de +)	비겁하다	3	
1772	боязливый	胆小 dan3 xiao3	겁이 많다	3	
1773	скупой	小气 xiao3 qi	인색하다	3	
1774	щедрый	厚道 hou4 dao	후하다	3	
1775	великодушный	宽容 kuan1 rong2	너그럽다	3	
1776	любезный	亲切 qin1 qie4	친절하다	3	
1777	хитрый	狡猾 jiao3 hua2	교활하다	3	

번호	러시아어	중국어	한국어		전사
1778	наивный	纯真 chun2 zhen1	순진하다	3	
1779	умелый	熟练 shu2 lian4	능숙하다	3	
1780	неумелый	不熟练 bu4 shu2 lian4	서투르다	3	
1781	нетерпеливый	性急 xing4 ji2	성급하다	3	
1782	солидный	斯文 si1 wen	점잖다	3	
1783	строгий	严格/严 yan2 ge2 /yan2	엄격하다	3	
1784	шумный	嘈杂/吵闹 cao2 za2 /chao3 nao4	시끄럽다	3	
1785	тихий	安静/静 an1 jing4 /jing4	조용하다	3	
1786	скучный	冗长 rong3 chang2	지루하다	3	
1787	безопасный	安全 an1 quan2	안전하다	3	
1788	передовой	领先 (技术领先的 +)/先进 ling3 xian1 (ji4 shu4 ling3 xian1 de +) /xian1 jin4	앞서다	3	
1789	отсталый	落后 luo4 hou4	뒤떨어지다	3	
1790	мелкий (напр. песок)	细碎/细 xi4 sui4 /xi4	잘다	3	
1791	сонный	发困 fa1 kun4	졸리다	3	
1792	стыдный	惭愧/羞愧 can2 kui4 /xiu1 kui4	부끄럽다	3	
1793	голый	裸体 luo3 ti3	벌거숭이의/ 알몸의	3	
1794	отдельный	分别 (分别放起来的 +) fen1 bie2 (fen1 bie2 fang4 qi3 lai2 de +)	각각/따로	3	
1795	удобный	方便 fang1 bian4	편리하다	3	
1796	спокойный	平安 ping2 an1	평안하다	3	
1797	простой	简单/单纯 jian3 dan1 /dan1 chun2	간단하다	3	
1798	сложный	复杂 fu4 za2	복잡하다	3	
1799	различный	种种/各种 zhong3 zhong3 /ge4 zhong3	각종/다양하 다	3	
1800	странный	奇怪 qi2 guai4	이상하다	3	

번호	러시아어	중국어	한국어		전사
1801	безразличный	不在意 bu2 zai4 yi4	상관없다	3	
1802	отличный	优秀 you1 xiu4	우수하다	3	
1803	резкий (напр. ветер)	激烈 ji1 lie4	격렬하다/ 심하다	3	
1804	жестокий	苛刻 (条件苛刻的 +) ke1 ke4 (tiao2 jian4 ke1 ke4 de+)	가혹하다	3	
1805	незрелый (напр. поступок)	幼小 you4 xiao3	어리다	3	
1806	ослепительный	耀眼 yao4 yan3	눈부시다	3	
1807	приятный	愉快/快活 yu2 kuai4 /kuai4 huo2	유쾌하다	3	
1808	смешной	可笑 ke3 xiao4	우습다	3	
1809	одинокий	寂寞 ji4 mo4	외롭다	3	
1810	грустный	忧郁 you1 yu4	우울하다	3	
1811	близкий (напр. друг)	亲密 qin1 mi4	친하다	3	
1812	неясный	模糊 (照片模糊的 +) mo2 hu (zhao4 pian4 mo2 hu de +)	모호하다	3	
1813	ясный (напр. ответ)	清楚 qing1 chu	뚜렷하다	3	
1814	подозрительный	可疑 (行为可疑的 +) ke3 yi2 (xing2 wei2 ke3 yi2 de +)	수상하다	3	
1815	сомнительный	怀疑 (有值得怀疑的地方的 +) huai2 yi2 (you3 zhi2 de3 huai2 yi2 de di4 fang de +)	미심쩍다	3	
1816	известный	有名/出名 you3 ming2 /chu1 ming2	유명하다	3	
1817	любимый	喜欢/爱 xi3 huan /ai4	좋아하는	3	
1818	принимать	接受 jie1 shou4	받아들이다	3	
1819	умолять	恳请/恳求 ken3 qing3 /ken3 qiu2	간청하다	3	
1820	требовать	要求 yao1 qiu2	요구하다	3	
1821	встречать (напр. гостей)	迎接 ying2 jie1	맞이하다	3	
1822	провожать	送行 song4 xing2	배웅하다	3	
1823	водить (быть проводником)	引导 (我引导你们去的 +) yin3 dao3 (wo3 yin3 dao3 ni3 men qu de +)	안내하다	3	

번호	러시아어	중국어	한국어		전사
1824	завертывать, упаковывать	包 (包装的 +) bao1 (bao1 zhuang1 de +)	싸다/포장하다	3	
1825	подражать	模仿/仿效 mo2 fang3 /fang3 xiao4	모방하다/흉내내다	3	
1826	двигать (напр. большой камень)	搬动 (搬动石头的 +) ban1 dong4 (ban1 dong4 shi2 tou de +)	움직이다 (바위를 +)	3	
1827	считать (кого-л. хорошим человеком)	认为 ren4 wei2	여기다	3	
1828	болтать	喋喋 (喋喋不休的 +) die2 die2 (die2 die2 bu4 xiu1 de +)	지껄이다	3	
1829	осознавать	领会 ling3 hui4	깨닫다	3	
1830	пожимать плечами	耸 (耸肩的 +) song3 (song3 jian1 de +)	으쓱하다 (어깨를 +)	3	
1831	предлагать	劝 (劝说的 +) quan4 (quan4 shuo1 de +)	권하다	3	
1832	кричать	喊 (喊叫的 +) han3 (han3 jiao4 de +)	외치다	3	
1833	быть осторожным, остерегаться (напр. автомобиля)	小心 xiao3 xin1	조심하다	3	
1834	останавливаться (в гостинице)	呆 (我在北京呆了十年的 +) dai1 (wo3 zai4 bei3 jing1 dai1 le shi2 nian2 de+)	묵다	3	
1835	оставаться	留 (留在家里的 +) liu2(liu2 zai4 jia1 li3 de+)	머무르다/남다	3	
1836	уносить	拿去 na2 qu4	가져가다	3	
1837		带去/带来 dai4 qu4 /dai4 lai2	데려가다/데려오다	3	
1838	уводить кого-л.		데려가다	3	
1839	приводить кого-л.		데려오다	3	
1840	прыгать	跳 (跳高的 +) tiao4 (tiao4 gao1 de +)	도약하다	3	
1841	ползать	爬 (爬行的 +) pa2 (pa2 xing2 de +)	기다	3	
1842	пинать	踢 (踢球的 +) ti1 (ti1 qiu2 de +)	차다 (발로+)	3	
1843	наступать (напр. на ногу кому-н.)	踩 (踩在凳子上的 +) cai3 (cai3 zai4 deng4 zi shang4 de +)	밟다	3	
1844	оставлять	留下 (留下脚印的 +) liu2 xia4 (liu2 xia4 jiao3 yin4 de +)	남기다	3	
1845	беречь	铭记 (铭记在心的 +) ming2 ji4 (ming2 ji4 zai4 xin1 de+)	간직하다 (마음에 +)	3	
1846	стоять	站 (站起来的 +) zhan4 (zhan4 qi3 lai de+)	서있다	3	

번호	러시아어	중국어	한국어		전사
1847	сидеть	坐着 zuo4 zhe	앉아있다	3	
1848	лежать	躺着 tang3 zhe	누워있다	3	
1849	ложиться ничком, ложиться на живот	卧 (卧倒的 +)/趴 (趴下的 +) wo4 (wo4 dao3 de +) /pa1 (pa1 xia de+)	엎드리다	3	
1850	стоять на коленях	跪下 gui4 xia4	꿇어앉다	3	
1851	поворачивать	翻 (翻身的 +) fan1 (fan1 shen1 de +)	돌리다(몸을 +)	3	
1852	вертеться	转 (车轮转动的 +) zhuan4 (che1 lun2 zhuan4 dong4 de +)	돌다 (바퀴가 +)	3	
1853	окружать (напр. рассказчика)	围/围绕 wei2 /wei2 rao4	둘러싸다	3	
1854	давать в долг	借给 jie4 gei3	빌려주다	3	
1855	брать в долг	借 (借火儿的 +) jie4 (jie4 huo3r de +)	빌리다	3	
1856	задолжать	欠 (欠钱的 +) qian4 (qian4 qian2 de +)	빚지다	3	
1857	возвращать	还 (还书的 +) huan2 (huan2 shu1 de +)	돌려주다	3	
1858	беспокоиться	牵挂/担心 qian1 gua4 /dan1 xin1	염려하다/ 걱정하다	3	
1859	успокаиваться	放心 fang4 xin1	안심하다	3	
1860	хвалить	夸奖 kua1 jiang3	칭찬하다	3	
1861	ругать	责备 ze2 bei4	꾸짖다	3	
1862	надеяться	希望 xi1 wang4	바라다	3	
1863	рассчитывать	期待 qi1 dai4	기대하다	3	
1864	оказывать (милость)	恩赐 en1 ci4	베풀다 (은혜를 +)	3	
1865	готовить	准备 zhun3 bei4	준비하다	3	
1866	улыбаться	微笑 wei1 xiao4	미소짓다	3	
1867	рыдать	哭 (哭出声音的 +) ku1 (ku1 chu1 sheng1 yin1 de +)	울다 (소리를 내서 +)	3	
1868	насмехаться	讥笑/嘲笑 ji1 xiao4 /chao2 xiao4	비웃다	3	
1869	крепко хватать	握/抓 (握住球的 +) wo4 /zhua1 (wo4 zhu4 qiu2 de +)	움켜쥐다/ 움켜잡다	3	

번호	러시아어	중국어	한국어		전사
1870	обнимать	抱 (拥抱的 +) bao4 (yong1 bao4 de +)	품다/안다	3	
1871	переплывать	渡 (渡河的 +) du4 (du4 he2 de +)	건너다 (배로 강 따위를+)	3	
1872	терпеть	忍耐 (你要忍耐的 +) ren3 nai4 (ni3 yao4 ren3 nai4 de +)	참다	3	
1873	преподносить	献 (献花的 +) xian4 (xian4 hua1 de +)	바치다	3	
1874	выбирать	挑/挑选 tiao1 /tiao1 xuan3	고르다	3	
1875	копать	挖 (挖坑的 +) wa1 (wa1 keng1 de +)	파다 (땅을+)	3	
1876	охранять	守护 shou3 hu4	지키다	3	
1877	защищать	保护 bao3 hu4	보호하다	3	
1878	чтить (напр. старших)	恭敬 gong1 jing4	공경하다	3	
1879	уважать	尊敬 zun1 jing4	존경하다	3	
1880	поклоняться	崇拜 chong2 bai4	숭배하다	3	
1881	презирать	轻蔑/蔑视/看不起 qing1 mie4 /mie4 shi4 /kan4 bu4 qi3	경멸하다	3	
1882	стричься	剃 (剃头的 +) ti4 (ti4 tou2 de +)	깎다 (머리를 +)(재귀형)	3	
1883	бриться	刮 (刮胡须的) gua1 (gua1 hu2 xu1 de +)	깎다 (수염을 +)	3	
1884	вытирать	擦 (擦手的 +) ca1 (ca1 shou3 de +)	문지르다/닦다	3	
1885	растирать (в порошок)	磨/研 (磨墨的 +) mo2 /yan2 (mo2 mo4 de +)	갈다/가루로 만들다	3	
1886	тереть	搓 (搓手的 +) cuo1(cuo1 shou3 de +)	비비다	3	
1887	рассеивать	撒 (撒种子的 +) sa3 (sa3 zhong3 zi de +)	뿌리다	3	
1888	проливать	洒 (洒水的 +) sa3 (sa3 shui3 de +)	엎지르다/ 뿌리다	3	
1889	подбирать	拾/捡 (拾东西的 +) shi2 /jian3 (shi2 dong1 xi de +)	줍다	3	
1890	тянуть	拉 (拉拽的 +) la1 (la zhuai4 de +)	잡아당기다	3	
1891	открываться	开了 (门开了的 +) kai1 le (men2 kai1 le de +)	열리다	3	
1892	закрываться	关闭 guan1 bi4	닫히다	3	

번호	러시아어	중국어	한국어		전사
1893	изменяться	变化 bian4 hua4	바뀌다/ 변화하다	3	
1894	хранить (напр. продовольствие)	贮藏 zhu4 cang2	저장하다 (곡물을+)	3	
1895	прятаться	藏 (躲藏的+) cang2 (duo3 cang2 de +)	숨다	3	
1896	прятать	藏起来 cang2 qi3 lai	숨기다	3	
1897	заслонять	遮 (遮盖的+) zhe1 (zhe1 gai4 de +)	가리다	3	
1898	затопляться	淹没 yan1 mo4	잠기다 (물에 +)/침수하다	3	
1899		淹没 yan1 mo4	잠기다 (물에 +)	3	
1900	погружаться	沉 (下沉的+) chen2 (xia4 chen2 de +)	가라앉다	3	
1901	тонуть	掉进 diao4 jin4	빠지다	3	
1902	покрывать	盖/掩盖 gai4 /yan3 gai4	덮다/ 덮어씌우다	3	
1903		盖 (盖被子的+) gai4 (gai4 bei4 zi de +)	덮다	3	
1904	крутить	拧 (拧东西的+) ning3	비틀다	3	
1905	ласкать	抚爱 fu3 ai4	쓰다듬다	3	
1906	падать (напр. мыло)	掉 (东西掉了的+) diao4 (dong1 xi diao4 le de +)	떨어지다 (물건이+)	3	
1907	ронять	使落下 shi3 luo4 xia	떨어뜨리다	3	
1908	резать (ножницами)	剪 (剪纸的+) jian3 (jian3 zhi3 de +)	자르다 (가위로+)	3	
1909	раскалывать	劈 (劈开的+) pi1 kai1 (pi1 kai1 de +)	쪼개다	3	
1910	раскалываться	裂开 (树裂开了的+) lie4 kai1 (shu4 lie4 kai1 le de +)	쪼개지다	3	
1911	разбивать	打碎 da3 sui4	부수다/깨다	3	
1912	разбиваться	破碎 po4 sui4	부서지다/ 깨지다	3	
1913	ломаться (напр. палка)	断了 duan4 le	부러지다	3	
1914	жаль	遗憾 yi2 han4	유감스럽다	3	
1915	радоваться	高兴 gao1 xing4	기뻐하다	3	

번호	러시아어	중국어	한국어		전사
1916	печалиться	悲伤 (她很悲伤的 +) bei1 shang1 (ta1 hen3 bei1 shang1 de +)	슬퍼하다	3	
1917	начинаться	开始了 (歌曲开始了的 +) kai1 shi3 le (ge1 qu3 kai1 shi3 le de +)	시작되다	3	
1918	кончаться (напр. семестр)	完／结束 wan2 /jie2 shu4	끝나다	3	
1919	продолжаться (напр. разговор)	继续进行 (对话继续进行着的 +) ji4 xu4 jin4 xing2 (dui4 hua4 ji4 xu4 jin4 xing2 zhe de +)	계속되다 (대화가+)	3	
1920	останавливаться (на перёкрестке)	停 (雨停了的 +) ting2 (yu3 ting2 le de +)	멈추다	3	
1921	прекращать	作罢 (只好作罢的 +) zuo4 ba4 (zhi3 hao3 zuo4 ba4 de +)	그만두다	3	
1922	выгонять	撵 (撵着跑的 +) nian3 (nian3 zhe pao3 de +)	쫓아내다	3	
1923	отпускать	放 (放开的 +) fang4 (fang4 kai1 de +)	놓아주다	3	
1924	ломать (напр. сучья)	折 (折树枝的 +) zhe2 (zhe2 shu4 zhi1 de +)	꺾다	3	
1925	изгибать	弯 (弯腰的 +) wan1 (wan1 yao1 de +)	굽히다	3	
1926	складывать	折叠/叠 zhe2 die2	접다/포개다	3	
1927	отрезать	折断 zhe2 duan4	절단하다	3	
1928	точить (нож)	磨 (磨刀的 +) mo2 dao1 (mo2 dao1 de +)	갈다 (칼을+)	3	
1929	точить (карандаш)	削 (削铅笔的 +) xiao1 (xiao1 qian1 bi3 de +)	깎다 (연필을 +)	3	
1930	гореть	燃烧/烧 ran2 shao1 /shao1	연소하다/타 다	3	
1931	стирать	洗 (+衣服) xi3 (+yi1 fu)	빨다	3	
1932	сохнуть (бельё)	干 (衣服干了的 +) gan1 (yi1 fu gan1 le de +)	마르다 (빨래가+)	3	
1933	сушить (бельё)	晒干／晾干 shai4 gan1 /liang4 gan1	말리다 (빨래를+)	3	
1934	сушить (на огне)	烘干 hong1 gan1	말리다 (불로 +)	3	
1935	убегать	逃 (逃跑的 +) tao2 (tao2 pao3 de +)	달아나다	3	
1936	устранять	消除 xiao1 chu2	없애다	3	
1937	избежать	避 (躲避的 +) bi4 (duo3 bi4 de +)	피하다	3	
1938	запрещать	禁止 jin4 zhi3	금지하다	3	

번호	러시아어	중국어	한국어		전사
1939	разрешать	允许 yun3 xu3	승낙하다/ 허락하다	3	
1940	отказывать	拒绝 ju4 jue2	거절하다	3	
1941	носить при себе	携带 xie2 dai4	휴대하다	3	
1942	увеличиваться	增加／添 zeng1 jia1 /tian1	늘다	3	
1943	уменьшаться	减少 (+降雨量) jian3 shao3 (+jiang4 yu3 liang4)	줄다	3	
1944	раздавать	分配／分 fen1 pei4 /fen1	나누어 주다	3	
1945	распределять	分配 fen1 pei4	분배하다	3	
1946	разделяться	分裂 fen1 lie4	갈라지다	3	
1947	расставаться	分开 fen1 kai1	헤어지다	3	
1948	будить	叫 起来 (把我叫起来的 +) jiao4 qi3 lai2 (ba3 wo3 jiao4 qi3 lai2 de +)	깨우다	3	
1949	просыпаться	醒 (早上醒来的 +) xing3 (zao3 shang xing3 lai de +)	깨다 (잠에서 +)	3	
1950	лизать	舔 (舔舌头的 +) tian3 (tian3 she2 tou de+)	핥다	3	
1951	расти	成长 cheng2 zhang3	자라다	3	
1952	ржаветь	锈 (生锈的 +) xiu4 (sheng1 xiu4 de +)	녹슬다	3	
1953	выворачивать наизнанку	翻 (翻东西的 +) fan1 (fan1 dong1 xi de +)	뒤집다	3	
1954	открывать глаза	睁 (+眼睛) zheng1 (+ yan3 jing)	뜨다 (눈을+)	3	
1955	закрывать глаза	闭 (+眼睛) bi4 (+ yan3 jing)	감다 (눈을+)	3	
1956	держать во рту	含 (含糖的 +) han2 (han2 tang2 de +)	물다 (입에+)	3	
1957	глотать	咽 (咽吐沫的 +) yan4 (yan4 tu4 mo de +)	삼키다	3	
1958	шептать	说悄悄话/咬耳朵 shuo1 qiao1 qiao1 hua4 /yao3 er3 duo	속삭이다	3	
1959	пахнуть	有味儿 you3 wei4r	나다 (냄새가 +)	3	
1960	чесаться	搔挠 sao1 nao2	긁다 (재귀형)	3	
1961	рвать (напр. платье в куски)	撕开 (撕开报纸的 +) si1 kai1 (si1 kai1 bao4 zhi3 de +)	찢다/째다	3	

번호	러시아어	중국어	한국어		전사
1962	рваться	破 (衣服破了的 +) po4 (yi1 fu po4 le de +)	찢어지다	3	
1963	резать (верёвку)	扯断 (扯断绳索的 +) che3 duan4 (che3 duan4 sheng2 suo3 de +)	끊다 (줄을 +)	3	
1964	тащить (овцу)	牵 (牵羊的 +) qian1 yang2 (qian1 yang2 de +)	끌다 (양을 +)	3	
1965	тащить (чемодан)	拽 (拽东西的 +) zhuai4 (zhuai4 dong1 xi de +)	끌다 (가방을 +)	3	
1966	толкать	推 (推挤的 +) tui1 (tui1 ji3 de +)	밀다	3	
1967	ударять (ладонью)	拍 (拍巴掌的 +) pai1 (pai1 ba1 zhang de +)	치다 (손바닥으로 +)	3	
1968	отрывать	揭下 jie1 xia4	떼다	3	
1969	выбрасывать	扔掉 reng1 diao4	내버리다	3	
1970	растягиваться	伸 (伸胳膊的 +) shen1 (shen1 ge1 bo de +)	뻗다	3	
1971	взваливать (напр. на плечи и на спину тяжёлый мешок)	背 (背行李的 +) bei1 (bei1 xing2 li de +)	지다 (짐을 +)	3	
1972	выгружать	卸下 xie4 xia4	부리다 (짐을 +)	3	
1973	вонзать (напр. меч в грудь)	刺/扎 (刺穿的 +) ci4 /zha1 (ci4 chuan1 de +)	찌르다	3	
1974	протыкать	钻 (钻井的 +) zuan4 (zuan4 jing3 de +)	뚫다	3	
1975	падать (напр. от усталости)	倒下 dao3 xia4	쓰러지다	3	
1976	споткнуться	跌 (跌倒的 +) die1 (die1dao3 de +)	넘어지다 (걸려 +)	3	
1977	подскользнуться	倒 (滑倒的 +) dao3 (hua2 dao3 de +)	넘어지다 (미끄러져 +)	3	
1978	опираться	靠 (依靠的 +) kao4 (yi1 kao4 de +)	기대다	3	
1979	исправлять	改 (修改的 +) gai3 (xiu1 gai3 de +)	고치다/ 수정하다	3	
1980	связывать (нитки)	联结 lian2 jie2	잇다	3	
1981	закаливать (железо)	打 (打铁的 +) da3 (da3 tie3 de +)	단련하다 (쇠를 +)	3	
1982	нести на плече (сумку)	扛 (扛东西的 +) kang2 (kang2 dong1 xi de +)	메다 (가방을 +)	3	
1983	пахать	耕 (耕地的 +) geng1 (geng1 di4 de +)	갈다 (밭을 +)	3	

번호	러시아어	중국어	한국어		전사
1984	пахать землю сохой	犁 (犁地的＋) li2 (li2 di4 de +)	갈다 (쟁기로 땅을＋)	3	
1985	боронить	耙 (耙地的＋) pa2 (pa2 di4 de +)	써레질하다	3	
1986	поливать (водой)	浇 (浇水的＋) jiao1 (jiao1 shui3 de +)	뿌리다 (물을＋)	3	
1987	колоть (топором)	砍 (砍树的＋) kan3 (kan3 shu4 de +)	찍다/패다 (도끼로＋)	3	
1988	ткать	织布/织 zhi1 bu4	방직하다/짜다 (옷감을＋)	3	
1989	прясть	缫 (缫丝的＋) sao1 (sao1 si1 de +)	뽑다/잣다 (실을＋)	3	
1990	измерять	测定 ce4 ding4	측정하다	3	
1991	взвешивать	称 (称重量的＋) cheng1 (cheng1 zhong4 liang de+)	달다 (무게를＋)	3	
1992	приклеивать	贴 (粘贴的＋) tie1 (zhan1 tie1 de +)	붙이다	3	
1993	втыкать	插/插入 cha1 /cha1 ru4	꽂다/삽입하다	3	
1994	вставлять	夹 (夹击的＋) jia1 (jia1 ji1 de +)	끼우다	3	
1995	вынимать	拿出 na2 chu1	꺼내다	3	
1996	веять (напр. крупу веялкой)	簸米 bo3 mi3	키질하다	3	
1997	свёртывать, наматывать	卷 (卷帘子的＋) juan3 (juan3 lian2 zi de +)	말다/감다	3	
1998	штопать	补 (补衣服的＋) bu3 (bu3 yi1 fu de +)	깁다	3	
1999	плести (корзину)	编 (编筐的＋) bian1 (bian1 kuang1 de +)	엮다 (광주리를＋)	3	
2000	стелить (постель)	铺 (铺床的＋) pu1 (pu1 chuang2 de+)	펴다 (이부자리를＋)	3	
2001	подметать (метлой)	扫 (扫灰尘的＋) sao3 (sao3 hui1 chen2 de +)	쓸다 (빗자루로＋)	3	
2002	расчёсываться	梳 (梳头的＋) shu1 (shu1 tou2 de +)	빗질하다 (재귀형)	3	
2003	краситься (красить себе лицо, губы)	化妆 (演出化妆的＋) hua4 zhuang1 (yan3 chu1 hua4 zhuang1 de +)	화장하다 (재귀형)	3	
2004	украшать	装饰 (装饰屋子的＋) zhuang1 shi4 (zhuang1 shi4 wu1 zi de +)	장식하다	3	
2005	наряжаться	打扮 da3 ban4	치장하다 (재귀형)	3	
2006	хоронить	埋/埋葬 mai2 /mai2 zang4	묻다 (땅에＋)	3	

번호	러시아어	중국어	한국어		전사
2007	накапливаться	堆起来 dui1 qi3 lai2	쌓이다	3	
2008	забивать (напр. гвоздь)	钉 (钉钉子的 +) ding4 (ding4 ding1 zi +)	박다 (못을 +)	3	
2009	затыкать (напр. щели)	塞住 sai1 zhu4	막다 (틈새를 +)	3	
2010	шалить	顽皮 wan2 pi2	장난하다	3	
2011	шутить	开玩笑 kai1 wan2 xiao4	농담하다	3	
2012	перевозить	运输 yun4 shu1	운반하다	3	
2013	переносить	搬运 ban1 yun4	나르다	3	
2014	перемещать	搬动 (把那块石头搬动的 +) ban1 dong4 (ba3 na4 kuai4 shi2 tou ban1 dong4 de +)	옮기다	3	
2015	переезжать (в новое место жительства)	搬家 ban1 jia1	이사가다	3	
2016	отмечать (напр. Новый год)	过 (过年的 +) guo4 (guo4 nian2 de +)	쇠다 (설을 +)	3	
2017	спасать	救 (救人的 +) jiu4 (jiu4 ren2 de +)	구하다	3	
2018	лечить	医治/治疗 yi1 zhi4 /zhi4 liao2	치료하다/ 고치다	3	
2019	сходить с ума	癫狂/疯狂 dian1 kuang2 /feng1 kuang2	미치다	3	
2020	отнимать	抢 (抢东西的 +) qiang3 (qiang3 dong1 xi de +)	빼앗다	3	
2021	обманывать	骗 (骗小孩儿的 +) pian4 (pian4 xiao3 hai2r de +)	속이다	3	
2022	быть обманутым	被骗 bei4 pian4	속다	3	
2023	сомневаться	怀疑 (我怀疑不是他的 +) huai2 yi2 (wo3 huai2 yi2 bu2 shi4 ta1 de +)	의심하다 (-가 아닐 것이라고 +)	3	
2024	подозревать	猜/怀疑 cai1 /huai2 yi2	의심하다 (-일 것이라고 +)	3	
2025	помнить	记得 ji4 de	기억하다	3	
2026	вспоминать	想起来 xiang3 qi3 lai2	생각나다	3	
2027	надоедать	厌倦 yan4 juan4	싫증나다	3	
2028	проходить мимо чего-л.	经过 (经过家乡的 +) jing1 guo4 (jing1 guo4 jia1 xiang1 de +)	지나가다 (공간을 +)	3	

번호	러시아어	중국어	한국어		전사
2029	проходить через что-л.	走过／通过 zou3 guo4 /tong1 guo4	통과하다	3	
2030	проходить (время)	过去 (春天过去了的 +) guo4 qu (chun1 tian1 guo4 qu le de +)	지나가다 (시간이 +)	3	
2031	переходить (улицу)	横过/过 (过马路的 +) heng2 guo4 /guo4 (guo4 ma3 lu4 de +)	가로지르다/ 건너다 (길을 +)	3	
2032	заходить (за перевал)	翻过 fan1 guo4	넘다 (고개를 +)	3	
2033	спускаться	下来 xia4 lai2	내려오다	3	
2034	течь	流 (流淌的 +) liu2 (liu2 tang3 de +)	흐르다	3	
2035	переливаться	溢 (溢出来的 +) yi4 (yi4 chu1 lai2 de +)	넘치다 (물이 +)	3	
2036	плавать (держаться на воде)	浮 (浮出水面的 +) fu2 (fu2 chu1 shui3 mian4 de +)	뜨다	3	
2037	носиться по волнам	漂 (漂泊的 +) piao1 (piao1 bo2 de +)	떠돌다/ 표류하다	3	
2038	таять	解冰 jie3 bing1	녹다 (얼음이 +)	3	
2039	растворяться	融化 rong2 hua4	녹다 (溶)	3	
2040	разрушать	弄坏／毁坏 nong4 huai4 /hui3 huai4	파괴하다	3	
2041	обваливаться	倒塌 dao3 ta1	무너지다	3	
2042	недоставать	缺 (缺东西的 +) que1 (que1 dong1 xi de +)	모자라다	3	
2043	хватать (У меня хватает денег.)	够 (东西够了的 +) gou4 (dong1 xi gou4 le de +)	충분하다 (돈이 +)	3	
2044	катиться	滚 (滚开的 +) gun3 (gun3 kai1 de +)	구르다	3	
2045	протекать	漏 (漏水的 +) lou4 (lou4 shui3 de+)	새다	3	
2046	капать	滴 (滴水的 +) di1 (di1 shui3 de +)	떨어지다 (물방울이나 비 따위가+)	3	
2047	дрожать	发抖 fa1 dou3	떨다	3	
2048	выводить (цыплят)	孵 (孵小鸡的 +) fu1 (fu2 xiao3 ji1 de +)	부화하다 (병아리를+)	3	
2049	пережёвывать (жвачное животное)	反刍 fan3 chu2	반추하다	3	
2050	случился выкидыш	流产 liu2 chan3	유산하다	3	

번호	러시아어	중국어	한국어		전사
2051	лаять (собака)	叫 (狗叫的 +) jiao4 (gou3 jiao4 de +)	짖다 (개가 +)	3	
2052	мычать (корова)	叫 (牛叫的 +) jiao4 (niu 2 jiao4 de +)	울다 (소가 +)	3	
2053	ржать (лошадь)	叫 (马叫的 +) jiao4 (ma3 jiao4 de +)	울다 (말이 +)	3	
2054	блеять (овца)	叫 (羊叫的 +) jiao4 (yang2 jiao4 de +)	울다 (양이 +)	3	
2055	издавать звук (верблюд)	叫 (骆驼叫的 +) jiao4 (luo4 tuo jiao4 de +)	울다 (낙타가 +)	3	
2056	цвести	开 (开花的 +) kai1 (kai1 hua1 de +)	피다 (꽃이 +)	3	
2057	вянуть	枯萎 ku1 wei3	시들다	3	
2058	гнить	烂 (腐烂的 +) lan4 (fu3 lan4 de +)	썩다	3	
2059	возражать	反对 (我反对他的意见的 +) fan3 dui4 (wo3 fan3 dui4 ta1 de yi4 jian4 de +)	반대하다	3	
2060	трясти	挥/摇 (挥手的 +) hui1 /yao2 (hui1 shou3 de +)	흔들다	3	
2061	шататься	摇动 yao2 dong4	흔들리다	3	
2062	попасть под дождь	淋 (淋雨的 +) lin2 (lin2 yu3 de +)	맞다 (비를 +)	3	
2063	вешать (напр. пальто на вешалку)	挂 (挂起来的 +) gua4 (gua4 qi3 lai de +)	걸다	3	
2064	собираться	聚集/集合 ju4 ji2 /ji2 he2	모이다	3	
2065	смешивать	把 混起来 (把肉馅混起来的 +) ba3 hun4 qi3 lai (ba3 rou4 xian4r hun4 qi3 lai de +)	섞다	3	
2066	смешиваться	混合 hun4 he2	섞이다	3	
2067	здороваться	行礼 xing2 li3	인사하다	3	
2068	извиняться	道歉 dao4 qian4	사과하다	3	
2069	страдать	吃苦 chi1 ku3	고생하다	3	
2070	ловить рыбу	钓鱼 (他每天在这儿钓鱼的 +) diao4 yu2 (ta1 mei3 tian1 zai4 zhe4r diao4 yu2 de +)	낚다	3	
2071	пропадать	消失 xiao1 shi1	사라지다	3	
2072	вязать (шарф)	编 (编围脖的 +) bian1 (bian1 wei2 bo2 de +)	뜨다 (목도리를+)	3	

번호	러시아어	중국어	한국어		전사
2073	затягивать (верёвку)	勒紧 lei1 jin3	조르다(끈을 +)	3	
2074	стучать (в дверь)	敲 (敲门的 +) qiao1 (qiao1 men2 de +)	두드리다 (문을+)	3	
2075	толочь	捣 (捣蒜的 +) dao3 (dao3 suan4 de +)	찧다 (방아를 +)	3	
2076	молоть	磨 (磨面的 +) mo2 (mo2 mian4 de +)	빻다	3	
2077	сажать	栽 (栽树的 +) zai1 (zai1 shu4 de +)	심다	3	
2078	дарить	赠送 zeng4 song4	주다 (선물로)	3	
2079	спешить, торопиться	着急 zhao2 ji2	서두르다	3	
2080	намазывать	抹 (抹化妆品的 +) mo3 (mo3 hua4 zhuang1 pin3 de +)	바르다/ 도포하다	3	
2081	брать на себя	承担／接受 cheng2 dan1 /jie1 shou4	떠맡다	3	
2082	решать	决定 (我决定去中国的 +) jue2 ding4 (wo3 jue2 ding4 qu4 zhong1 guo2 de +)	정하다	3	
2083	произойти, случиться (произошло, случилось)	发生 fa1 sheng1	일어나다 (사건이 +)	3	
2084	появляться	出现 chu1 xian4	나타나다	3	
2085	направляться	向/朝 (向着南方的 +) xiang4 /chao2 (xiang4 zhe nan2 fang1)	향하다	3	
2086	блестеть	发光 fa1 guang1	빛나다	3	
2087	сверкать	闪光 shan3 guang1	반짝이다	3	
2088	поздравлять	祝贺 (祝贺你结婚的 +) zhu4 he4 (zhu4 he4 ni3 jie2 hun1 de +)	축하하다	3	
2089	принадлежать	属于 shu3 yu2	속하다	3	
2090	следовать	跟 (跟踪的 +) gen1 (gen1 zong1 de +)	따르다/ 따라가다	3	
2091	купаться	洗澡 xi3 zao3	멱감다/씻다	3	
2092	содержать	包括/含 bao1 kuo4 /han2	포함하다	3	
2093	осуществляться	由 造成 (由污染造成的 +) you2 zao4 cheng2 (you2 wu1 ran3 zao4 cheng2 de +)	이루어지다	3	
2094	завершать	完成 wan2 cheng2	완성하다	3	

번호	러시아어	중국어	한국어		전사
2095	сохранять	保持 bao3 chi2	유지하다	3	
2096	портить	毁坏 hui3 huai4	망가뜨리다	3	
2097	распускать (напр. пояс)	放松 fang4 song1	늦추다 (緩)	3	
2098	спускать	放下 fang4 xia4	내려놓다	3	
2099	передавать	转交/交 zhuan3 jiao1	넘겨주다/ 건네다	3	
2100		转交 zhuan3 jiao1	넘겨주다	3	
2101		交 (交给的＋) jiao1 (jiao1 gei3 de ＋)	건네다	3	
2102	догонять	赶上 gan3 shang4	따라붙다	3	
2103	обгонять	超过 chao1 guo4	앞지르다	3	
2104	лить	注/灌 (注水的＋) zhu4 /guan4 (zhu4 shui3 de ＋)	붓다 (注)	3	
2105	наваливать	堆／积 (堆积的＋) dui1 /ji1 (dui1 ji1 de ＋)	쌓아올리다	3	
2106	зависеть (от тебя)	依靠 yi1 kao4	달려있다 (너에게＋)	3	
2107	попадать	打中 da3 zhong4	맞히다	3	
2108	сталкиваться	冲突 chong1 tu1	부딪히다	3	
2109	выжимать (масло)	榨 (榨油的＋) zha4 (zha4 you2 de ＋)	짜다 (기름을 ＋)	3	
2110	добавлять	加上 jia1 shang	더하다	3	
2111	наполнять	装满 zhuang1 man3	채우다 (滿)	3	
2112	наполняться	满/充满 man3 /chong1man3	채워지다/차다	3	
2113	освобождать (напр. книжный шкаф)	空出 kong4 chu1	비우다	3	
2114	пустеть	空 (空出时间的＋) kong1 (kong4 chu1 shi2 jian1 de ＋)	비다 (자동사)(비었다, 빌 것이다)	3	
2115	вытягивать	拉长 la1 chang2	잡아늘이다	3	
2116	сжиматься	缩小 suo1 xiao3	오그라들다	3	

번호	러시아어	중국어	한국어		전사
2117	сокращать	缩短 suo1 duan3	줄이다	3	
2118	распространяться	扩展 kuo4 zhan3	퍼지다	3	
2119	рассветать	破晓 (天刚亮的时候) po4 xiao3 (tian1 gang1 liang4 de shi2 hou)	동트다	3	
2120	смеркаться	黑了 (天黑了的＋) hei1 le (tian1 hei1 le de ＋)	저물다	3	
2121	задерживаться	拖延 tuo1 yan2	지체하다	3	
2122	опаздывать	晚 (来晚了的＋) wan3(lai2 wan3 le de ＋)	늦다/지각하 다	3	
2123	успевать	赶得上 gan3 de shang4	시간에 대다	3	
2124	наслаждаться	爱好 ai4 hao4	즐기다	3	
2125	жалеть (напр. денег)	可惜 ke3 xi1	아까워하다	3	
2126	жалеть (напр. сирот)	怜悯/可怜 lian2 min3 /ke3 lian2	불쌍히 여기 다	3	
2127	сочувствовать	同情 tong2 qing2	동정하다	3	
2128	восхищаться	感叹 gan3 tan4	감탄하다	3	
2129	благодарить	感谢 gan3 xie4	고마워하다/ 감사하다	3	
2130	стараться	努力 nu3 li4	노력하다	3	
2131	колебаться	踌躇/犹豫 chou2 chu2 /you2 yu4	망설이다	3	
2132	гордиться	引以为荣/以… 自豪 yin3 yi3 wei2 rong2 /yi3…zi4 hao2	자랑스럽게 여기다	3	
2133	хвалиться	自夸/骄傲 zi4 kua1 /jiao1 ao4	자랑하다	3	
2134	чваниться	卖弄 (卖弄钱财的＋) mai4 nong (mai4 nong qian2 cai2 de+)	뽐내다	3	
2135	стесняться	害羞 hai4 xiu1	부끄러워하다	3	
2136	привыкать	习惯 (他习惯早睡的＋) xi2 guan4 (ta1 xi2 guan4 zao3 shui4 de ＋)	익숙해지다	3	
2137	приучать	驯养 xun4 yang3	길들이다	3	
2138	различать	分别 (分别对待的＋) fen1 bie2 (fen1 bie2 dui4 dai4 de ＋)	구별하다	3	
2139	целить	瞄准 miao2 zhun3	노리다 (목표를＋)	3	

번호	러시아어	중국어	한국어		전사
2140	молчать	沉默 chen2 mo4	침묵하다	3	
2141	выражать	表示 biao3 shi4	나타내다/ 표현하다	3	
2142	проклинать	诅咒 zu3 zhou4	저주하다	3	
2143	зарабатывать	挣/赚 (赚钱的 +) zheng4 /zhuan4 (zhuan4 qian2 de +)	벌다	3	
2144	лениться	懒怠 lan3 dai4	게을리하다	3	
2145	целовать	接吻 jie1 wen3	입맞추다	3	
2146	приглашать	邀请 yao1 qing3	초청하다	3	
2147	посещать	访问 fang3 wen4	방문하다	3	
2148	завлекать	引诱 yin3 you4	꾀다	3	
2149	угощать	接待 jie1 dai4	대접하다	3	
2150	знакомить	介绍 jie4 shao4	소개하다	3	
2151	клясться	起誓/发誓 qi3 shi4 /fa1 shi4	다짐하다/ 맹세하다	3	
2152	торопить, подгонять	催 (催促的 +) cui1 (cui1 cu4 de +)	다그치다/ 재촉하다	3	
2153	воздавать	报答 bao4 da2	갚다/보답하 다	3	
2154	наказывать	罚 (处罚的 +) fa2 (chu3 fa2 de +)	처벌하다	3	
2155	платить	支付/交钱 zhi1 fu4 /jiao1 qian2	지불하다/내 다	3	
2156	получать прибыль	赢得 (赢得了利润的 +) ying2 de2 (ying2 de2 le li4 run4 de+)	남기다 (이익을+)	3	
2157	отдавать на хранение	存放/寄放 cun2 fang4 /ji4 fang4	맡겨두다/ 맡기다	3	
2158	грести	划 (划船的 +) hua2 (hua2 chuan2 de +)	젓다 (노를+)	3	
2159	убирать (напр. комнату)	清扫 qing1 sao3	청소하다	3	
2160	вырезать	雕刻 (在石头上雕刻的 +) diao1 ke4 (zai4 shi2 tou shang4 diao1 ke4 de +)	새기다	3	
2161	пачкать	弄脏 nong4 zang1	더럽히다	3	
2162	стать чистым	澄清 cheng2 qing1	깨끗해지다	3	

번호	러시아어	중국어	한국어		전사
2163	твердеть	凝固 ning2 gu4	굳다	3	
2164	закапчиваться	熏 (烟熏火燎的+) xun1 (yan1xun1 huo3 liao3 de +)	그을다	3	
2165	топить	烧 (烧火的+) shao1 (shao1 huo3 de +)	때다 (불을+)	3	
2166	остывать	凉 (把食物放凉的+) liang2 (ba3 shi2 wu4 fang4 liang2 de +)	식다	3	
2167	удовлетворяться	满意 man3 yi4	만족하다	3	
2168	да	是/是的 (是，我是中国人的+) shi4 /shi4 de (shi4, wo3 shi4 zhong1 guo2 ren2 de +)	예	3	
2169	нет	不是/不 bu2 shi4 /bu4	아니오	3	
2170	верно	对 (你说得对的+) dui4 (ni3 shuo1 de dui4 de +)	맞다/그래	3	
2171	ладно	行 (我看这个人行的+) xing2 (wo3 kan4 zhe4 ge ren2 xing2 de +)	좋아	3	
2172	так	那么 (别那么说话的+)/那样 na4 me (bie2 na4 me shuo1 hua4 de +) /na4 yang4	그렇게	3	
2173	достаточно	充分的 (这些充分的够了+)/足 chong4 fen4 de (zhe4 xie1 chong4 fen4 de gou4 le de +) /zu2	충분히	3	
2174	обязательно	一定 yi2 ding4	반드시	3	
2175	одновременно	同时 tong2 shi2	동시에	3	
2176	прямо	直 (简直走的+) zhi2 (jian3 zhi2 zou3 de +)	똑바로	3	
2177	всякий	一切 yi2 qie4	온갖	3	
2178	обычно	大概 da4 gai4	대체로/대개	3	
2179	почти	几乎 ji1 hu1	거의	3	
2180	постепенно	渐渐 jian4 jian4	점점	3	
2181	наконец	终于 zhong1 yu2	드디어	3	
2182	кроме того	更 (更好的+) geng4 (geng4 hao3 de +)	더욱이	3	
2183	полностью	完全／全 wan2 quan2 /quan2	완전히	3	
2184	по крайней мере	至少 zhi4 shao3	적어도	3	

번호	러시아어	중국어	한국어		전사
2185	довольно (много)	相当 xiang1 dang1	꽤	3	
2186	тайком	悄悄的 qiao1 qiao1 de	몰래	3	
2187	то есть	及/也就是 ji2 /ye3 jiu4 shi4	즉	3	
2188	само собой	自然 zi4 ran2	저절로	3	
2189	может быть (он придёт)	可能 ke3 neng2	아마 (+그가 올지도 모른다)	3	
2190	и так далее	等等 deng3 deng3	따위/등등	3	
2191	как раз	恰巧／正 qia4 qiao3 /zheng4	마침	3	
2192	Доброе утро!	你早 ni3 zao3	안녕하세요 (아침인사)	3	
2193	Добрый день!	上午好/下午好 shang4 wu3 hao3 /xia4 wu3 hao3	안녕하세요 (낮인사)	3	
2194	Добрый вечер!	晚上好 wan3 shang hao3	안녕하세요 (저녁인사)	3	
2195	Спокойной ночи!	晚安 wan3 an1	안녕히 주무세요 (저녁인사)	3	
2196	алло	喂 (打电话时的+) wei4 (da3 dian4 hua4 shi2 de+)	여보세요 (전화에서)	3	
2197	как будто (король)	好像 似的 (好像他是皇上似的的+) hao3 xiang4 si4 de (hao3 xiang4 ta1 shi4 huang2 shang4 si4 de de +)	마치 처럼 (+황제)	3	
2198	восход солнца	日出 ri4 chu1	일출	4	
2199	заход солнца	日落 ri4 luo4	일몰	4	
2200	молодой месяц	月牙儿 yue4 ya2r	초승달	4	
2201	Земля	地球 di4 qiu2	지구	4	
2202	пашня	田地 (种田地的+) tian2 di4 (zhong4 tian2 di4 de +)	논밭/경작지	4	
2203	песчаная почва	沙地 (沙子地的+) sha1 di4 (sha1 zi di4 de +)	모래땅	4	
2204	глиняная почва	泥地 ni2 di4	진흙땅	4	
2205	сухая почва	干地 gan1 di4	마른 땅	4	
2206	гравий	石子儿 shi2 zi3r	자갈	4	

번호	러시아어	중국어	한국어		전사
2207	глина	粘土 nian2 tu3	찰흙	4	
2208	грязь (напр. на дороге после дождя)	泥土 ni2 tu3	진흙	4	
2209	болотистая местность	沼泽地 zhao3 ze2 di4	늪지	4	
2210	суша	陆地 (大海 , 陆地的 +) lu4 di4 (da4 hai3 lu4 di4 de +)	육지	4	
2211	просторы (напр. степные)	旷野 kuang4 ye3	광야	4	
2212	лес (густой)	森林 sen1 lin2	삼림	4	
2213		山峰 shan1 feng1	산봉우리	4	
2214	гребень горы	山岗 shan1 gang3	산등성이	4	
2215	склон горы	山坡 shan1 po1	산비탈	4	
2216	водоворот	漩涡 xuan4 wo1	소용돌이	4	
2217	быстрое течение	急流 ji2 liu2	급류	4	
2218	мель	滩 (江河中水浅多石而水流很急的地方) tan1(jiang1 he2 zhong1 shui3 qian3 duo1 shi2 er2 shui3 liu2 hen3 ji2 de di4 fang)	여울	4	
2219	оазис	绿州 lv4 zhou1	오아시스	4	
2220	водопад	瀑布 pu4 bu4	폭포	4	
2221	водопроток	河 (江河的 +) he2 (jiang1 he2 de +)	하천	4	
2222	канава	水沟 shui3 gou1	도랑	4	
2223	горячий источник	温泉 wen1 quan2	온천	4	
2224	водохранилище	水库 shui3 ku4	저수지	4	
2225	плотина	堤 (堤坝的 +) di1 (di1 ba4 de +)	둑	4	
2226	родное место	故乡 gu4 xiang1	고향	4	
2227	столица	首都 shou3 du1	수도 (首都)	4	
2228	провинция	省 sheng3	도 (道)	4	

번호	러시아어	중국어	한국어		전사
2229	губерния		군 (郡)	4	
2230		市/县 (乌鲁木齐市的 +) shi4 /xian4 (wu1 lu3 mu4 qi2 shi4 de +)	시 (市)/군 (郡)	4	
2231	префектура	县 (县城的 +) xian4 (xian4 cheng2 de +)	현 (縣)	4	
2232		乡/镇 xiang1 /zhen4	읍 (행정구획 단위)	4	
2233		镇/街道 zhen4 /jie1 dao4	면 (행정구획 단위)	4	
2234	село		촌락	4	
2235	посёлок		부락	4	
2236	регион	地方 (地方城镇的 +) di4 fang1 (di4 fang1 cheng2 zhen4 de +)	지방 (地方)	4	
2237	залив	湾 (港湾的 +) wan1 (gang3 wan1 de +)	만 (灣)	4	
2238	речной берег	河边 he2 bian1	강변	4	
2239	морской берег	海岸 hai3 an4	해안	4	
2240	пляж	海边 hai3 bian1	해변	4	
2241		洞穴 dong4 xue2	동굴	4	
2242		窟窿 ku1 long	굴 (대개 고유명사 뒤)	4	
2243	землетрясение	地震 di4 zhen4	지진	4	
2244	тайфун	台风 tai2 feng1	태풍	4	
2245	вихрь	飑风 biao1 /xuan4 feng1	돌풍/ 회오리바람	4	
2246	жар (напр. на печке)		열 (방바닥이나 페치카 위의 +)	4	
2247		热 (热气的 +) re4 (re4 qi4 de +)	열 (열기의 +)	4	
2248	вьюга	暴风雪 bao4 feng1 xue3	눈보라 (아주 강한 +)	4	
2249		河谷风 he2 gu3 feng1	하곡풍	4	
2250	ясная погода	晴天 qing2 tian1	맑은 날씨	4	
2251	облачная погода	阴天 yin1 tian1	흐린 날씨	4	

번호	러시아어	중국어	한국어		전사
2252	мгла	雾气 wu4 qi4	안개 (옅은+)	4	
2253	период	时期 (困难时期的+) shi2 qi1 (kun4 nan2 shi2 qi1 de +)	시기	4	
2254	срок	日期 ri4 qi1	기일/기한	4	
2255	позапрошлый год	前年 qian2 nian2	재작년	4	
2256	через год	后年 hou4 nian2	내후년	4	
2257	время года	季节 ji4 jie2	계절	4	
2258	второе число месяца	二号 er4 hao4	초이틀	4	
2259	третье число месяца	三号 san1 hao4	초사흘	4	
2260	первая декада месяца	上旬 shang4 xun2	상순	4	
2261	вторая декада месяца	中旬 zhong1 xun2	중순	4	
2262	последняя декада месяца	下旬 xia4 xun2	하순	4	
2263	три дня назад	大前天 da4 qian2 tian1	그끄저께	4	
2264	прошлые дни	过去的日子 guo4 qu4 de ri4 zi	지난날	4	
2265	через два дня	大后天 da4 hou4 tian1	글피	4	
2266	рабочий день	工作日 gong1 zuo4 ri4	근무일	4	
2267	выходной день	休息日 xiu1 xi ri4	휴일	4	
2268	день недели	星期 xing1 qi1	요일	4	
2269	час	点 (下午2点的+) dian3 (xia4 wu3 liang3 dian3 de +)	시	4	
2270	один час	一个小时/一个钟头 yi2 ge xiao3 shi2 /yi2 ge zhong1 tou2	1시간	4	
2271	одна минута	一分钟 yi4 fen1 zhong1	1분	4	
2272	полчаса	三十分钟/半个小时 san1 shi fen1 zhong /ban4 ge xiao3 shi2	30분	4	
2273	одна ночь	一夜 yi2 ye4	하룻밤	4	
2274		从前 cong2 qian2	종전에	4	

번호	러시아어	중국어	한국어		전사
2275	в другой день	改天 gai3 tian1	다른 날/ 다음에	4	
2276	когда-то (раньше)	曾经 ceng2 jing1	전에 언젠가	4	
2277	момент, мгновение	瞬间 shun4 jian1	순간	4	
2278	в последнее время	最近 zui4 jin4	최근	4	
2279	давно	好久 hao3 jiu3	오래되다	4	
2280	ненадолго	暂时 zan4 shi2	잠시 (예정)	4	
2281	в короткий срок	短时间 duan3 shi2 jian1	단기간	4	
2282	каждое утро	每天早上 mei3 tian1 zao3 shang	아침마다	4	
2283	каждый вечер	每天晚上 mei3 tian1 wan3 shang	저녁마다	4	
2284	временный	临时的 lin2 shi2 de	임시적	4	
2285	юбилей	纪念日 ji4 nian4 ri4	기념일	4	
2286	праздник	庆祝日 qing4 zhu4 ri4	경축일	4	
2287	настоящее	现在 (现在和未来的 +) xian4 zai4 (xian4 zai4 he2 wei4 lai2 de +)	현재	4	
2288	прошлое	过去 (现在和过去的 +) guo4 qu4 (xian4 zai4 he2 guo4 qu4 de +)	과거	4	
2289	будущее	将来 jiang1 lai2	미래	4	
2290	порядок	次序/顺序 ci4 xu4 /shun4 xu4	순서	4	
2291	отчество	父称 fu4 cheng1	부칭	4	
2292		一族 yi4 zu2	일족	4	
2293		家庭 jia1 ting2	가정	4	
2294	отец и сын	父子 fu4 zi3	부자 (父子)	4	
2295	родители и дети	父母子女 fu4 mu3 zi3 nv3	부모자식	4	
2296	племянник (сын сестры)	外甥 wai4 sheng	생질	4	
2297	племянница (дочь сестры)	外甥女 wai4 sheng nv3	생질녀	4	

번호	러시아어	중국어	한국어		전사
2298	старший брат отца	伯父 bo2 fu4	백부	4	
2299	жена старшего брата отца	伯母 bo2 mu3	백모	4	
2300	муж сестры отца	姑父 gu1 fu	고모부	4	
2301	жена брата матери	舅母/舅妈 jiu4 mu3 /jiu4 ma1	외숙모	4	
2302	муж сестры матери	姨父 yi2 fu	이모부	4	
2303	приёмный отец	养父 yang3 fu4	양부	4	
2304	приёмная мать	养母 yang3 mu3	양모	4	
2305	приёмный сын	养子 yang3 zi3	양자	4	
2306	приёмная дочь	养女 yang3 nv3	양녀	4	
2307	отчим	继父 ji4 fu4	계부	4	
2308	мачеха	继母 ji4 mu3	계모	4	
2309	пасынок	义子/干儿子 yi4 zi3 /gan1 er2 zi3	의붓아들	4	
2310	падчерица	义女/干女儿 yi4 nv3 /gan1 nv3 er2	의붓딸	4	
2311	близнецы	孪生/双胞胎 luan2 sheng1 /shuang1 bao1 tai1	쌍둥이	4	
2312	влюблённые	恋人 lian4 ren2	연인	4	
2313	малыш (ребёнок дошкольного возраста)	幼儿 you4 er2	유아 (취학 전 아동)	4	
2314		少年 shao4 nian2	소년	4	
2315		少女 shao4 nv3	소녀	4	
2316	баба	妇女 fu4 nv3	부녀자	4	
2317	пожилой	中年 zhong1 nian2	중년	4	
2318	наложница	小老婆 xiao3 lao3 po	첩	4	
2319	профессия	职业 zhi2 ye4	직업	4	
2320	рабочий	工人 gong1 ren2	노동자	4	

번호	러시아어	중국어	한국어		전사
2321	крестьянская семья	农家 nong2 jia1	농가	4	
2322	помещик	地主 di4 zhu3	지주	4	
2323	моряк	水手 shui3 shou3	뱃사람	4	
2324	милиционер	警察 jing3 cha2	경찰관	4	
2325	сторож	站岗的 zhan4 gang3 de	파수꾼	4	
2326	слуга	佣人 yong1 ren2	하인	4	
2327	служанка	女佣人 nv3 yong1 ren2	하녀	4	
2328	батрак	长工 chang2 gong1	머슴	4	
2329	мальчик на побегушках	跑腿儿的 pao3 tui3r de	심부름꾼	4	
2330	раб	奴隶 nu2 li	노예	4	
2331	товарищ	同志 tong2 zhi4	동지	4	
2332	кадровый (руководящий) работник	干部 gan4 bu	간부	4	
2333	клиент	顾客 gu4 ke4	고객	4	
2334	толпа	群众 qun2 zhong4	군중	4	
2335	народ	老百姓 lao3 bai3 xing4	백성/민중	4	
2336	житель	居民 ju1 min2	주민	4	
2337	монарх	君主 jun1 zhu3	군주	4	
2338	королева	女王 nv3 wang2	여왕	4	
2339	королева (жена короля)	王妃 wang2 fei1	왕비	4	
2340	принцесса	公主 gong1 zhu3	공주	4	
2341	принц	王子 wang2 zi3	왕자	4	
2342	императрица	皇后 huang2 hou4	황후	4	
2343	президент	总统 zong3 tong3	대통령	4	

번호	러시아어	중국어	한국어		전사
2344	покойник	死人/故人 si3 ren2 /gu4 ren2	고인	4	
2345	министр	大臣 da4 chen2	장관/대신	4	
2346	главарь	头目 tou2 mu4	두목	4	
2347	воришка	小偷 xiao3 tou1	좀도둑	4	
2348	политика	政治 zheng4 zhi4	정치	4	
2349	экономика	经济 jing1 ji4	경제	4	
2350	общество	社会 she4 hui4	사회	4	
2351	культура	文化 wen2 hua4	문화	4	
2352	образование	教育 jiao4 yu4	교육	4	
2353	слава	名声 ming2 sheng1	명성	4	
2354	подпись	签名 (照片) qian1 ming2 (zhao4 pian4)	서명	4	
2355	фотография	相片 xiang4 pian4	사진	4	
2356	скульптура	雕刻 (这个雕刻很漂亮的 +) diao1 ke4 (zhe4 ge diao1 ke4 hen3 piao4 liang de +)	조각	4	
2357	спектакль	戏剧 xi4 ju4	연극	4	
2358	жизнь (напр. семейная жизнь)	生活 sheng1 huo2	생활	4	
2359	жильё	住宅 zhu4 zhai2	주거	4	
2360	половой акт	性交 xing4 jiao1	성교	4	
2361	обряд	仪式/典礼 yi2 shi4 /dian3 li3	의식/의례	4	
2362	алтарь	祭坛 ji4 tan2	제단	4	
2363	празднование	祝贺 (表示祝贺的 +)/庆祝 zhu4 he4 (biao3 shi4 zhu4 he4 de +) /qing4 zhu4	경축	4	
2364	голодовка	绝食 jue2 shi2	단식	4	
2365	мероприятие	活动 (举办各种文化活动的) huo2 dong4 (ju3 ban4 ge4 zhong3 wen2 hua4 huo2 dong4 de)	행사	4	

번호	러시아어	중국어	한국어		전사
2366	развлечение	娱乐 yu2 le4	오락	4	
2367	фокус	魔术 mo2 shu4	마술	4	
2368	общение	交际 jiao1 ji4	교제	4	
2369	собрание	集会 ji2 hui4	집회/모임	4	
2370	судить	裁判 (你来裁判一下儿的+) can2 pan4 (ni3 lai2 cai2 pan4 yi2 xia4 er de+)	재판하다	4	
2371	возбуждать дело	控诉/打官司 kong4 su4 (da3 guan1 si)	소송하다/ 고소하다	4	
2372	жребий (напр. тянуть)	签子 (抽签儿的+) qian1 zi (chou1 qian1r de +)	제비 (+뽑다)	4	
2373	имущество	财产 cai2 chan3	재산	4	
2374	наличные (деньги)	现金 xian4 jin1	현금	4	
2375	ценность	价值 jia4 zhi2	가치	4	
2376	высокая цена	高价 gao1 jia4	고가	4	
2377	низкая цена	廉价 lian2 jia4	저가	4	
2378	прибыль	利润 li4 run	이윤	4	
2379	расход	费用 fei4 yong	비용	4	
2380	выгода	利益 li4 yi	이익	4	
2381	убыток	损失 sun3 shi1	손해	4	
2382	жалованье	薪水 xin1 shui3	급료	4	
2383	зарплата	工资 gong1 zi1	봉급	4	
2384	сделка	交易 jiao1 yi4	거래	4	
2385	банк	银行 yin2 hang2	은행	4	
2386	государственное учреждение	机关 ji1 guan1	관공서	4	
2387	чиновник	公务员 gong1 wu4 yuan2	관리/공무원	4	
2388	служебные дела	公事 (公事私事的+) gong1 shi4 (gong1 shi4 si1 shi4 de +)	공무	4	

번호	러시아어	중국어	한국어		전사
2389	подавление	压迫 (受压迫的 +) ya1 po4(shou4 ya1 po4 de +)	억압	4	
2390	бедность, нищета	贫穷 pin2 qiong2	빈곤	4	
2391	преступник	犯人 fan4 ren2	범인	4	
2392	вмешательство	干涉 gan1 she4	간섭	4	
2393	роман	小说 xiao3 shuo1	소설	4	
2394	поэзия, стихи	诗 (唐诗的 +) shi1(tang2 shi1 de +)	시 (詩)	4	
2395	афоризм	格言 ge2 yan2	금언	4	
2396	биография	传记 zhuan4 ji4	전기 (傳記)	4	
2397	фильм	电影 dian4 ying3	영화	4	
2398	событие	事件 shi4 jian4	사건	4	
2399	название	名称 ming2 cheng1	명칭	4	
2400	чёртик	小鬼 (头上长角的 +) xiao3 gui3 (tou2 shang zhang3 jiao3 de +)	도깨비	4	
2401	чудовище	怪物 guai4 wu4	괴물	4	
2402	фестиваль	联欢会 lian2 huan1 hui4	축제	4	
2403		庙会 miao4 hui4	축제 (시장에서 열리는)	4	
2404	гигиена	卫生 wei4 sheng1	위생	4	
2405	ответственность	责任 ze2 ren4	책임	4	
2406	солидарность	团结 tuan2 jie2	단결	4	
2407	революция	革命 ge2 ming4	혁명	4	
2408	жертва	牺牲 xi1 sheng1	희생	4	
2409	идеология	思想 si1 xiang3	사상	4	
2410	отчёт	报告 bao4 gao4	보고	4	
2411	способ	方法 fang1 fa3	방법	4	

번호	러시아어	중국어	한국어		전사
2412	задача	任务 ren4 wu	임무	4	
2413	обязанность	义务 yi4 wu	의무	4	
2414	право	权利 quan2 li4	권리	4	
2415	выборы	选举 xuan3 ju3	선거	4	
2416	социальное положение	身分 shen1 fen4	신분	4	
2417	талант, способности	才能 cai2 neng2	재능	4	
2418	способность	能力 neng2 li4	능력	4	
2419	этикет	礼貌 li3 mao4	예절	4	
2420	отношение	态度 tai4 du	태도	4	
2421	опыт	经验 jing1 yan4	경험	4	
2422	план	计划 ji4 hua4	계획	4	
2423	мысль	想法 xiang3 fa3	생각	4	
2424	красота	美 (美丽的 +) mei3 (mei3 li4 de +)	아름다움	4	
2425	факт	事实 shi4 shi2	사실	4	
2426	вид, сорт	种类 zhong3 lei4	가지/종류	4	
2427	пример	例子 (举例说明的 +) li4 zi (ju3 li4 shuo1 ming2 de +)	예 (例)	4	
2428	ранг	等级 deng3 ji2	등급	4	
2429	класс (напр. правящий)	阶级 jie1 ji2	계급	4	
2430	система	系统 xi4 tong3	계통	4	
2431	основа	根本 gen1 ben3	근본	4	
2432	фундамент	基础 ji1 chu3	기초	4	
2433	условие	条件 tiao2 jian4	조건	4	
2434	повод (напр. для ссоры)	理由 li3 you2	이유	4	

번호	러시아어	중국어	한국어		전사
2435	эффект	效果 xiao4 guo3	효과	4	
2436	влияние	影响 ying3 xiang3	영향	4	
2437	противоположность	反对 (反对的权利的 +) fan3 dui4 (fan3 dui4 de quan2 li4 de +)	반대	4	
2438	прямая противоположность	正相反 zheng4 xiang1 fan3	정반대	4	
2439	состояние	状态 zhuang4 tai4	상태	4	
2440	содержание	内容 nei4 rong2	내용	4	
2441	фактор	要素 yao4 su4	요소	4	
2442	свойство	性质 (这个事件的性质的 +) xing4 zhi (zhe4 ge shi4 jian4 de xing4 zhi de +)	성질	4	
2443	характер	性格 (他的性格不好的 +) xing4 ge2 (ta1 de xing4 ge2 bu4 hao3 de +)	성격	4	
2444	суть, сущность	本质 ben3 zhi4	본질	4	
2445	индивидуальность	个性 ge4 xing4	개성	4	
2446	мотив	动机 dong4 ji1	계기/동기	4	
2447	сфера	范围 fan4 wei2	범위	4	
2448	техника, технология	技术 ji4 shu	기술	4	
2449	фабрика	工厂 gong1 chang3	공장	4	
2450	газета	报纸 bao4 zhi3	신문	4	
2451	телеграмма	电报 dian4 bao4	전보	4	
2452	телефон	电话 dian4 hua4	전화	4	
2453	новости	新闻 xin1 wen2	뉴스	4	
2454	передача	广播 guang3 bo1	방송	4	
2455	журнал	杂志 za2 zhi4	잡지	4	
2456	словарь	词典 ci2 dian3	사전	4	
2457	путешествие, поездка	旅行 lv3 xing2	여행	4	

번호	러시아어	중국어	한국어		전사
2458	испытание	试验 shi4 yan4	시험	4	
2459	церковь	教堂 jiao4 tang2	교회	4	
2460	компания, фирма	公司 gong1 si1	회사	4	
2461	офис	办事处 ban4 shi4 chu4	사무소/ 사무실	4	
2462	театр	剧场 ju4 chang3	극장	4	
2463	отделение милиции	警察局 jing3 cha2 ju2	경찰서	4	
2464	почта	邮局 you2 ju2	우체국	4	
2465	парк	公园 gong1 yuan2	공원	4	
2466	радостное событие	喜事 xi3 shi4	기쁜 일	4	
2467	наш сторонник	同党/自己人 tong2 dang3 /zi4 ji3 ren2	우리편	4	
2468	адрес	住址 zhu4 zhi3	주소	4	
2469	глыба, ком	块儿 (这块儿是我的的 +) kuai4r (zhe4 kuai4r shi4 wo3 de de +)	덩어리	4	
2470	выдумка	设计 she4 ji4	고안/설계	4	
2471	успех	成功 (祝贺你的成功的 +) cheng2 gong1 (zhu4 he4 ni3 de cheng2 gong1 de +)	성공	4	
2472	неудача	失败 (+和胜利) shi1 bai4 (+ he2 sheng4 li4)	실패	4	
2473	карта	地图 di4 tu2	지도	4	
2474	сигнал	信号 xin4 hao4	신호	4	
2475	процессия	行列 hang2 lie4	행렬	4	
2476	группа	小组 (活动小组的 +) xiao3 zu3 (huo2 dong4 xiao2 zu3 de +)	그룹/조 (組)	4	
2477	люди	人们 ren2 men	사람들	4	
2478	досуг	空闲的时间 kong4 xian2 de shi2 jian1	여가	4	
2479	офицер	军官 jun1 guan1	장교	4	
2480	пехотинец	步兵 bu4 bing1	보병	4	

번호	러시아어	중국어	한국어		전사
2481	кавалерист	骑兵 qi2 bing1	기병	4	
2482	артиллерист	炮兵 pao4 bing1	포병	4	
2483	сухопутная армия	陆军 lu4 jun1	육군	4	
2484	военно-морские силы	海军 hai3 jun1	해군	4	
2485	военно-воздушные силы	空军 kong1 jun1	공군	4	
2486	военная операция	作战 zuo4 zhan4	작전	4	
2487	лагерь	阵营 zhen4 ying2	진영	4	
2488	приказ	命令 ming4 ling4	명령	4	
2489	ночное нападение, ночная атака	夜袭 (夜晚袭击的 +) ye4 xi2 (ye4 wan3 xi2 ji1 de +)	야습	4	
2490	крик (в наступление)	喊声 han3 sheng1	함성	4	
2491	отступать (от нападающего противника)	后退 hou4 tui4	후퇴하다	4	
2492	ранение	负伤 fu4 shang1	부상	4	
2493	бороться за захват	争夺 zheng1 duo2	쟁탈하다	4	
2494	рассуждение (напр. правильное)	判断 (我的判断的 +) pan4 duan4 (wo3 de pan4 duan4 de +)	판단	4	
2495	переговоры	谈判 tan2 pan4	담판/협상	4	
2496	пост (напр. военный)	岗哨 gang3 shao4	초소	4	
2497	победа	胜利 (我们的胜利的 +) sheng4 li4 (wo3 men de sheng4 li4+)	승리	4	
2498	поражение	败北/失利 bai4 bei3 /shi1 li4	패배	4	
2499	шпион	间谍 jian4 die2	간첩	4	
2500	оружие	武器 wu3 qi4	무기	4	
2501	пистолет	手枪 shou3 qiang1	권총	4	
2502	пулемёт	机关枪 ji1 guan1 qiang1	기관총	4	
2503	спусковой крючок (в оружии)	扳机 ban3 ji1	방아쇠	4	

번호	러시아어	중국어	한국어		전사
2504	дуло	枪口 qiang1 kou3	총구	4	
2505	патрон	弹夹 dan4 jia2	탄약통	4	
2506	пушка	炮 (大炮的 +) pao4 (da4 pao4 de +)	포	4	
2507	стрелять, запускать	射击 she4 ji1	발사하다	4	
2508	суматоха	骚乱 sao1 luan4	소란	4	
2509	сбор, собирание	集合 (全体集合的 +) ji2 he2 (quan2 ti3 ji2 he2 de +)	집합	4	
2510	большая дорога	大道 da4 dao4	한길	4	
2511	дальний путь	远道 yuan3 dao4	먼 길	4	
2512	мост из одного бревна	独木桥 du2 mu4 qiao2	외나무다리	4	
2513	карета	马车 (乘人用的 +) ma3 che1 (cheng2 ren2 yong4 de +)	마차	4	
2514	железнодорожный путь	铁路 tie3 lu4	철로	4	
2515	средства транспорта	交通工具 jiao1 tong1 gong1 ju4	탈것	4	
2516	трамвай	电车 dian4 che1	전차	4	
2517	причал	乘船处 (上船的地方) cheng2 chuan2 chu4 (shang4 chuan2 de di4 fang)	선착장	4	
2518	пристань	码头 ma3 tou	부두	4	
2519	тело	身体 shen1 ti3	신체	4	
2520	ресницы	眼睫毛 yan3 jie2 mao2	속눈썹	4	
2521	глазное яблоко	眼珠儿 yan3 zhu1r	눈알	4	
2522	зрачок	瞳孔/瞳人儿 tong2 kong3 /tong2 ren2r	동공/눈동자	4	
2523	веко	眼皮儿 yan3 pi2r	눈꺼풀	4	
2524	ноздря	鼻孔 bi2 kong3	콧구멍	4	
2525	мочка уха	耳垂 er3 chui2	귓불	4	
2526	передние зубы	前牙 qian2 ya2	앞니	4	

번호	러시아어	중국어	한국어		전사
2527	зуб мудрости	立事牙 li4 shi4 ya2	사랑니	4	
2528	коренной зуб	大牙 da4 ya2	어금니	4	
2529	язычок	小舌儿 xiao3 she2r	목젖	4	
2530	глотка	咽喉 yan1 hou2	인두	4	
2531	скула	颧骨 quan2 gu3	광대뼈	4	
2532	подбородок	下巴尖 xia4 ba jian1	턱끝	4	
2533	подмышка	腋下/胳肢窝 ye4 xia4 /ga1 zhi wo1	겨드랑 밑	4	
2534	руки и ноги	手脚 shou3 jiao3	손발	4	
2535	тыльная сторона ладони	手背 shou3 bei4	손등	4	
2536	передняя часть голени	胫 jing4	정강이	4	
2537	икры (голени)	腿肚子/小腿肚 tui3 du4 zi /xiao3 tui3 du4	장딴지	4	
2538	таранная кость	踝子骨/脚踝骨 huai2 zi gu3 /jiao3 huai2 gu3	복사뼈	4	
2539	талия	腰 yao1	허리 (잘록한 부분)	4	
2540	сосок	奶头 nai3 tou2	유두	4	
2541	прямая кишка	直肠 (肠子里的一部分) zhi2 chang2 (chang2 zi li3 de yi2 bu4 fen)	직장 (直腸)	4	
2542	тонкая кишка	小肠 xiao3 chang2	소장	4	
2543	толстая кишка	大肠 da4 chang2	대장	4	
2544	двенадцати-перстная кишка	十二指肠 shi2 er4 zhi3 chang2	십이지장	4	
2545	аппендикс	盲肠 mang2 chang2	맹장	4	
2546	селезёнка	脾 (脾胃的 +) pi2 (pi2 wei4 de +)	비장	4	
2547	нерв	神经 shen2 jing1	신경	4	
2548	волосы (у человека)	寒毛 han2 mao2	털 (사람의 +)	4	
2549	головной мозг	脑髓 nao3 sui3	뇌수	4	

번호	러시아어	중국어	한국어		전사
2550	спинной мозг	脊髓 ji3 sui3	척수	4	
2551	череп	颅骨 lu2 gu3	두개골	4	
2552	мужской половой член	阴茎 (男性的生殖器) yin1 jing1 (nan2 xing4 de sheng1 zhi2 qi4)	음경	4	
2553	женский половой орган	阴部 (女性的生殖器) yin1 bu4 (nv3 xing4 de sheng1 zhi2 qi4)	음문	4	
2554	яички (мужские)	睾丸 gao1 wan2	고환	4	
2555	пах	胯 (胯下的) kua4 (kua4 xia4 de)	가랑이/ 사타구니	4	
2556	чиханье	喷嚏 pen1 ti4	재채기	4	
2557	зеванье	呵欠 he1 qian4	하품	4	
2558	пуканье	屁 (放屁的 +) pi4 (fang4 pi4 de +)	방귀	4	
2559	перхоть	头皮屑 tou2 pi2 xie4	비듬	4	
2560	грязь (напр. на руках)	泥垢 ni2 gou4	때 (더러움)	4	
2561	шрам	疤痕 ba1 hen2	흉터	4	
2562	жизнь (отдавать жизнь за что-л.)	性命 xing4 ming4	목숨	4	
2563	самоубийство	自杀 zi4 sha1	자살	4	
2564	настроение	心情 xin1 qing2	기분/심정	4	
2565	бодрость	活力 huo2 li4	혈기/원기	4	
2566	босые ноги	光脚 guang1 jiao3	맨발	4	
2567	родинка	痣 (黑痣的 +) zhi4 (hei1 zhi4 de+)	점/반점	4	
2568	туловище	躯干 qu1 gan4	몸통	4	
2569	сустав	关节 guan1 jie2	관절	4	
2570	здоровье	健康 jian4 kang1	건강	4	
2571	кашель	咳嗽 (咳嗽药的 +) ke2 sou (ke2 sou yao4 de +)	기침	4	
2572	туберкулёз	肺病 fei4 bing4	폐결핵	4	

번호	러시아어	중국어	한국어		전사
2573	рвота	呕吐 ou3 tu4	구토	4	
2574	герпес	癣 (牛皮癣的 +) xuan3 (niu2 pi2 xuan3 de +)	옴/포진	4	
2575	сифилис	疮 (疮疤的 +) chuang1 (chuang1 ba1 de +)	매독	4	
2576	крапивница (болезнь)	风疹 feng1 zhen3	풍진	4	
2577	оспа	天花 tian1 hua1	천연두	4	
2578	отёк	浮肿 fu2 zhong3	부종	4	
2579	кривой (слепой на один глаз)	独眼龙 du2 yan3 long2	외눈/애꾸눈	4	
2580	дезинфицировать	消毒 xiao1 du2	소독하다	4	
2581	гной	脓 (化脓的 +) nong2 (hua4 nong2 de +)	고름	4	
2582	малярия	疟疾 nve4 ji	말라리아	4	
2583	стена монгольской юрты	蒙古包壁 meng3 gu3 bao1 bi4	몽골 집의 벽	4	
2584	шатёр	棚 (天棚的 +) peng2 (tian1 peng2 de +)	장막 (위를 가리는 큰 천막)	4	
2585		过日子 guo4 ri4 zi	살아가다	4	
2586	жаровня	炉子 lu2 zi	화로	4	
2587	постельное бельё	铺盖 pu1 gai4	침구	4	
2588	простыня	床单 chuang2 dan1	침대시트	4	
2589	подстилка		자리 (까는 것의 총칭)	4	
2590	циновка		돗자리	4	
2591		席子 xi2 zi	자리 (까는 것의 총칭)/ 돗자리	4	
2592	рогожа	草席 cao3 xi2	멍석	4	
2593	орудие	工具 (总称) gong1 ju4 (zong3 cheng1)	도구	4	
2594	верёвка (соломенная)	草绳 cao3 sheng2	새끼줄	4	
2595	доска (плоский кусок дерева)	木板 mu4 ban3	널빤지	4	

번호	러시아어	중국어	한국어		전사
2596	стропило	椽子 chuan2 zi	서까래	4	
2597	балка	梁 (房梁的 +) liang2 (fang2 liang2 de +)	대들보	4	
2598	краеугольный камень	阶石 (地基用的 +) jie1 shi2 (di4 ji1 yong4 de +)	주춧돌	4	
2599	сцена	舞台 wu3 tai2	무대	4	
2600	бритва	剃刀 ti4 dao1	면도칼	4	
2601	ярлык	牌子/商标 pai2 zi /shang1 biao1	표 (標)	4	
2602	билет	票 (车票的 +) piao4 (che1 piao4 de +)	표 (票)	4	
2603	открытка	明信片 ming2 xin4 pian4	엽서	4	
2604	тетрадь	本子 (作业本子的 +) ben3 zi (zuo4 ye4 ben3 zi de +)	공책	4	
2605	фотоаппарат	照相机 zhao4 xiang4 ji1	카메라	4	
2606	радио	收音机 shou1 yin1 ji1	라디오	4	
2607	порог	门坎 men2 kan3	문턱	4	
2608	притолока (верхняя горизонтальная перемычка оконного или дверного проёма)	门楣/门梁 men2 mei2 /men2 liang2	문미 (문 또는 창문 위에 가로 댄 나무)	4	
2609	известь	石灰 shi2 hui1	석회	4	
2610	бак для воды	水槽 shui3 cao2	수조	4	
2611	сточная труба	下水道 xia4 shui3 dao4	수채	4	
2612	трактор	拖拉机 tuo1 la1 ji1	트랙터	4	
2613	тесло	锛子 ben1 zi	자귀	4	
2614	удобрение	肥料 fei2 liao4	비료	4	
2615	таз (для умывания)	脸盆 lian3 pen2	세숫대야	4	
2616	лезвие	刀韧 dao1 ren4	날 (刃)	4	
2617	материал	材料 cai2 liao4	재료	4	

번호	러시아어	중국어	한국어		전사
2618	нефть	煤油 mei2 you2	석유	4	
2619	резина	橡皮 xiang4 pi2	고무	4	
2620	клей	浆糊 jiang4 hu	풀 (붙이는)	4	
2621	вышивка	刺绣 ci4 xiu4	자수	4	
2622	украшение	装饰 (美丽的装饰的 +) zhuang1 shi4 (mei3 li4 de zhuang1 shi4 de +)	장식	4	
2623	сувенир	纪念品 ji4 nian4 pin3	기념품	4	
2624		织品 zhi1 pin3	직물	4	
2625	передняя часть воротника	大襟 (衣服的前襟) da4 jin1 (yi1 fu2 de qian2 jin1)	앞섶	4	
2626	подушка для сидения	垫子 dian4 zi	깔개 (방석)	4	
2627	детское одеяло	襁褓 qiang3 bao3	포대기	4	
2628	шитьё	针线 zhen1 xian4	침선/바느질	4	
2629	большая игла	大针 da4 zhen1	대침 (大針)	4	
2630	продевать (нитку в иголку)	纫 (纫针的 +) ren4 (ren4 zhen1 de +)	꿰다 (바늘에 실을 +)	4	
2631	накидывать (одежду)	披 (披衣服的 +) pi1 (pi1 yi1 fu de +)	걸치다 (옷을 +)	4	
2632	складка	摺 (衣服的 +) zhe3 (yi1 fu de+)	주름 (옷의 +)	4	
2633	ремень из овечьей шкуры	羊皮带 yang2 pi2 dai4	양가죽 띠	4	
2634	фигура (человека)	姿态 zi1 tai4	자태	4	
2635	продукты питания	食品 shi2 pin3	식품	4	
2636	продовольствие	粮食 liang2 shi	양식	4	
2637	рецепт (еды)	烹饪法 peng1 ren4 fa3	요리법	4	
2638	зерно	谷物 gu3 wu4	곡식/곡물	4	
2639	рис (в стеблях)	稻子 dao4 zi	벼	4	
2640	жареный рис	炒米 chao3 mi3	볶은 쌀	4	

번호	러시아어	중국어	한국어		전사
2641	говядина	牛肉 niu2 rou4	쇠고기	4	
2642	свинина	猪肉 zhu1 rou4	돼지고기	4	
2643	баранина	羊肉 yang2 rou4	양고기	4	
2644	оленина	鹿肉 lu4 rou4	사슴고기	4	
2645	мясо водяного оленя	狍子肉 pao2 zi rou4	고라니고기	4	
2646	мясо косули	獐子肉 zhang1 zi rou4	노루고기	4	
2647	поджаренное варёное мясо	烧肉 shao1 rou4	볶고 삶은 고기	4	
2648	жареное мясо	烤肉 kao3 rou4	구운 고기	4	
2649	наполовину готовое мясо	半熟肉 ban4 shu2 rou4	반쯤 익힌 고기	4	
2650	варёное сушёное мясо	干熟肉 gan1 shu2 rou4	익혀 말린 고기	4	
2651	сырое	生的 sheng1 de	날것	4	
2652	топлёное молоко	热牛奶 re4 niu2 nai3	오래 데운 우유	4	
2653	вкус	味道 wei4 dao4	맛	4	
2654	горьковатый	略苦/有一点儿苦 lve4 ku3 /you3 yi4 dian3r ku3	약간 쓰다	4	
2655	закуски (к основному блюду)	菜 (饭菜的+) cai4 (fan4 cai4 de +)	반찬	4	
2656	сладкий картофель	甘薯/地瓜 gan1 shu3 /di4 gua1	고구마	4	
2657	арахис	花生 hua1 sheng1	땅콩	4	
2658	бобовый стручок	豆角 dou4 jiao3	콩꼬투리	4	
2659	тыквенные культуры	瓜 (瓜果的+) gua1 (gua1 guo3 de +)	박과 식물 (총칭)	4	
2660	красные бобы	红豆 hong2 dou4	팥	4	
2661	имбирь	姜 (生姜的+) jiang1 (sheng1 jiang1 de +)	생강	4	
2662	клубника	草莓 cao3 mei2	딸기	4	
2663	плодоносить, приносить плоды	结果实 jie2 guo3 shi2	열매를 맺다	4	

번호	러시아어	중국어	한국어		전사
2664	мелкая мякина	细糠 xi4 kang1	겨 (고운+)	4	
2665	бокал	酒杯 jiu3 bei1	술잔 (발이 달린)	4	
2666	керамика	陶瓷器 tao2 ci2 qi4	도자기	4	
2667	фарфор	瓷器 ci2 qi4	자기	4	
2668	сковорода	铁勺 tie3 shao2	프라이팬	4	
2669	кухонный очаг	灶台 zao4 tai2	부뚜막	4	
2670	живое существо	生物 sheng1 wu4	생물	4	
2671	дзерен	黄羊 huang2 yang2	황양 (영양의 일종)	4	
2672	бык с одним рогом	独角牛 du2 jiao3 niu2	외뿔 소	4	
2673	бык с кривым рогом	歪角牛 wai1 jiao3 niu2	뿔 비뚤어진 소	4	
2674	сухая трава	枯草 ku1 cao3	건초	4	
2675	росток травы	草秧/草芽 cao3 yang1 /cao3 ya2	풀의 싹	4	
2676	хвостовые перья	尾羽(尾巴上的羽毛) wei3 yu3 (wei3 ba shang4 de yu3 mao2)	꼬리 깃털	4	
2677	морской чёрт	老头鱼 lao3 tou2 yu2	아귀	4	
2678		哲罗鱼 zhe2 luo2 yu2	철라어	4	
2679		细鳞鱼 xi4 lin2 yu2	세린어	4	
2680		柳根鱼 liu3 gen1 yu2	유근어	4	
2681	насекомое	昆虫 kun1 chong2	곤충	4	
2682	восточный щитомордник	蝮蛇 fu4 she2	살모사	4	
2683	бактерия	细菌 xi4 jun1	세균	4	
2684	плесень	霉菌 mei2 jun1	곰팡이	4	
2685	растение	植物 zhi2 wu4	식물	4	
2686	чёрная берёза	黑桦 hei1 hua4	검정 자작나무	4	

번호	러시아어	중국어	한국어		전사
2687	тополь белый (серебристый)	白杨 bai2 yang2	은사시나무	4	
2688	сокровище	宝物 (贵重的物品) bao3 wu4 (gui4 zhong4 de wu4 pin3)	보배	4	
2689	красная медь	红铜 hong2 tong2	적동 (赤銅)	4	
2690	в сторону чего-л.	向/上/朝 (向北边儿走的＋) xiang4 /shang4 /chao2 (xiang4 bei3 bian1r zou3 de +)	쪽으로	4	
2691	внутренность	内/内部 nei4 /nei4 bu4	안/내부	4	
2692	внутренняя часть	里边/里面 li3 bian /li3 mian	속/안쪽/내측	4	
2693	внешняя часть	外面 wai4 mian	바깥쪽	4	
2694	вверху	上边 shang4 bian	위쪽	4	
2695	внизу	下边 xia4 bian	아래쪽	4	
2696	левая сторона	左边 zuo3 bian	왼쪽	4	
2697	правая сторона	右边 you4 bian	오른쪽	4	
2698	окружность	周围 zhou1 wei2	주위	4	
2699	лицевая сторона	表面 biao3 mian4	겉	4	
2700	изнанка, обратная сторона	反面 fan3 mian4	이면 (裏面)	4	
2701	за спиной	背后 bei4 hou4	배후에	4	
2702	квадрат	正方形 zheng4 fang1 xing2	정방형	4	
2703	треугольник	三角形 san1 jiao3 xing2	삼각형	4	
2704		号码 (电话号码) hao4 ma3 (dian4 hua4 hao4 ma3)	번호 (전화+, 비밀+)	4	
2705		号 (房间号) hao4 (fang2 jian1 hao4)	번호 (방+, 열차+)	4	
2706	метр	公尺/米 gong1 chi3 /mi3	미터	4	
2707	тонна	吨 (一吨水的＋) dun1 (yi4 dun1 shui3 de+)	톤	4	
2708	остаток	剩余 sheng4 yu2	잉여	4	
2709	мой	我的 wo3 de	나의 (것)	4	

번호	러시아어	중국어	한국어		전사
2710	наш	我们的 wo3 men de	우리의 (것)	4	
2711	твой	你的 ni3 de	너의 (것)	4	
2712	ваш	你们的 ni3 men de	너희의 (것)	4	
2713	его	他的 (男人的 +) ta1 de (nan2 ren2 de +)	그의 (것)	4	
2714	её	她的 (女人的 +) ta1 de (nv3 ren2 de +)	그녀의 (것)	4	
2715	их	他们的 ta1 men de	그들의 (것)	4	
2716	любой человек	任何人 ren4 he2 ren2	누구라도	4	
2717	некий	有一个/某 you3 yi2 ge /mou3	어떤/모 (某)	4	
2718	не очень хороший	不太好 bu2 tai4 hao3	별로 좋지 않 다	4	
2719	лучше	更好 geng4 hao3	더 좋다	4	
2720	наилучший	最好 zui4 hao3	가장 좋다	4	
2721	хуже	更坏 geng4 huai4	더 나쁘다	4	
2722	наихудший	最坏 zui4 huai4	가장 나쁘다	4	
2723	более высокий	更 (更高的 +) geng4 (geng4 gao1 de +)	더 (+높다)	4	
2724	самый высокий	最 (最高的 +) zui4 (zui4 gao1 de +)	가장 (+높다)	4	
2725	вонючий	臭 (臭味的 +) chou4 (chou4 wei4 de +)	구리다	4	
2726	благородный	高贵 gao1 gui4	고상하다	4	
2727	вульгарный	卑贱 bei1 jian4	비천하다	4	
2728	вежливый	庄重 zhuang1 zhong4	정중하다	4	
2729	шумный (напр. на базаре)	热闹 re4 nao	떠들썩하다	4	
2730	активный	积极 ji1 ji2	적극적이다	4	
2731		舒服 shu1 fu	편안하다	4	
2732	причудливый	奇妙 qi2 miao4	기묘하다	4	

번호	러시아어	중국어	한국어		전사
2733	показывать жестами рук	招手 zhao1 shou3	손짓하다	4	
2734	подсматривать	偷看 tou1 kan4	엿보다	4	
2735	искоса смотреть	瞧见 qiao2 jian4	곁눈질하다	4	
2736	громко кричать	喊叫 han3 jiao4	고함치다	4	
2737	ругаться	骂 (骂人的＋) ma4 (ma4 ren2 de ＋)	욕하다	4	
2738	объяснять	说明 shuo1 ming2	설명하다	4	
2739	вычислять	算 (算算术的＋) suan4 (suan4 suan4 shu4 de ＋)	계산하다	4	
2740	складывать (напр. суммы)	合计 he2 ji4	합산하다	4	
2741	быть внимательным	注意 zhu4 yi4	주의하다	4	
2742	выбежать	跑出去 pao3 chu1 qu4	뛰어나가다	4	
2743	перепрыгивать	跨 (跨过去的＋) kua4 (kua4 guo4 qu4 de ＋)	뛰어넘다	4	
2744	летать высоко	翱翔 ao2 xiang2	높이 날아 빙빙 돌다	4	
2745	быть в излишке	剩下 sheng4 xia4	남다	4	
2746	расследовать	调查 (动词) diao4 cha2	조사하다	4	
2747	проверять	检查 jian3 cha2	검사하다	4	
2748		起立 qi3 li4	기립하다	4	
2749	компенсировать	赔偿 pei2 chang2	배상하다	4	
2750	высмеивать	讥讽 ji1 feng3	풍자하다	4	
2751	упрямиться (напр. Ребёнок упрямится.)	耍赖 shua3 lai4	떼쓰다	4	
2752	вдыхать	吸 (吮吸的＋) xi1 (shun3 xi1 de ＋)	들이마시다	4	
2753	придерживаться (напр. мнения, позиции)	坚持 jian1 chi2	견지하다	4	
2754	избирать	选出 xuan3 chu1	선출하다	4	
2755	поставлять	供/供给 gong1 /gong1 ji3	공급하다	4	

번호	러시아어	중국어	한국어		전사
2756	оборонять	防 (防止的 +) fang2 (fang2 zhi3 de +)	막다/방어하다	4	
2757	нанимать	雇佣 gu4 yong4	고용하다	4	
2758	свысока относиться	藐视/看不起/轻视 miao3 shi4 /kan4 buqi3 /qing1 shi4	업신여기다/경시하다	4	
2759	потирать (руки)	搓 (+手) cuo1 (+shou3)	비비다(손을 +)	4	
2760	заменять	替/代替 ti4 /dai4 ti4	대체하다	4	
2761	хранить (напр. в камере хранения)	保管 bao3 guan3	보관하다	4	
2762		浸水 jin4 shui3	침수하다	4	
2763		掩盖 (掩盖痕迹的 +) yan3 gai4 (yan3 gai4 hen2 ji4 de +)	덮어씌우다	4	
2764	крутить (верёвку)	捻/拧 (捻绳子的 +) nian3 /ning3 (nian3 sheng2 zi de +)	꼬다 (노끈을 +)	4	
2765	гладить (напр. по голове)	抚摸 fu3 mo1	어루만지다	4	
2766	щекотать	胳肢 ge2 zhi	간질이다	4	
2767	бороться	斗争 (斗争反革命分子的 +) dou4 zheng1 (dou4 zheng1 fan3 ge2 ming4 fen4 zi3d de +)	투쟁하다	4	
2768	кусать (человек)	咬 (他咬着我的手的 +)) yao3 (ta1 yao3 zhe wo3 de shou3 de +))	물다 (사람이 +)	4	
2769	преследовать (человека)	追 (追人的 +) zhui1 (zhui1 ren2 de +)	추격하다 (사람을 +)	4	
2770	обыскивать	搜索 sou1 suo3	수색하다	4	
2771	воздерживаться	戒 (戒备的 +) jie4 (jie4 bei4 de +)	삼가다	4	
2772	оправляться от похмелья	醒 (酒醒了的 +) xing3 (jiu3 xing3 le de +)	깨다 (술에서 +)	4	
2773	нести ответственность	负责 fu4 ze2	책임지다	4	
2774	развиваться	发展 fa1 zhan3	발전하다	4	
2775	повреждаться	损坏 sun3 huai4	파손되다	4	
2776	разведывать	窥视 kui1 shi4	정탐하다	4	
2777	пронзать	穿透 chuan1 tou4	꿰뚫다	4	
2778	трудиться	劳动 lao2 dong4	노동하다	4	

번호	러시아어	중국어	한국어		전사
2779	соединять	连接 lian2 jie1	연결하다	4	
2780	производить сталь	炼钢 lian4 gang1	제강하다	4	
2781	измерять ткань	量 (量布的 +) liang2 (liang2 bu4 de +)	재다 (천을 +)	4	
2782	красить	染 (染头发的 +) ran3 (ran3 tou2 fa de+)	염색하다	4	
2783	блуждать	彷徨 pang2 huang2	방황하다	4	
2784	взрываться	爆炸 bao4 zha4	폭발하다	4	
2785	выходить замуж	嫁 (嫁人的 +) jia4 (jia4 ren2 de +)	시집가다	4	
2786	жениться	娶妻/娶媳妇 qu3 qi1 /qu3 xi2 fu	장가가다	4	
2787	помогать друг другу	互助 hu4 zhu4	서로 돕다	4	
2788	эксплуатировать	剥削 bo1 xue1	착취하다	4	
2789	давить	压迫 (肿瘤压迫神经的 +) ya1 po4 (zhong3 liu2 ya1 po4 shen2 jing1 de +)	압박하다	4	
2790	приедаться	腻 (吃腻了的 +) ni4 (chi1 ni4 le de +)	물리다 (飽)	4	
2791	мочь	能 (我能写字的 +) neng2 (wo3 neng2 xie3 zi4 de +)	할 수 있다	4	
2792	издавать звуки (животные в общем)	叫 (动物叫的 +) jiao4 (dong4 wu4 jiao4 de +)	울다 (동물들이 +)	4	
2793	производить	生产 sheng1 chan3	생산하다	4	
2794	экономить	节约 jie2 yue1	절약하다	4	
2795	строить	建设 jian4 she4	건설하다	4	
2796	улучшать	提高 ti2 gao1	향상시키다	4	
2797	сотрудничать	合作 he2 zuo4	협력하다	4	
2798	открывать (заседание)	开会 kai1 hui4	개회하다	4	
2799	обсуждать	讨论 (我们讨论一下的 +) tao3 lun4 (wo3 men tao3 lun4 yi2 xia4r de +)	토론하다	4	
2800	советоваться	商量 shang1 liang	의논하다	4	
2801	руководить	领导 (他领导我们的 +) ling3 dao3 (ta1 ling3 dao3 wo3 men de +)	지도하다	4	

번호	러시아어	중국어	한국어		전사
2802	править	统治 tong3 zhi4	통치하다	4	
2803	контролировать	支配 zhi1 pei4	지배하다	4	
2804	мобилизовать	动员 dong4 yuan2	동원하다	4	
2805	пропагандировать	宣传 xuan1 chuan2	선전하다	4	
2806	поддерживать	拥护 yong1 hu4	지지하다	4	
2807	освобождать	解放 jie3 fang4	해방하다	4	
2808	подавлять	镇压 zhen4 ya1	진압하다	4	
2809	притеснять	摁 (摁摁钉的 +) en4 (en4 en4 ding1 de +)	억누르다	4	
2810	критиковать	批判 pi1 pan4	비판하다	4	
2811	выступать за что-л.	赞成 zan4 cheng2	찬성하다	4	
2812	вторгаться	侵略 (敌人侵略我们的 +) qin1 lve4 (di2 ren2 qin1 lve4 wo3 men de+)	침략하다	4	
2813	нападать	攻击 (敌人攻击我们的 +) gong1 ji1 (di2 ren2 gong1 ji1 wo3 men de +)	공격하다	4	
2814	совершать налёт	袭击 xi2 ji1	습격하다	4	
2815	дуть (напр. на горячий чай)	哈 (哈哈气的 +) ha1 (ha1 ha1 qi4 de +)	불다 (입김을 +)	4	
2816	вешать (напр. люстру на потолке)	吊 (吊起来的 +) diao4 (diao4 qi3 lai de+)	매달다	4	
2817	сравнивать	比较 bi3 jiao4	비교하다	4	
2818	исчезать	消灭 xiao1 mie4	소멸하다	4	
2819	ставить в ряд	摆／排 (摆整齐的 +) bai3 /pai2 (bai3 zheng3 qi2 de +)	정렬하다	4	
2820	добиваться успехов	成功 (试验成功了的 +) cheng2 gong1 (shi4 yan4 cheng2 gong1 le de +)	성공하다	4	
2821	терпеть неудачу	失败 (了) shi1 bai4 (le)	실패하다	4	
2822	объезжать	转 (围着村子转的 +) zhuan4 (wei2 zhe cun1 zi zhuan4 de +)	돌다 (마을을 +)	4	
2823	заставлять	使 (使想起的 +) shi3 (shi3 xiang3 qi3 de +)	시키다	4	
2824	праздновать	庆祝 qing4 zhu4	경축하다	4	

번호	러시아어	중국어	한국어		전사
2825	пробираться (тайно)	潜入 qian2 ru4	잠입하다	4	
2826	скользить	滑 (滑倒的 +) hua2 (hua2 dao3 de +)	미끄러지다	4	
2827	двигаться вперёд	前进 qian2 jin4	전진하다	4	
2828	просачиваться	渗水 shen4 shui3	스미다	4	
2829	участвовать	加入/参加 jia1 ru4 /can1 jia1	가입하다/ 참가하다	4	
2830	копить (деньги в банке)	攒 (攒钱的 +)/存 zan3 (zan3 qian2 de +) /cun2	저축하다	4	
2831	продлевать	延长 yan2 chang2	연장하다	4	
2832	откладывать	延期 yan2 qi1	연기하다	4	
2833	заниматься (напр. в библиотеке)	学习 xue2 xi2	공부하다	4	
2834	поощрять	鼓励 gu3 li4	격려하다	4	
2835	брать на себя заботы	辛苦 xin1 ku3	수고하다	4	
2836	пытаться, пробовать	尝试/试图 chang2 shi4 /shi4 tu2	시도하다	4	
2837	наблюдать, надзирать	监视 jian1 shi4	감시하다	4	
2838	следить (глазами)	注视 zhu4 shi4	주시하다	4	
2839	исполнять (напр. песни и танцы)	表演/公演 biao3 yan3 /gong1 yan3	공연하다	4	
2840	служить	服务 fu2 wu4	복무하다	4	
2841	брать пальцами	捏 (用两个手指捏住的 +) nie1 (yong4 liang3 ge shou3 zhi3 nie1 zhu4 de +)	집다 (손가락으로 +)	4	
2842	призывать	号召 hao4 zhao1	호소하다	4	
2843	протестовать	抗议 kang4 yi4	항의하다	4	
2844	воспитывать	养育 yang3 yu4	양육하다	4	
2845	усыновлять	认作养子 ren4 zuo4 yang3 zi3	양자로 삼다	4	
2846	обладать, владеть	所有 (归我所有的 +) suo3 you3 (gui1 wo3 suo3 you3 de +)	소유하다	4	
2847	запасать	储藏 chu3 cang2	비축하다	4	

번호	러시아어	중국어	한국어		전사
2848	приводить в порядок	收拾 (收拾房间的 +)/整理 shou1 shi (shou1 shi fang2 jian1 de +) /zheng3 li3	정리하다	4	
2849	раздаваться (звук)	响 (电话铃响的 +) xiang3 (dian4 hua4 ling2 xiang3 de +)	울리다 (소리가 +)	4	
2850	мутный (напр. вода)	浑浊 hun2 zhuo2	흐리다 (물이 +)	4	
2851	светить	照射 zhao4 she4	비치다	4	
2852	нагревать	加热 (把牛奶加热的 +) jia1 re4 (ba3 niu2 nai3 jia1 re4 de+)	가열하다	4	
2853	охлаждать	冰镇 (把啤酒冰镇一下儿的 +) bing1 zhen4 (ba3 pi2 jiu3 bing1 zhen4 yi2 xia4r de +)	냉각시키다	4	
2854	затекать (нога)	发麻 (腿脚发麻的 +) fa1 ma2 (tui3 jiao3 fa1 ma2 de +)	저리다	4	
2855	совершенно верно	就是/可不是 (强调) jiu4 shi4 /ke3 bu2 shi4 (qiang2 diao4)	정말 그렇다	4	
2856	например	例如 li4 ru2	예를 들어	4	

기 초 회 화

Первая встреча	见面 jian4 mian4	첫 만남

	러시아어	중국어	한국어
1	Здравствуйте.	你好。 ni3 hao3.	안녕하세요.
2	Рад с вами познакомиться.	很高兴认识您。(很高兴见到您。) hen3 gao1 xing4 ren4 shi nin2.(hen3 gao1 xing4 jian4 dao4 nin2.)	처음 뵙겠습니다.
3	Здравствуйте.	你好。 ni3 hao3.	안녕하세요
4	Я тоже рад с вами познакомиться.	我也很高兴认识您。(我也很高兴见到您。) wo3 ye3 hen3 gao1 xing4 ren4 shi ni2.(wo3 ye3 hen3 gao1 xing4 jian4 dao4 nin2.)	저도 처음 뵙겠습니다.
5		我的名字叫○○。(巴塔勒) wo3 de ming2 zi jiao4 ○○.(ba1 ta3 le4)	제 이름은 ○○라고 합니다.(바타르)
6	Меня зовут Миша.		제 이름은 미샤라고 합니다.
7	Как вас зовут?	你叫什么名字? ni3 jiao4 shen2 me ming2 zi ?	당신의 이름은 무엇입니까?
8		我的名字叫○○。(巴音) wo3 de ming2 zi jiao4 ○○.(ba1 yin1)	제 이름은 ○○라고 합니다.(바인)
9	Меня зовут ○○. (Таня)		제 이름은 ○○라고 합니다. (타냐)
10	Откуда вы приехали?	您的家乡在哪儿? nin2 de jia1 xiang1 zai4 na3 r.	고향이 어디세요?
11		我的家乡在○○。(满洲里) wo3 de jia1 xiang1 zai4 ○○.(man3 zhou1 li3)	제 고향은 ○○입니다.(만주리)

	러시아어	중국어	한국어
12	Я приехал из ○○. (из Алдана)		제 고향은 ○○입니다. (알단)
13	Я впервые здесь.	我第一次来这儿。 wo3 di4 yi2 ci4 lai2 zhe4 r.	저는 이곳에 처음입니다.
14	Сейчас где вы живёте?	您家在哪里? nin2 jia1 zai4 na3 li?	어디에 살고 계십니까?
15		我现在住在○○。 (海拉尔) wo3 xian4 zai4 zhu4 zai ○○.(hai3 la1 er3)	저는 지금 ○○에 살고 있습니다.(하일라르)
16	Сейчас я живу в ○○. (в Якутске)		저는 지금 ○○에 살고 있습니다. (야쿠츠크)
17	Чем вы занимаетесь?	您做什么工作? nin2 zuo4 shen2 me gong1 zuo4 ?	당신은 무슨 일을 하십니까?
18	Я преподаю в школе.	我是学校老师。 (我在学校教书) wo3 shi4 xue2 xiao4 lao3 shi1. (wo3 zai4 xue2 xiao4 jiao1 shu1.)	저는 학교 교사입니다.(저는 학교에서 가르칩니다.)
19	А вы чем занимаетесь?	那么,您做什么工作? na4 me, nin2 zuo4 shen2 me gong1 zuo4 ?	그러면 당신은 무슨 일을 하십니까?
20	Я развожу лошадей.	我养马。 wo3 yang3 ma3	저는 말을 키웁니다.
21	Расскажите о вашей семье.	您家有什么人? nin2 jia1 you3 shen2 me ren2 ?	당신은 가족이 어떻게 됩니까?
22	Мои родители, моя жена, сын и дочь.	有父母、妻子,还有儿子和女儿。 you3 fu4 mu3, qi1 zi, hai2 you3 er2 zi he2 nv3 er2.	부모님과 아내, 그리고 아들과 딸이 있습니다.
23	По каким делам приехали сюда?	您来这儿有什么事儿? nin2 lai2 zhe4r you3 shen2 me shi4r?	이곳에는 무슨 일로 오셨습니까?

	러시아어	중국어	한국어
24	Я приехал сюда навестить старшего брата и младшую сестру.	我来看看住在这儿的哥哥和妹妹。 wo3 lai2 kan4 kan zhu4 zai zhe4r de ge1 ge he2 mei4 mei.	이곳에 형님과 여동생을 만나러 왔습니다.
25	Желаю вам приятно провести время.	祝你们愉快。 zhu4 ni3 men yu2 kuai4.	잘 지내고 가세요.

<table>
<tr><td align="center">Визит</td><td align="center">访问
fang3 wen4</td><td align="center">방문</td></tr>
</table>

	러시아어	중국어	한국어
26	Как дела?	您好吗? nin2 hao3 ma?	안녕하세요?
27	Хорошо.	我很好! wo3 hen3 hao3 !	네, 잘 있습니다.
28	Ваш муж дома?	您丈夫在家吗? nin2 zhang4 fu zai4 jia1 ma?	남편은 집에 있습니까?
29	Он ушёл.	出去了。 chu1 qu4 le.	나갔습니다.
30	Когда он придёт?	什么时候回来? shen2 me shi2 hou hui2 lai ?	언제 돌아옵니까?
31	Скоро придёт.	马上就回来。 ma3 shang4 jiu4 hui2 lai.	곧 돌아옵니다.
32	По каким делам вы пришли?	您来有什么事儿吗? nin2 lai2 you3 shen2 me shi4r ma?	무슨 일이 있어서 오신 건가요?
33	У меня вопрос к вашему мужу.	有。我有点儿事儿要问你丈夫。 you3. wo3 you3 dian3r shi4r yao4 wen4 ni3 zhang4 fu.	있습니다. 남편에게 물어볼 말이 있습니다.
34	Проходите.	请进。 qing3 jin4 !	들어오세요!

		러시아어	중국어	한국어
35		Подержите собаку, пожалуйста.	好的，请您看一下儿狗。 hao3 de qing4 nin2 kan1 yi2 xia4r gou3 !	네, 개를 좀 붙잡아 주세요!
36		Раздевайтесь.	把外套脱下来吧！ ba3 wai4 tao4 tuo1 xia4 lai ba!	외투 벗으세요!
37		Садитесь, пожалуйста!	请坐！ qing3 zuo4 !	앉으세요!
38		Курите, пожалуйста.	请抽烟！ qing3 chou1 yan1.	담배 피우세요!
39		Я не курю.	我不抽烟。 wo3 bu4 chou1 yan1.	안 피웁니다.
40		Вы ели?	吃饭了吗？ chi1 fan4 le ma?	식사하셨습니까?
41		Да, ел.	嗯，吃过了。 en, chi1 guo4 le.	네, 식사했습니다.
42		Откуда вы едете?	您从哪儿来？ nin2 cong2 na3r lai2 ?	어디에서 오는 길입니까?
43			我从〇〇经过〇〇来的。(满洲里，海拉尔) wo3 cong2 〇〇 jing1 guo4 〇〇lai2 de.(man3 zhou1 li3, hai3 la1 er3)	〇〇에서 〇〇를 거쳐 왔습니다.(만주리, 하일라르)
44		Я еду из 〇〇 через 〇〇. (из Алдална через Покровск)		〇〇에서 〇〇를 거쳐 왔습니다. (알단, 포크로프스크)
45		Куда вы едете?	上哪儿去？ shang4 na3r qu4 ?	어디로 갑니까?
46			上〇〇去。(扎兰屯) shang4 〇〇 qu4. (zha1 lan2 tun2)	〇〇로 갑니다.(잘란툰)

	러시아어	중국어	한국어
47	Я еду в ○○. (в Сангар)		○○로 갑니다. (산가르)
48	Сколько человек в семье?	家中有几口人? jia1 zhong1 you3 ji3 kou3 ren2 ?	집에 몇 식구가 있습니까?
49	Сколько взрослых?	有几个大人? you3 ji3 ge da4 ren2 ?	어른이 몇 명 있습니까?
50	Двое мужчин.	有两个男人。 you3 liang3 ge nan2 ren2.	남자가 두 명 있습니다.
51	Одна женщина.	有一个女人。 you3 yi2 ge nv3 ren2.	여자가 한 명 있습니다.
52	Трое детей.	有三个小孩。 you3 san1 ge xiao3 hai2.	아이가 세 명 있습니다.
53	Сколько лет старшему сыну?	大孩子几岁了? da4 hai2 zi ji3 sui4 le?	큰 아이는 몇 살입니까?
54	Ему восемь лет.	8岁了。 ba1 sui4 le	8살입니다.
55	Ваш муж вернулся?	丈夫回来了吗? zhang4 fu hui2 lai le ma?	남편이 돌아 왔습니까?
56	Ещё не вернулся.	还没回来。 hai2 mei2 hui2 lai.	아직 안 돌아 왔습니다.
57	Тогда кто-нибудь пришёл?	那么，谁来了? na4 me, shui2 lai2 le?	그러면, 누군가 왔습니까?
58	Никто не пришёл.	谁也没来。 shui2 ye3 mei2 lai2.	아무도 오지 않았습니다.
59	Вот он вернулся.	现在丈夫回来了! xian4 zai4 zhang4 fu hui2 lai le!	이제 남편이 돌아왔습니다!

	러시아어	중국어	한국어
60	У вас все в порядке?	你们都好吗？ ni3 men dou1 hao3 ma?	모두 괜찮습니까?
61	Да, все хорошо.	很好。 hen3 hao3.	편안합니다.
62	Что нового?	没有别的什么事儿吧？ mei2 you3 bie2 de shen2 me shi4r ba ?	별일 없으시죠?
63	Ничего особенного.	什么事儿也没有。 shen2 me shi4r ye3 mei2 you3.	아무 일도 없습니다.
64	Как ваше здоровье?	您身体好吗？ nin2 shen1 ti3 hao3 ma?	건강하십니까?
65	Без изменений.	还是老样子（没有什么变化）。 hai2 shi4 lao3 yang4 zi. (mei2 you3 shen2 me bian4 hua4.)	여전합니다.
66		你去过〇〇没有？（呼和浩特） ni3 qu4 guo4 〇〇 mei2 you3 ?(hu1 he2 hao4 te4)	〇〇에 가본 적이 있습니까? (후흐호트)
67	Вы бывали в 〇〇? (в Сунтаре)		〇〇에 가본 적이 있습니까? (순타르)
68	Я был там три раза.	去过三次。 qu4 guo4 san1 ci4.	세 번 가 봤습니다.
69	Сколько семей?	那儿有几户人家？ na4r you3 ji3 hu4 ren2 jia1 ?	몇 집이 있습니까?
70	Более 10 тыс. семей.	有万余户。/有一万多户。 you3 wan4 yu2 hu4. /you3 yi2 wan4 duo1 hu4.	1만여호가 있습니다.
71		〇〇有多大面积？（呼和浩特） 〇〇 you3 duo1 da4 mian4 ji1 ?(hu1 he2 hao4 te4)	〇〇은 면적이 어느 정도입니까?(후흐호트)

	러시아어	중국어	한국어
72	Какова площадь ○○? (Республики Саха (Якутия))		○○은 면적이 어느 정도입니까? (사하 (야쿠트) 공화국)
73		有○○平方公里。(一百二十三万) you3 ○○ ping2 fang1 gong1 li3.	○○평방미터입니다. (123만)
74	○○ квадратных метров. (3 млн.)		○○ 평방미터입니다. (3백만)
75		○○是哪年建立的？(内蒙古自治区) ○○ shi4 na3 nian2 jian4 li4 de.(nei4 meng3 gu3 zi4 zhi4 qu1)	○○은 언제 생겼습니까?(내몽고자치구)
76	Когда была основана ○○? (Республика Саха (Якутия))		○○은 언제 생겼습니까? (사하 (야쿠트) 공화국)
77		是○○年建立的。(1947年) shi4 ○○ nian2 jian4 li4 de.	○○년에 생겼습니다.(1947년)
78	В ○○ году. (1922)		○○년에 생겼습니다. (1922)
79	Где находится администрация Республики?	地方政府在什么地方？ di4 fang1 zheng4 fu3 zai4 shen2 me di4 fang?	행정 관청은 어디에 있습니까?
80		在○○。(呼和浩特) zai4 ○○.(hu1 he2 hao4 te4)	○○에 있습니다.(후흐호트)
81	В ○○. (В Якутске)		○○에 있습니다. (야쿠츠크)
82		现在在那个自治区内有多少○○族人？(巴尔虎) xian4 zai4 zai4 na4 ge zi4 zhi4 qu1 nei4 you3 duo1 shao ○○ zu2 ren2 ? (ba1 er3 hu3)	현재 그 자치구 안에 ○○인은 얼마나 있습니까?(바르가)
83	Сколько сейчас ○○ в ○○? (якутов, в той Республике)		현재 ○○에 ○○인은 얼마나 있습니까? (그 공화국, 야쿠트)

	러시아어	중국어	한국어
84		大约有〇〇人。(十万) da4 yue1 you3 〇〇 ren2.	약 〇〇명이 있습니다.(십만)
85	Около 〇〇 человек. (430 тыс.)		약 〇〇명이 있습니다.(43만)
86	Обед готов.	饭做好了。 fan4 zuo4 hao3 le.	밥 다 됐습니다.
87	Принесите сюда.	拿到这儿来！ na2 dao4 zhe4r lai2!	이리 가져 오세요!
88	Угощайтесь.	请吃饭吧！ qing3 chi1 fan4 ba !	드시지요!
89	Спасибо.	谢谢。(那就不客气了。) xie4 xie. (na4 jiu4 bu2 ke4 qi le.)	감사합니다. (잘 먹겠습니다.)
90	Вода вскипела.	水开了。 shui3 kai1 le.	물이 끓었습니다.
91	Пейте чай.	请喝茶吧！ qing3 he1 cha2 ba!	차 드세요!
92	Ещё налейте мне, пожалуйста.	请再给我一杯茶！ qing3 zai4 gei3 wo3 yi4 bei1 cha2 !	한 잔 더 주십시오!
93	Я ухожу.	我先走了。 wo3 xian1 zou3 le.	먼저 가겠습니다.
94	Когда вы ещё придёте?	什么时候再来？ shen2 me shi2 hou zai4 lai2 ?	언제 또 오시겠습니까?
95	Завтра ещё приду.	明天再来。 ming2 tian1 zai4 lai2.	내일 다시 오겠습니다.
96	Я причинил вам много хлопот.	太麻烦您了。 tai4 ma2 fan nin2 le.	폐를 너무 많이 끼쳤습니다.

	러시아어	중국어	한국어
97	Спасибо.	谢谢! xie4 xie!	감사합니다.
98	Ещё увидимся.	再见! zai4 jian4 !	또 뵙겠습니다.

<table>
<tr><td>Охота</td><td>狩猎
shou4 lie4</td><td>수렵</td></tr>
</table>

	러시아어	중국어	한국어
99	Пойдёмте на охоту.	我们打猎去吧! wo3 men da3 lie4 qu4 ba!	사냥하러 갑시다!
100	Пойдёмте.	走吧! zou3 ba!	갑시다!
101	Давайте поедем на лошади.	我们骑马去吧。 wo3 men qi2 ma3 qu4 ba.	말을 타고 갑시다.
102	Подготовьте лошадей.	准备马吧。 zhun3 bei4 ma3 ba.	말을 준비하세요.
103	Сегодня я не могу ехать.	今天去不了了。 jin1 tian1 qu4 bu4 liao3 le.	오늘은 못 갑니다.
104	Почему не можете?	为什么去不了了? wei4 shen2 me qu4 bu4 liao3 le?	왜 못 갑니까?
105	Потому что нет лошади.	因为没有马。 yin1 wei4 mei2 you3 ma3.	말이 없기 때문입니다.
106	Давайте на моей лошади!	我们骑我的马去吧! wo3 men qi2 wo3 de ma3 qu4 ba !	내 말을 타고 갑시다!
107	Вы готовы?	准备好了吗? zhun3 bei4 hao3 le ma?	준비 다 됐습니까?

	러시아어	중국어	한국어
108	Где лучше поохотиться?	打猎去什么地方好？ da3 lie4 qu4 shen2 me di4 fang hao3 ?	어디가 사냥하기에 좋습니까?
109	Куда лучше пойти на охоту?	到什么地方去打猎好？ dao4 shen2 me di4 fang qu4 da3 lie4 hao3?	어디로 사냥을 가면 좋습니까?
110	Я знаю.	我知道。 wo3 zhi1 dao.	내가 압니다.
111	Идите за мной.	跟我来吧！ gen1 wo3 lai2 ba !	나를 따라 오세요!
112	Там есть кабаны?	那儿有野猪吗？ na4r you3 ye3 zhu1 ma?	거기에 멧돼지가 있습니까?
113	Очень много кабанов.	有很多。 you3 hen3 duo1.	아주 많습니다.
114	А тигры есть?	有老虎吗？ you3 lao3 hu3 ma?	호랑이는 있습니까?
115	Сейчас тигров совсем нет.	最近根本就没有。 zui4 jin4 gen1 ben3 jiu4 mei2 you3.	요즘은 전혀 없습니다.
116	Тогда какие дикие звери водятся здесь?	那都有什么野兽？ na4 dou1 you3 shen2 me ye3 shou4?	그러면 어떤 들짐승이 있습니까?
117	Кабаны, косули, волки, медведи и другие полевые звери.	有野猪、狍子、狼熊等野兽。 you3 ye3 zhu1, pao2 zi, lang2, xiong2 deng3 ye3 shou4.	멧돼지, 노루, 늑대, 곰 등의 들짐승들이 있습니다.
118	Идёмте скорее.	快走吧！ kuai4 zou3 ba!	빨리 갑시다!
119	Подождите немного.	等一会儿。 deng3 yi2 hui4r.	좀 기다리세요.
120	Это косуля.	那是狍子。 na4 shi4 pao2 zi.	저것은 노루입니다.

	러시아어	중국어	한국어
121	Я пойду по этой дороге.	我从这儿走。 wo3 cong2 zhe4r zou3	나는 이리로 가겠습니다.
122	А вы подождите там на берегу речки!	你在那个河边等着。 ni3 zai4 na4 ge he2 bian1 deng3 zhe !	저 하천가에서 기다리세요!
123	Понял.	知道了。 zhi1 dao le.	알겠습니다.
124	О, попал в цель.	阿，打中了。 a, da3 zhong4 le.	아, 명중했습니다.
125	Что вы поймали?	打到什么了？ da3 dao4 shen2 me le?	뭘 잡았습니까?
126	Косулю.	狍子。 pao2 zi.	노루입니다.
127	Здесь следы медведя.	这儿有熊的足迹。(这儿有熊的脚印)。 zher4 you3 xiong2 de zu2 ji4.(Zhe4r you3 xiong2 de jiao3 yin4.)	여기에 곰 발자국이 있습니다.
128	Два вчерашних следа.	有昨天留下的两个脚印。 you3 zuo2 tian1 liu2 xia4 de liang3 ge jiao3 yin4	어제의 발자국이 두 개 있습니다.
129	Как вы думаете, где сейчас медведь?	熊去哪儿了呢？/在那儿？ xiong2 qu4 na3r le ne?/ zai4 na3r?	곰이 어디로 갔을까요? / 어디에 있지요?
130	Он наверно ушёл уже далеко.	可能走远了。 ke3 neng2 zou3 yuan3 le.	멀리 간 것 같습니다.
131	Там на вершине горы живут волки.	那个山顶上有狼。 na4 ge shan1 ding3 shang4 you3 lang2.	저 산 정상에 늑대가 있습니다.
132	Давайте привяжем лошадь и пойдёмте пешком!	把马绑住，步行去吧。 ba3 ma3 bang3 zhu4, bu4 xing2 qu4 ba.	말을 매어 두고 걸어서 갑시다!

	러시아어	중국어	한국어
133	Я пойду один.	我一个人去。 wo3 yi2 ge ren2 qu4.	나 혼자 가겠습니다.
134	Идите осторожно!	注意点儿走！ zhu4 yi4 dian3r zou3 !	조심해서 가세요!
135	Вот фазан.	有野鸡。 you3 ye3 ji1.	꿩이 있습니다.
136	Я его пристрелю.	我打吧！ wo3 da3 ba!	내가 쏘겠습니다.
137	Пойдёмте посмотрим.	去看一看！ qu4 kan4 yi kan!	가서 봅시다!
138	Попали?	打中了没有？ da3 zhong4 le mei2 you3?	명중했습니까?
139	Попал.	打中了。 da3 zhong4 le.	명중했습니다.
140	Куда вы целили?	打中哪个部位了？ da3 zhong4 na3 ge bu4 wei4 le?	어느 부위에 명중했습니까?
141	Куда вы целили?		어느 부위를 겨누었습니까?
142	Я стрелял в голову.	打中头了。 da3 zhong4 tou2 le.	머리에 명중했습니다.
143	Я стрелял в голову.		머리를 쏘았습니다.
144	В следующий раз я буду стрелять.	下次我来打。 xia4 ci4 wo3 lai2 da3.	다음 번에는 내가 쏘겠습니다.
145	Уже темно. Давайте заночуем в лесу.	天黑了，就在森林里睡吧。(过夜吧) tian1 hei1 le, jiu4 zai4 sen1 lin2 li3 shui4 ba. (guo4 ye4 ba)	날이 어두어졌으니 숲에서 잡시다!

	Отдых	休息 xiu1 xi	휴식
	러시아어	중국어	한국어
146	Я немного устал.	我有点儿累了。 wo3 you3 dian3 lei4 le.	좀 피곤하군요.
147	Где мы отдохнём?	我们在什么地方休息呢? wo3 men zai4 shen2 me di4 fang xiu1 xi ne?	어디에서 쉴까요?
148	Давайте здесь отдохнём!	在这儿休息吧! zai4 zher4 xiu1 xi ba!	여기에서 쉽시다!
149	Разбейте палатку!	支帐蓬! zhi1 zhang4 peng2!	천막을 치세요!
150	Снимите седло с лошади!	把马鞍子拿下来! ba3 ma3 an1 zi na2 xia4 lai!	말 안장을 벗기세요!
151	Где вода?	哪里有水? na3 li3 you3 shui3?	어디에 물이 있습니까?
152	Вон там.	那边有。 na4 bian1 you3.	저쪽에 있습니다.
153	Давайте напоим лошадь.	饮马吧! yin4 ma3 ba!	말에게 물을 먹입시다!
154	Завяжите лошади ноги путами.	把马拴上! ba3 ma3 shuan1 shang!	말에게 지달을 묶으세요!
155	Смотрите за лошадью!	看着马! kan1 zhe ma3!	말 보세요!
156	Нарвите травы.	取草来! qu3 cao3 lai2!	풀을 뜯어 오세요!
157	Давайте разведём костёр с дымком.	生火放烟吧! sheng1 huo3 fang4 yan1 ba!	불을 놓아 연기를 피웁시다!

	러시아어	중국어	한국어
158	Зажгите лампу.	点灯吧! dian3 deng1 ba!	등을 밝히세요!
159	Я хочу спать.	我困了。 wo3 kun4 le.	졸립니다.
160	Я ложусь спать.	我要睡觉了。 wo3 yao4 shui4 jiao4 le.	자겠습니다.
161	Ложитесь первым.	你先睡吧! ni3 xian1 shui4 ba!	먼저 주무세요!
162	Хорошо.	行啊! xing2 a!	좋습니다.
163	Вы ложитесь здесь!	你在这儿睡吧! ni3 zai4 zher4 shui4 ba!	여기에서 주무세요!

Подъем/отправка   起床，出发   기상/출발
qi3 chuang2, chu1 fa1

	러시아어	중국어	한국어
164	Рассвело.	天亮了。 tian1 liang4 le.	날이 밝았습니다.
165	Вставайте!	起来! qi3 lai2 !	일어나세요!
166	Вы уже встали?	已经起来了吗? yi3 jing1 qi3 lai2 le ma?	벌써 일어났습니까?
167	Как спалось вчера ночью?	昨天晚上睡好了吗? zuo2 tian1 wan3 shang shui4 hao3 le ma?	어젯밤 잘 잤습니까?
168	Да, я хорошо выспался.	嗯，睡好了。 en, shui4 hao3 le.	네, 잘 잤습니다.

	러시아어	중국어	한국어
169	В тазике вода есть?	盆里有水吗? pen2 li3 you3 shui3 ma?	대야에 물이 있습니까?
170	Принесите мыло и полотенце!	把肥皂手巾拿来! ba3 fei2 zao4 shou3 jin1 na2 lai2 !	비누와 수건을 가져 오세요!
171	Давайте умоемся!	我们洗脸吧! wo3 men xi3 lian3 ba!	세수합시다!
172	Почистите зубы!	刷牙吧! shua1 ya2 ba!	양치질하세요!
173	Лошадь ела траву?	马吃草了吗? ma3 chi1 cao3 le ma?	말이 풀을 먹었습니까?
174	Да, я хорошо её накормил.	嗯，吃了很多。 en, chi1 le hen3 duo1.	네, 많이 먹였습니다.
175	Приведите лошадь!	牵马来! (把马牵过来) qian1 ma3 lai2 ! (ba3 ma3 qian1 guo4 lai)	말을 끌고 오세요!
176	Давайте поведём лошадь под уздцы.	牵马走吧! qian1 ma3 zou3 ba!	말을 몰고 갑시다.
177	Пойдёмте быстрее!	快走吧! kuia4 zou3 ba!	빨리 갑시다!
178	Куда ведёт эта дорога?	这道儿是往哪儿去的? zhe4 dao4r shi4 wang3 na3r qu4 de?	이 길은 어디로 가는 길입니까?
179		这是到〇〇去的道儿。(海拉尔) zhe4 shi4 dao4 〇〇 qu4 de dao4r.(hai3 la1 er3)	〇〇로 가는 길입니다.(하일라르)
180	Она ведёт к 〇〇. (к реке Лена)		〇〇로 가는 길입니다. (레나 강)
181	А там есть дорога?	那边有道儿吗? na4 bian1 you3 dao4r ma?	저 쪽에 길이 있습니까?

	러시아어	중국어	한국어
182	Там мокрая земля.	那是泥地。 na4 shi4 ni2 di4.	거기는 진흙탕입니다.
183	По ней трудно идти.	不好走。 bu4 hao3 zou3.	가기 어렵습니다.
184	А по этой дороге легче идти?	这道好走吗? zhe4 dao4 hao3 zou3 ma?	이 길은 가기 좋습니까?
185	Это короткий путь.	这是近道。 zhe4 shi4 jin4 dao4.	이 길은 지름길입니다.
186	Как называется эта гора?	那座山叫什么 (山)? na4 zuo4 shan1 jiao4 shen2 me(shan1)?	저 산은 이름이 무엇입니까?
187		那是○○山。 (阿尔) na4 shi4 ○○ shan1. (a1 er3)	저 산은 ○○입니 다.(아르산)
188	Это ○○. (гора Победа)		저 산은 ○○입니다. (포베다 산)

Погода   天气
tian1 qi4   날씨

	러시아어	중국어	한국어
189	Какая погода?	天气怎么样? tian1 qi4 zen3 me yang4 ?	날씨가 어떻습니까?
190	Хорошая погода.	天气很好。 tian1 qi4 hen3 hao3.	날씨가 좋습니다.
191	Какая погода на улице?	外面怎么样? wai4 mian zen3 me yang4 ?	바깥은 어떻습니까?
192	Облачно.	有云。 you3 yun2.	구름이 있습니다.

	러시아어	중국어	한국어
193	Облака рассеялись.	云散了。 yun2 san4 le.	구름이 걷혔습니다.
194	Погода прояснилась.	天晴了。 tian1 qing2 le.	날씨가 맑아졌습니다.
195	Дождь шёл всю ночь.	雨整下了一夜。/雨下了一整夜。 yu3 zheng3 xia4 le yi2 ye4. /yu3 xia4 le yi4 zheng3 ye4.	비가 밤새 내렸습니다.
196	Дождь перестал.	雨停了。 yu3 ting2 le.	비가 그쳤습니다.
197	Пойдёмте скорее!	快点儿走吧! kuai4 dian3r zou3 ba!	빨리 갑시다!
198	Снег выпал.	下雪了。 xia4 xue3 le.	눈이 내렸습니다.
199	Погода очень холодная.	天气很凉。 tian1 qi4 hen3 liang2.	날씨가 매우 찹니다.
200	Мне холодно.	我冷。 wo3 leng3.	나는 춥습니다.
201	Откуда сегодня дует ветер?	今天是哪个方向的风？/今天刮什么风？ jin1 tian1 shi4 na3 ge fang1 xiang4 de feng1? /jin1 tian1 gua1 shen2 me feng1?	오늘은 어디에서 바람이 붑니까?
202	С севера.	是北风。 shi4 bei3 feng1.	북쪽에서 붑니다.

Еда	饮食 yin3 shi2	음식

	러시아어	중국어	한국어
203	Вы ели?	吃过饭了吗？ chi1 guo4 fan4 le ma?	식사하셨습니까?

	러시아어	중국어	한국어
204	Нет, ещё не ел.	还没吃。 hai2 mei2 chi1.	아직 안 먹었습니다.
205	Я очень голоден.	我太饿了。 wo3 tai4 e4 le.	배가 매우 고픕니다.
206	Давайте приготовим поесть.	做饭吧。 zuo4 fan4 ba.	식사를 준비합시다.
207	Давайте разведём здесь огонь.	在这儿生火吧。 zai4 zhe4r sheng1 huo3 ba	여기에 불을 피웁시다.
208	Мы варим рис в котле.	用锅做饭。 yong4 guo1 zuo4 fan4.	솥에 밥을 합니다.
209	Что вы едите каждый день?	每天吃什么饭? mei3 tian1 chi1 shen2 me fan4 ?	매일 무엇을 먹습니까?
210	Мы едим рис.	吃米饭。 chi1 mi3 fan4.	쌀밥을 먹습니다.
211	Мы едим хлеб.	吃面包。 chi1 mian4 bao1	빵을 먹습니다.
212	Садитесь, пожалуйста.	坐下吧! zuo4 xia4 ba!	자리에 앉으세요!
213	Да, давайте вместе.	好,我们一起坐吧! hao3 wo3 men yi4 qi3 zuo4 ba !	네, 같이 앉읍시다!
214	Что у вас есть выпить?	有什么酒? you3 shen2 me jiu3 ?	무슨 술이 있습니까?
215		有白酒。 you3 bai2 jiu3 ?	백주가 있습니다.
216	Есть водка.		보드카가 있습니다.

	러시아어	중국어	한국어
217	Сколько у вас есть?	有多少? you3 duo1 shao?	얼마나 있습니까?
218	Две бутылки.	有两瓶。 you3 liang3 ping2.	두 병이 있습니다.
219	Пейте ещё.	再喝一点儿吧。 zai4 he1 yi4 dian3r ba.	더 마시세요.
220	Я пьян.	我醉了。 wo3 zui4 le.	나는 취했습니다.
221	Я больше не буду пить.	不喝了。 bu4 he1 le.	더 마시지 않겠습니다.
222	Я наелся.	吃多了。 chi1 duo1 le.	많이 먹었습니다.

Делёж добычи с охоты   分配猎物   수렵물 분배
fen1 pei4 lie4 wu4

	러시아어	중국어	한국어
223	Охотники вернулись.	猎人们回来了。 lie4 ren2 men hui2 lai2 le.	사냥대가 돌아왔습니다.
224	Что вы поймали?	都猎到什么了? dou1 lie4 dao4 le shen2 me?	무엇을 잡아왔습니까?
225	Косуль и оленей.	狍子和鹿。 pao2 zi he2 lu4.	노루와 사슴입니다.
226	Мясо поделили?	肉都分了吗? rou4 dou1 fen1 le ma?	고기를 나누었습니까?
227	Нет ещё.	还没分。 hai2 mei2 fen1.	아직 나누지 않았습니다.

	러시아어	중국어	한국어
228	Что вы хотите?	要点儿什么？ yao4 dian3r shen2 me?	무엇을 드릴까요?
229	Дайте мне оленьего мяса.	给我点儿鹿肉！ gei3 wo3 dian3r lu4 rou4 !	사슴고기를 나에게 좀 주십시오!
230	Какую часть вы хотите?	要哪个部位的？ yao4 na3 ge bu4 wei4 de?	어느 부위를 드릴까요?
231	Передние ноги, пожалуйста.	请给我前腿。 qing3 gei3 wo3 qian2 tui3 .	앞다리를 주세요.
232	Чего-нибудь осталось?	有剩下的肉吗？ you3 sheng4 xia de rou4 ma?	남은 고기가 있습니까?
233	Нет, ничего не осталось.	没有。 mei2 you3.	없습니다.
234	Хорошо поджарьте мне мясо!	请给我把肉好好地烧一下儿！ qing3 gei3 wo3 ba3 rou4 hao3 hao de shao1 yi2 xia4r!	고기를 나에게 좀 잘 구워 주세요!

<table>
<tr><td>В магазине</td><td>商店
shang1 dian4</td><td>상점</td></tr>
</table>

	러시아어	중국어	한국어
235	Проходите, пожалуйста.	欢迎光临。 huan1 ying2 guang1 lin2.	어서 오세요.
236	Что вам нужно?	您要买什么？ nin2 yao4 mai3 shen2 me?	무엇을 찾으십니까?
237	Я хочу купить шапку и пальто.	我想买帽子和外套。 wo3 xiang3 mai3 mao4 zi he2 wai4 tao4.	모자와 외투를 사려고 합니다.
238	Покажите, пожалуйста, вон ту меховую шапку чёрного цвета.	请给我看看那个黑色带毛的帽子。 qing3 gei3 wo3 kan4 kan na4 ge hei1 se4 dai4 mao2 de mao4 zi.	저 검은 색 털모자를 좀 보여 주세요.

	러시아어	중국어	한국어
239	Вот, пожалуйста.	给您。 gei3 nin2.	여기 있습니다.
240	Примерьте.	戴上试试吧。 dai4 shang shi4 shi ba.	한번 써 보세요.
241	Немного мала.	有点儿小。 you3 dian3r xiao3.	조금 작군요.
242	Есть ли на размер больше?	没有大一点儿的吗? mei2 you3 da4 yi dian3r de ma?	더 큰 것은 없습니까?
243	Как вам эта шапка?	这个怎么样? zhe4 ge zen3 me yang4 ?	이것은 어떻습니까?
244	Да, как раз.	好,很合适。 hao3, hen3 he2 shi4.	네, 잘 맞습니다.
245	А пальто какое можете предложить?	那么,外套都有些什么样的? na4 me, wai4 tao4 dou1 you3 xie1 shen2 me yang4 de?	그러면 외투는 어떤 것이 있습니까?
246	Примерьте, вот это красное пальто.	您试试这件红色的外套。 nin2 shi4 shi zhe4 jian4 hong2 se4 de wai4 tao4.	이 붉은 색 외투를 한번 입어보세요.
247	Мне не нравится цвет.	我不喜欢这个颜色。 wo3 bu4 xi3 huan zhe4 ge yan2 se4.	색깔이 마음에 들지 않습니다.
248	Покажите мне, вон то синее.	把那件绿色的外套拿来看看。 ba3 na4 jian4 lv4 se4 de wai4 tao4 na2 lai2 kan4 kan.	저 푸른 색 외투로 보여 주세요.
249	Вот, пожалуйста.	给您。 gei3 nin2.	여기 있습니다.
250	Как оно вам?	怎么样? zen3 me yang4 ?	어떻습니까?

	러시아어	중국어	한국어
251	Это мне идёт.	对我很合适。 dui4 wo3 hen3 he2 shi4.	저한테 어울립니다.
252	Мне нравится.	我很喜欢。 wo3 hen3 xi3 huan.	마음에 듭니다.
253	Сколько стоит?	多少钱？ duo1 shao qian2 ?	얼마입니까?
254		四千五百元。 si4 qian1 wu3 bai3 yuan2.	4,500위안입니다.
255	4 500 рублей.		4,500루블입니다.
256	Немного дорого.	有点儿贵。 you3 dian3r gui4.	좀 비싸네요.
257	Есть ли подешевле?	没有更便宜点儿的吗？ mei2 you3 geng4 pian2 yi dian3r de ma?	조금 더 싼 것은 없습니까?
258	А как вам вот это коричневое пальто?	那么这件棕色的外套怎么样？ na4 me zhe4 jian4 zong1 se4 de wai4 tao4 zen3 me yang4 ?	그럼 이 갈색 외투는 어떻습니까?
259	Оно немного дешевле, чем то.	这件比那件更便宜点儿。 zhe4 jian4 bi3 na4 jian4 geng4 pian2 yi dian3r.	이것이 저것보다 조금 더 쌉니다.
260	Да, хорошее пальто.	嗯，挺好的。 en, ting3 hao3 de.	네, 괜찮군요.
261	Я возьму эту чёрную меховую шапку и коричневое пальто.	我要这顶黑色带毛的帽子和这件棕色的外套。 wo3 yao4 zhe4 ding3 hei1 se4 dai4 mao2 de mao4 zi he2 zhe4 jian4 zong1 se4 de wai4 tao4.	이 검은 털모자와 갈색 외투를 사겠습니다.
262	Сколько всё это стоит?	一共多少钱？ yi2 gong4 duo1 shao qian2 ?	모두 얼마입니까?

	러시아어	중국어	한국어
263		帽子六百一十二元，外套三千七百元。 mao4 zi liu4 bai3 yi4 shi2 er4 yuan2, wai4 tao4 san1 qian1 qi1 bai3 yuan2.	모자가 612위안이고 외투가 3,700위안입니다.
264	Шапка - 612 рублей, пальто - 3 700.		모자가 612루블이고 외투가 3,700루블입니다.
265		一共四千三百一十二元。 yi2 gong4 si4 qian1 san1 bai3 yi4 shi2 er4 yuan2.	합해서 4,312위안입니다.
266	Всё вместе 4 312 рублей.		합해서 4,312루블입니다.
267	Вот, возьмите, пожалуйста.	嗯，给您钱。 en, gei3 nin2 qian2.	네, 여기 있습니다.
268	Спасибо.	谢谢。 xie4 xie.	감사합니다.
269	Приходите ещё.	欢迎下次再来。 huan1 ying2 xia4 ci4 zai4 lai2.	다음에 또 오세요.

Извинение   道歉   사과
dao4 qian4

	러시아어	중국어	한국어
270	Я опоздал на встречу.	我迟到了。 wo3 chi2 dao4 le.	제가 늦었습니다.
271	Извините, пожалуйста.	对不起。 dui4 bu qi3.	미안합니다.
272	Из-за меня Вы даже не поели?	因为我，还没吃饭吧？ yin1 wei4 wo3, hai2 mei2 chi1 fan4 ba？	저때문에 식사를 아직 못했지요?
273	Ничего страшного.	没关系。 mei2 guan1 xi.	괜찮습니다.

	Лечение	治疗 zhi4 liao2	치료
	러시아어	**중국어**	**한국어**
274	Здравствуйте, доктор.	大夫，您好。 dai4 fu, nin2 hao3.	의사 선생님, 안녕하세요.
275	На что вы жалуетесь?	哪儿不舒服吗? na3r bu4 shu1 fu ma?	어디가 불편하십니까?
276	Я чувствую себя плохо.	身体不太舒服。 shen1 ti3 bu2 tai4 shu1 fu.	몸이 좀 불편합니다.
277	Что у вас болит?	哪儿疼? na3r teng2.	어디가 아픕니까?
278	У меня болит голова.	头痛。 tou2 tong4.	머리가 아픕니다.
279	Мне кажется, я простудился.	我好像感冒了。 wo3 hao3 xiang4 gan3 mao4 le.	감기에 걸린 것 같습니다.
280	Я потею.	出汗。 chu1 han4.	땀이 납니다.
281	У меня болит живот.	肚子痛。 du4 zi tong4.	배가 아픕니다.
282	У меня понос.	拉肚子。 la1 du4 zi.	설사를 합니다.
283	Когда у вас началось?	从什么时候开始的? cong2 shen2 me shi2 hou kai1 shi3 de?	언제부터 시작되었습니까?
284	Три дня назад.	三天了。 san1 tian1 le.	3일 되었습니다.
285	Снимите одежду!	请把外衣脱下来。 qing3 ba3 wai4 yi1 tuo1 xia4 lai.	겉옷을 벗으세요!

	러시아어	중국어	한국어
286	Поднимите бельё!	把衬衣也脱下来。 ba3 chen4 yi1 ye3 tuo1 xia4 lai.	속옷을 올리세요!
287	Поднимите руку!	请把手举起来！ qing3 ba3 shou3 ju3 qi3 lai!	손을 올리세요!
288	Вытяните руку!	把手伸出来！ ba3 shou3 shen1 chu1 lai!	손을 뻗으세요!
289	Здесь болит?	这儿痛吗？ zhe4r tong4 ma?	여기가 아픕니까?
290	Не болит.	不痛。 bu2 tong4.	아프지 않습니다.
291	Какая у вас моча?	小便怎么样？ xiao3 bian4 zen3 me yang4 ?	소변은 어떻습니까?
292	Много или мало?	多还是少？ duo1 hai2 shi4 shao3?	많습니까? 아니면 적습니까?
293	Какой у вас аппетит?	胃口怎么样？ wei4 kou3 zen3 me yang4 ?	식욕은 어떻습니까?
294	У меня нет аппетита.	没有胃口。 mei2 you3 wei4 kou3.	식욕이 없습니다.
295	Одевайтесь.	穿上衣服吧！ chuan1 shang yi1 fu ba!	옷을 입으세요!
296	Давайте пощупаем пульс.	检查检查脉膊。 jian3 cha2 jian3 cha2 mai4 bo2 !	맥박을 좀 봅시다!
297	Какой диагноз?	什么病？ shen2 me bing4 ?	무슨 병입니까?
298	Простуда.	感冒。 gan3 mao4.	감기입니다.

	러시아어	중국어	한국어
299	Не беспокойтесь.	没有什么可担心的。 mei2 you3 shen2 me ke3 dan1 xin1 de.	걱정할 것 없습니다.
300	Принимайте это лекарство три раза в день	这个药一天吃三次。 zhe4 ge yao4 yi4 tian1 chi1 san1 ci4.	이 약을 하루에 세 번 먹으세요.
301	Понятно.	明白了。 ming2 bai le.	알겠습니다.
302	До свидания!	再见! zai4 jian4 !	안녕히 계세요!

Время года	季节 ji4 jie2	계절

	러시아어	중국어	한국어
303	Ветер холодный.	风很凉。 feng1 hen3 liang2 .	바람이 찹니다.
304	Несколько дней тому назад было тепло.	几天前还很暖和呢。 ji3 tian1 qian2 hai2 hen3 nuan3 huo ne.	며칠 전에는 따뜻했지요.
305	Время летит быстро!	时间过的真快啊。 shi2 jian1 guo4 de zhen1 kuai4 a.	시간이 빨리 지나가는군요.
306	В последнее время дни стали короче.	最近白天变短了。 zui4 jin4 bai2 tian1 bian4 duan3 le.	요즘에는 낮이 짧아졌습니다.
307	Этой зимой будет холодно как в прошлую зиму?	这个冬天会象去年冬天那么冷吗? zhe4 ge dong1 tian1hui4 xiang4 qu4 nian2 dong1 tian1 na me leng3 ma?	이번 겨울은 지난 겨울만큼 추울까요?
308	Снега тоже выпадет много?	会下大雪吗? hui4 xia4 da4 xue3 ma?	눈도 많이 올까요?
309	Всем нужно хорошо подготовиться к зиме.	你们可得做好过冬的准备啊。 ni3 men ke3 dei3 zuo4 hao3 guo4 dong1 de zhun3 bei4 a.	다들 겨울 준비를 잘 해야겠습니다.

	러시아어	중국어	한국어
310	Дом тоже надо подготовить.	也应该把家里好好看看。 ye3 ying1 gai1 ba3 jia1 li hao3 hao kan4 kan.	집안도 여기저기 살펴보아야겠지요.
311	И одеваться надо будет теплей.	要穿暖和点儿。 yao4 chuan1 nuan3 he dian3r.	옷도 따뜻하게 입어야 합니다.
312	Так как легко простудиться.	容易感冒。 rong2 yi4 gan3 mao4.	감기 걸리기가 쉽거든요.
313	Берегите здоровье.	要注意健康。 yao4 zhu4 yi jian4 kang1.	건강 조심하세요.

Радость　　　　高兴　　　　기쁨
gao1 xing4

	러시아어	중국어	한국어
314	У Вас радостная новость?	有什么高兴的事儿吗? you3 shen2 me gao1 xing4 de shi4r ma?	무슨 즐거운 일이 있나요?
315	Да, сегодня младший брат приезжает.	嗯,今天弟弟回来。 en, jin1 tian1 di4 di hui2 lai.	네, 오늘 (남)동생이 돌아옵니다.
316	Поэтому Вы так рады.	所以你看起来这么高兴啊。 suo3 yi3 ni3 kan4 qi3 lai zhe4 me gao1 xing4 a.	그래서 그렇게 기쁘시군요.
317	Дома, наверное, тоже все рады.	家里人一定都很高兴。 jia1 li3 ren2 yi2 ding4 dou1 hen3 gao1 xing4.	집안 사람들이 다 기쁘겠군요.
318	Да, все ждут младшего брата.	嗯,大家都等着弟弟呢。 en, da4 jia1 dou1 deng3 zhe di4 di ne	네, 모두들 (남)동생을 기다리고 있습니다.
319	Когда уезжал младший брат, всем было грустно.	弟弟走的时候大家都很伤心吧。 di4 di zou3 de shi2 hou da4 jia1 dou1 hen3 shang1 xin1 ba.	(남)동생이 떠날 때는 모두들 슬퍼했었지요.
320	Особенно мать сильно грустила.	特别是妈妈很舍不得吧。 te4 bie2 shi4 ma1 ma hen3 she3 bu de ba.	특히 어머니께서 많이 섭섭해하셨지요.

	러시아어	중국어	한국어
321	Я рад снова видеть.своего младшего брата	再次见面很高兴。 zai4 ci4 jian4 mian4 hen3 gao1 xing4.	다시 만나게 되어 기쁩니다.
322	Дома, наверное, будет праздник по этому поводу.	家里该热闹了。 jia1 li3 gai1 re4 nao le.	집안에 잔치가 벌어지겠네요.
323	Я желаю приятного общения с младшим братом.	和弟弟多说些话。 he2 di4 di duo1 shuo1 xie1 hua4.	(남)동생과 이야기 많이 나누시기 바래요.

Расставание	离别 li2 bie2	이별

	러시아어	중국어	한국어
324	До отправления поезда ещё же много времени?	离开车时间还早吧? li2 kai1 che1 shi2 jian1 hai2 zao3 ba?	기차가 출발하려면 아직 멀었지요?
325	Да, осталось около сорока минут.	嗯，还有40分钟。 en, hai2 you3 si4 shi2 fen1 zhong1.	네, 한 사십분 정도 남았습니다.
326	Очень жаль, что Вам уже надо уезжать.	你要走了，真舍不得。 ni3 yao4 zou3 le , zhen1 she3 bu4 de2.	벌써 떠나신다니 아쉽네요.
327	Мне тоже грустно.	我也很舍不得。 wo3 ye3 hen3 she3 bu de2.	저도 섭섭합니다.
328	Спасибо за радушный приём.	这段时间多谢您的招待。 zhe4 duan4 shi3 jian1 duo1 xie4 nin2 de zhao1 dai4	그동안 잘 대접해 주셔서 감사합니다.
329	Мы хотели принять ещё лучше.	没能好好照看您，真是不好意思。 mei2 neng2 hao3 hao zhao4 kan4 nin2, zhen1 shi4 bu4 hao3 yi4 si.	더 잘 해드리지 못해서 죄송한데요.
330	Обязательно поддерживайте связь.	一定要和我联系。 yi2 ding4 yao4 he2 wo3 lian2 xi .	꼭 연락하세요.
331	Конечно.	当然。 dang1 ran2.	그럼요.

	러시아어	중국어	한국어
332	Наверное, буду сильно скучать.	我会很想你的。 wo3 hui4 hen3 xiang3 ni3 de.	많이 보고 싶을 것 같습니다.
333	Я тоже, наверное, буду очень скучать по этим местам.	我也会很想念这个地方的。 wo3 ye3 hui4 hen3 xiang3 nian4 zhe4 ge di4 fang de.	저도 이 곳이 많이 그리울 것 같습니다.
334	Счастливого пути.	再见！ zai4 jian4!	안녕히 가세요!
335	Счастливо оставаться.	再见！ zai4 jian4!	안녕히 계세요!

<table>
<tr><td>Умение(мастерство)</td><td>手艺
shou3 yi4</td><td>솜씨</td></tr>
</table>

	러시아어	중국어	한국어
336	Кто сшил эту одежду?	这件衣服谁做的？ zhe4 jian4 yi1 fu shui2 zuo4 de?	이 옷은 누가 지었습니까?
337	Наша бабушка.	我奶奶做的。 wo3 nai3 nai zuo4 de.	저희 할머니께서 만드셨습니다.
338	У нее видимо дар шитья.	手艺真好。 shou3 yi4 zhen1 hao3.	아주 솜씨가 좋으시네요.
339	Наша бабушка очень хорошо шьёт.	我奶奶的针线活儿做得很好。 wo3 nai3 nai de zhen1 xian4 huo2r zuo4 de hen3 hao3.	저희 할머니께서는 바느질을 아주 잘하십니다.
340	Тогда Вы, наверное, учились шить у бабушки?	那你跟你奶奶学习做针线活了吗？ na4 ni3 gen1 ni3 nai3 nai xue2 xi2 zuo4 zhen1 xian4 huo2 le ma?	그러면 할머니께 바느질을 좀 배우셨나요?
341	Каждый раз, когда было время.	有空儿的时候就学一点儿。 you3 kong4r de shi2 hou jiu4 xue2 yi4 dian3r.	틈틈이 배웠습니다.
342	Но, у меня не так хорошо получается.	可是做得不好。 ke3 shi4 zuo4 de bu4 hao3.	그러나 잘 하지 못합니다.

	러시아어	중국어	한국어
343	Сейчас что шьёте?	最近做什么针线活儿吗? zui4 jin4 zuo4 shen2 me zhen1 xian4 huo2r ma?.	요즘에는 무엇을 만드나요?
344	Шью маленькую сумочку.	正在做一个小兜子。 zheng4 zai4 zuo4 yi2 ge4 xiao3 dou1 zi.	작은 주머니를 만들고 있습니다.

Вкус 1 (Чаепитие)　喜好 1(喝茶的时候)　기호 1(차마실 때)
xi3 hao4 (he1 cha2 de shi2 hou)

	러시아어	중국어	한국어
345	Вам что-нибудь принести попить?	喝点儿什么吗? he1 dian3r shen2 me ma?	마실 것을 드릴까요?
346	Да, хорошо.	好。 hao3.	네, 좋습니다.
347	Что Вы желаете?	你要喝点儿什么? ni3 yao4 he1 dian3r shen2 me?	무엇을 마시겠습니까?
348	Я буду чай.	我要喝茶。 wo3 yao4 he1 cha2.	저는 차를 마시겠습니다.
349	Какой Вы предпочитаете?	要什么样的? yao4 shen2 me yang4 de?	어떻게 해드릴까요?
350	Крепкий?	要浓茶吗? yao4 nong2 cha2 ma?	진하게 해드릴까요?
351	Нет, не крепкий.	要淡点儿的。 yao4 dan4 dian3r de.	약하게 해주세요.
352	Вам с молоком?	要加牛奶吗? yao4 jia1 niu2 nai3 ma?	우유를 넣어드릴까요?
353	Да, добавьте немного молока.	请给我加一点儿牛奶。 qing3 gei3 wo3 jia1 yi4 dian3r niu2 nai3.	우유를 조금만 넣어주세요.

	러시아어	중국어	한국어
354	А сахар?	放糖吗? fang4 tang2 ma?	설탕은요?
355	Пожалуйста, без сахара.	不放糖。 bu2 fang4 tang2.	설탕은 넣지 마세요.
356	Вот, пожалуйста.	给您。 gei3 nin2.	여기 있습니다.
357	Спасибо.	谢谢。 xie4 xie.	감사합니다.

Вкус 2 (Досуг)　　　喜好2(喜欢的运动)　　　기호2(여가활동)
xi3 hao4 (xi3 huan de yun4 dong4)

	러시아어	중국어	한국어
358	Что Вы делаете во время отдыха?	有空的时候做什么? you3 kong4 de shi2 hou zuo4 shen2 me ?	시간이 있을 때 무엇을 하나요?
359	Хожу в горы.	登山。 deng1 shan1.	산에 올라갑니다.
360	А Вы что делаете?	你做什么? ni3 zuo4 shen2 me ?	당신은 무엇을 합니까?
361	Мне нравится петь песни.	我喜欢唱歌。 wo3 xi3 huan chang4 ge1.	저는 노래 부르는 것을 좋아합니다.
362	Какие песни Вам нравятся?	喜欢什么歌? xi3 huan shen2 me ge1 ?	무슨 노래를 좋아합니까?
363	Мне нравится ○○.	喜欢○○。 xi3 huan ○○.	○○를 좋아합니다.
364	Мне тоже нравится эта песня.	我也喜欢那首歌。 wo3 ye3 xi3 huan na4 shou3 ge1.	저도 그 노래를 좋아합니다.

	러시아어	중국어	한국어
365	Очень ведь весёлая песня.	调子很欢快。 diao4 zi hen3 huan1 kuai4.	참 흥겨운 가락이지요.
366	Может, споём вместе?	一起唱一唱，好吗？ yi4 qi3 chang4 yi chang4 hao3 ma ?	같이 불러 볼까요?

문 법

1 체언과 격표지

	러시아어	중국어	한국어
1 1 인칭대명사의 성격 **(1) 1인칭 복수 (배제형/포함형)**			
1	Мы пойдём на речку, а вы идите в горы.	我们从河上过去，你们走山路吧。 wo3 men cong2 he2 shang guo4 qu, ni3 men zou3 shan1 lu4 ba.	우리는 강으로 갈 테니, 너희는 산으로 가거라.
2	Давайте вместе пойдём в лес.	咱们一起去草原吧。 zan2 men yi4 qi3 qu4 cao3 yuan2 ba.	우리 함께 숲으로 가자.
(2) 인칭대명사 단수			
3	Он ушел вместе со мной.	他和我一起离开了。 ta1 he2 wo3 yi4 qi3 li2 kai1 le.	그는 나와 함께 떠났다.
4	Я дал ему эту книгу.	我给了他这本书。 wo3 gei3 le ta1 zhe4 ben3 shu1.	나는 그에게 이 책을 주었다.
5	Он дал мне эту книгу.	他给了我这本书。 ta1 gei3 le wo3 zhe4 ben3 shu1.	그는 나에게 이 책을 주었다.
6	Вчера я видел тебя на базаре.	我昨天在市场看到你了。 wo3 zuo2 tian1 zai4 shi4 chang3 kan4 dao4 ni3 le.	나는 어제 시장에서 너를 보았다.
7	Вчера ты видел его на базаре?	你昨天在市场看到他了吗? ni3 zuo2 tian1 zai4 shi4 chang3 kan4 dao4 ta1 le ma?	너는 어제 시장에서 그를 보았니?
8	Он ушел вместе с тобой.	他和你一起离开了。 ta1 he2 ni3 yi4 qi3 li2 kai1 le.	그는 너와 함께 떠났다.
(3) 인칭대명사 복수			
9	Они ушли вместе с нами.	他们和我们一起离开了。 ta1 men he2 wo3 men yi4 qi3 li2 kai1 le.	그들은 우리와 함께 떠났다.
10	Мы дали им эту книгу.	我们给了他们这本书。 wo3 men gei3 le ta1 men zhe4 ben3 shu1.	우리는 그들에게 이 책을 주었다.

	러시아어	중국어	한국어
11	Они дали нам эту книгу.	他们给了我们这本书。 ta1 men gei3 le wo3 men zhe4 ben3 shu1.	그들은 우리에게 이 책을 주었다.
12	Мы приветствуем вас.	我们欢迎你们。 wo3 men huan1 ying2 ni3 men.	우리는 당신들을 환영합니다.
13	Вы больше общаетесь с ними.	你们和他们相处得更近了。 ni3 men he2 ta1 men xiang1 chu3 de geng4 jin4 le.	당신들은 그들과 더 가깝게 지낸다.
14	Они ушли вместе с вами.	他们和你们一起离开了。 ta1 men he2 ni3 men yi4 qi3 li2 kai1 le	그들은 당신들과 함께 떠났다.

(4) 인칭대명사의 격변화

	러시아어	중국어	한국어
15	моя книга	我的书。 wo3 de shu1	나의 책
16	Не бейте меня.	别打我。 bie2 da3 wo3.	나를 때리지 마세요.
17	Отправьте мне письмо.	给我寄信。 gei3 wo3 ji4 xin4.	나에게 편지를 보내세요.
18	Он получил большую помощь от меня.	他得到了我很大的帮助。 ta1 de2 dao4 le wo3 hen3 da4 de bang1 zhu4.	그는 내게서 큰 도움을 받았다.
19	мной	我 (让我) wo3 (rang4 wo3)	나로
20	Пойдемте вместе со мной.	跟我一起走吧。 gen1 wo3 yi4 qi3 zou3 ba.	나와 함께 갑시다.
21	Отправьте мне открытку.	给我寄明信片。 gei3 wo3 ji4 ming2 xin4 pian4.	내게로 엽서를 보내세요.
22	твоя книга	你的书 ni3 de shu1	너의 책

	러시아어	중국어	한국어
23	Я не буду бить тебя.	我不会打你。 wo3 bu2 hui4 da3 ni3.	나는 너를 때리지 않을 것이다.
24	Я отправлю тебе письмо.	我会给你寄信。 wo3 hui4 gei3 ni3 ji4 xin4.	나는 너에게 편지를 보낼 것이다.
25	Я получил большую помощь от тебя.	我得到了你很大的帮助。 wo3 de2 dao4 le ni3 hen3 da4 de bang1 zhu4.	나는 네게서 큰 도움을 받았다.
26	тобой	你 (让你) ni3 (rang4 ni3)	너로
27	Я пойду с тобой.	我会和你一起去。 wo3 hui4 he2 ni3 yi4 qi3 qu4.	나는 너와 함께 갈 것이다.
28	Я отправлю тебе открытку.	我会给你寄明信片。 wo3 hui4 gei3 ni3 ji4 ming2 xin4 pian4.	나는 네게로 엽서를 보낼 것이다.
29	его/её книга	他/她的书 ta1 de shu1	그의/그녀의 책
30	Не бейте его/её.	别打他/她 bie2 da3 ta1	그를/그녀를 때리지 마세요.
31	Отправьте письмо ему/ей.	给他/她寄信。 gei3 ta1 ji4 xin4.	그에게/그녀에게 편지를 보내세요.
32	Я получил большую помощь от него/от неё.	我得到了他很大的帮助。 wo3 de2 dao4 le ta1 hen3 da4 de bang1 zhu4.	나는 그에게서/그녀에게서 큰 도움을 받았다.
33	им/ей	他/她 (让他/她) ta1/ta1 (rang4 ta1)	그로/그녀로
34	Я пойду с ним/с ней.	我会和他/她一起去。 wo3 hui4 he2 ta1 yi4 qi3 qu4.	나는 그와/그녀와 함께 갈 것이다.
35	Отправьте ему/ей открытку.	给他/她寄明信片。 gei3 ta1 ji4 ming2 xin4 pian4.	그에게로/그녀에게로 엽서를 보내세요.

	러시아어	중국어	한국어
36	наша книга	我们的书。 wo3 men de shu1.	우리의 책
37	Не бейте нас.	别打我们。 bie2 da3 wo3 men.	우리를 때리지 마세요.
38	Отправьте письмо нам.	给我们寄信。 gei3 wo3 men ji4 xin4.	우리에게 편지를 보내세요.
39	Он получил большую помощь от нас.	他得到了我们很大的帮助。 ta1 de2 dao4 le wo3 men hen3 da4 de bang1 zhu4.	그는 우리에게서 큰 도움을 받았다.
40	нами	我们 (让我们) wo3 men (rang4 wo3 men)	우리로
41	Пойдемте вместе с нами.	我们一起走吧。 wo3 men yi4 qi3 zou3 ba.	우리와 함께 갑시다.
42	Отправьте нам письмо.	给我们寄明信片。 gei3 wo3 men ji4 ming2 xin4 pian4.	우리에게로 엽서를 보내세요.
43	ваша книга	你们的书 ni3 men de shu1	너희의 책
44	Мы не будем бить вас.	我们不会打你们。 wo3 men bu2 hui4 da3 ni3 men.	우리는 너희를 때리지 않을 것이다.
45	Мы отправим письмо вам.	我们会给你们寄信。 wo3 men hui4 gei3 ni3 men ji4 xin1.	우리는 너희에게 편지를 보낼 것이다.
46	Мы получили большую помощь от вас.	我们得到了你们很大的帮助。 wo3 men de2 dao4 le ni3 men hen3 da4 de bang1 zhu4.	우리는 너희에게서 큰 도움을 받았다.
47	вами	你们 (让你们) ni3 men (rang4 ni3 men)	너희로

	러시아어	중국어	한국어
48	Мы пойдем вместе с вами.	我们会和你们一起去。 wo3 men hui4 he2 ni3 men yi4 qi3 qu4.	우리는 너희와 함께 갈 것이다.
49	Мы отправим открытку вам.	我们会给你们寄明信片。 wo3 men hui4 gei3 ni3 men ji4 ming2 xin4 pian4.	우리는 너희에게로 엽서를 보낼 것이다.
50	их книга	他们的书。 ta1 men de shu1.	그들의 책
51	Не бейте их.	别打他们。 bie2 da3 ta1 men.	그들을 때리지 마세요.
52	Отправьте письмо им.	给他们寄信。 gei3 ta1 men ji4 xin4.	그들에게 편지를 보내세요.
53	Мы получили большую помощь от них.	我们得到了他们很大的帮助。 wo3 men de2 dao4 le ta1 men hen3 da4 de bang1 zhu4.	우리는 그들에게서 큰 도움을 받았다.
54	ими	他们 (让他们) ta1 men (rang4 ta1 men)	그들로
55	Мы пойдем с ними.	我们会和他们一起去。 wo3 men hui4 he2 ta1 men yi4 qi3 qu4.	우리는 그들과 함께 갈 것이다.
56	Отправьте открытку им.	给他们寄明信片。 gei3 ta1 men ji4 ming2 xin4 pian4	그들에게로 엽서를 보내세요.

(5) 인칭대명사의 속격형

	러시아어	중국어	한국어
57	Моя мать - учитель.	我妈妈是老师。 wo3 ma1 ma shi4 lao3 shi1.	나의 어머니는 선생님이다.
58	Наша мать - учитель.	我们的妈妈是老师。 wo3 men de ma1 ma shi4 lao3 shi1.	우리의 어머니는 선생님이다.
59	Твоя мать - учитель.	你妈妈是老师。 ni3 ma1 ma shi4 lao3 shi1.	너의 어머니는 선생님이다.

	러시아어	중국어	한국어
60	Ваша мать - учитель.	你们的妈妈是老师。 ni3 men de ma1 ma shi4 lao3 shi1.	너희의 어머니는 선생님이다.
61	Его мать - учитель.	他妈妈是老师。 ta1 ma1 ma shi4 lao3 shi1.	그의 어머니는 선생님이다.
62	Её мать - учитель.	她妈妈是老师。 ta1 ma1 ma shi4 lao3 shi1.	그녀의 어머니는 선생님이다.
63	Их мать - учитель.	他们的妈妈是老师。 ta1 men de ma1 ma shi4 lao3 shi1.	그들의 어머니는 선생님이다.

1 2 단수와 복수
(1)

	러시아어	중국어	한국어
64	китаец (китаянка)	中国人 zhong1 guo2 ren2	중국 사람
65	китайцы	中国人 zhong1 guo2 ren2	중국 사람들
66	русский		러시아 사람 (남)
67	русская		러시아 사람 (여)
68	русские		러시아 사람들
69	один мужчина и одна женщина	一个男人和一个女人 yi2 ge nan2 ren2 he2 yi2 ge nv3 ren2	한명의 남자와 한명의 여자
70	мужчины и женщины	男人们和女人们 nan2 ren2 men he2 nv3 ren2 men	남자들과 여자들
71	ученик и учитель	学生和老师 xue2 sheng he2 lao3 shi1	학생과 선생님

	러시아어	중국어	한국어
72	ученики и учителя	学生们和老师们 xue2 sheng men he2 lao3 shi1 men	학생들과 선생님들
73	корова и лошадь	牛和马 niu2 he2 ma3	소와 말
74	коровы и лошади	牛群和马群 niu2 qun2 he2 ma3 qun2	소들과 말들
75	цветок и птица	花儿和鸟儿 hua1 er he2 niao3 er	꽃과 새
76	цветы и птицы	一堆花儿和一群鸟儿 yi4 dui1 hua1 er he2 yi4 qun2 niao3 er	꽃들과 새들
(2) **수량사와 복수 표지 확인**			
77	две лошади	两匹马 liang3 pi3 ma3	말 두 마리
78	несколько стран	很多国家 hen3 duo1 guo2 jia1	여러 나라
79	Моему дедушке сто лет.	我爷爷一百岁了。 wo3 ye2 ye yi4 bai3 sui4 le	우리 할아버지는 100 세이다.
1 3 격과 격표지 **1 3 1 주격** (nominative) (1)			
80	Я честный человек.	我是一个正直的人。 wo2 shi4 yi2 ge zheng4 zhi2 de ren2.	나는 정직한 사람이다.
81	Лошадь скачет.	马跑。 ma3 pao3.	말이 달린다.
82	Два человека пришли.	来了两个人。 lai2 le liang3 ge ren2.	두 사람이 왔다.

	러시아어	중국어	한국어

1 3 2 속격 (genitive)
(1)

83	Пришла мать друга.	朋友的妈妈来了。 peng2 you de ma1 ma lai2 le	친구의 어머니께서 오셨다.
84	Дом учителя находится в центре деревни.	老师的家在村子正中央。 lao3 shi1 de jia1 zai4 cun1 zi zheng4 zhong1 yang1.	선생님의 집은 마을 한가운데에 있다.

(2) 내포문 주어의 격 표지

85	Одежда, которую сшила моя мать, красивая.	我妈妈做的衣服很漂亮。 wo3 ma1 ma zuo4 de yi1 fu hen3 piao4 liang.	나의 어머니께서 만든 옷은 예쁘다.
86	Книга, которую я купил, толстая.	我买的书很厚。 wo3 mai3 de shu1 hen3 hou4.	내가 산 책은 두껍다.

(3) 속격 관련 표현

87	голова лошади	马头 ma3 tou2	말의 머리
88	свинина	猪肉 zhu1 rou4	돼지고기
89	зубной врач	牙科医生 ya2 ke1 yi1 sheng1	치과의사
90	Чемпион мира	世界冠军 shi4 jie4 guan4 jun1	세계챔피언
91	стрелка часов	表针 biao3 zhen1	시계바늘
92	педагогический институт	师范大学 shi1 fan4 da4 xue2	사범대학
93	Уйгурская Автономная Область	新疆维吾尔族自治区 xin1 jiang1 wei2 wu4 er3 zu2 zi4 zhi4 qu1	신장웨이우얼 자치주

	러시아어	중국어	한국어
94		内蒙古自治区 nei4 meng1 gu3 zi4 zhi4 qu1	내몽고 자치구
95	Чувашская Республика (Республика Чувашия)		추바시 공화국
96	завтрак	早饭 zao3 fan4	아침밥
97	цена книги	书价 shu1 jia4	책값
98	расписание поездов	列车时间表 lie4 che1 shi2 jian1 biao3	열차시간표
99	очки	眼镜 yan3 jing4	안경
100	город Пекин	北京市 bei3 jing1 shi4	베이징시
101	город Чебоксары		체복사리 시
102	Поздравляю с днём рождения.	祝你生日快乐。 zhu4 ni3 sheng1 ri4 kuai4 le4.	생일축하합니다.

1 3 3 대격 (accusative)
(1)

	러시아어	중국어	한국어
103	Я купил рис на базаре.	我在市场买米了。 wo3 zai4 shi4 chang3 mai3 mi3 le.	나는 시장에서 쌀을 샀다.
104	Мать ждёт нас.	妈妈等我们。 ma1 ma deng3 wo3 men.	어머니께서 우리를 기다리신다.

(2) 지칭 대상이 불특정한 경우

	러시아어	중국어	한국어
105	Мой старший брат нашёл деньги на дороге.	我哥哥在路上捡到钱了。 wo3 ge1 ge zai4 lu4 shang jian3 dao4 qian2 le.	나의 형이 길에서 돈을 주웠다.

		러시아어	중국어	한국어
106		Дети читают книги дома.	孩子们正在家读书。 hai2 zi men zheng4 zai4 jia1 du2 shu1.	아이들이 집에서 책을 읽고 있다.

1 3 4 조격 (instrumental)
(1)

		러시아어	중국어	한국어
107		Мы едим ложкой.	我们用勺子吃饭。 wo3 men yong4 shao2 zi chi1 fan4.	우리는 숟가락으로 먹는다.
108		Отец сделал стол из дерева.	爸爸用木头做了桌子。 ba4 ba yong4 mu4 tou zuo4 le zhuo1 zi.	아버지께서 나무로 책상을 만드셨다.
109		Мы приехали на лошади.	我们骑马来的。 wo3 men qi2 ma3 lai2 de.	우리는 말을 타고 왔다.
110		Зимой в Пекине много снега.	北京冬天雪很大。 bei3 jing1 dong1 tian1 xue3 hen3 da4.	베이징에는 겨울에 눈이 많다.
111		Зимой в Сибири много снега.		시베리아에는 겨울에 눈이 많다.
112		Монголия известна пустыней Гоби.	蒙古以沙漠有名。/蒙古是沙漠有名的。 meng3 gu3 yi3 sha1 mo4 you3 ming2. /meng3 gu3 shi4 sha1 mo4 you3 ming2 de.	몽골은 사막으로 유명하다.
113		Чувашия известна минеральной водой.		추바시는 광천수로 유명하다.

(2) '공동'

		러시아어	중국어	한국어
114		Я пошёл в лес вместе с матерью.	我跟妈妈一起去林子里了。 wo3 gen1 ma1 ma yi4 qi3 qu4 lin2 zi li3 le.	나는 어머니와 함께 숲으로 갔다.
115		Я читал книгу вместе с другом.	我和朋友一起读书了。 wo3 he2 peng2 you yi4 qi3 du2 shu1 le.	나는 친구와 함께 책을 읽었다.

1 3 5 여격 (dative)
(1)

		러시아어	중국어	한국어
116		Отец дал маме рыбу.	爸爸给妈妈一条鱼。 ba4 ba gei3 ma1 ma yi4 tiao2 yu2.	아버지는 엄마에게 생선을 주셨다.

		러시아어	중국어	한국어
117		Я рассказываю детям сказки.	我给孩子们讲了以前的故事。 wo3 gei3 hai2 zi men jiang3 le yi3 qian2 de gu4 shi.	나는 아이들에게 옛날 이야기를 한다.

1 3 6 처격(locative)
(1) 공간

118	Я самый высокий в нашей деревне.	我在我们村子里个子最高。 wo3 zai4 wo3 men cun1 zi li3 ge4 zi zui4 gao1.	내가 우리 마을에서 키가 가장 크다.
119	Он живет в Пекине.	他在北京生活。 ta1 zai4 bei3 jing1 sheng1 huo2.	그는 베이징에 살고 있다.
120	Он живёт в Чебоксарах.		그는 체복사리에 살고 있다.
121	Мальчик сейчас в школе.	孩子现在在学校。 hai2 zi xian4 zai4 zai4 xue2 xiao4	아이는 지금 학교에 있다.

(2) 시간

122	Когда я пришел, он спал.	我来的时候他在睡觉。 wo3 lai2 de shi2 hou ta1 zai4 shui4 jiao4	내가 왔을 때 그는 자고 있었다.
123	Спасибо, что Вы помогали мне, когда я был в Корее.	谢谢你当我在韩国的时候帮助我。 xie4 xie4 ni3 dang1 wo3 zai4 han2 guo2 de shi2 hou bang1 zhu4 wo3	내가 한국에 있을 때 도와주셔서 감사합니다.

1 3 7 방위격(allative)
(1)

124	Этот автомобиль едет в нашу деревню.	这辆车去我们村子。 zhe4 liang4 che1 qu4 wo3 men cun1 zi.	이 자동차는 우리 마을로 간다.
125	Вы идёте ловить рыбу на речку или в море?	你到江里去捉鱼还是到海里去捉鱼。 ni3 dao4 jiang1 li3 qu4 zhuo1 yu2 hai2 shi4 dao4 hai3 li3 qu4 zhuo1 yu2	고기를 잡으러 강으로 가세요, 바다로 가세요?

(2) 부정방향: 명확하지 않은 방향

126	Собака выбежала на улицу.	狗朝外边跑了。 gou3 chao2 wai4 bian4 pao3 le .	개가 밖으로 달아났다.

	러시아어	중국어	한국어
127		不知道妻子到哪儿去了。 bu4 zhi1 dao qi1 zi dao4 na3r qu4 le.	아내가 어디로 갔는지 모르겠다.
128	Жена куда-то уехала.		아내는 어디론가 가버렸다.
(3) 경로: 동작이 이루어질 때 통과하는 지점			
129	Я вернулся по этой дороге.	我顺着这条路回来了。 wo3 shun4 zhe zhe4 tiao2 lu4 hui2 lai le.	나는 이 길을 따라 돌아왔다.
130	Я дошел до той речки по заснеженной дороге и вернулся обратно.	我沿着铺满雪的小路一直走到了江边回来了。 wo3 yan2 zhe pu1 man3 xue3 de xiao3 lu4 yi4 zhi2 zou3 dao4 le jiang1 bian1 hui2 lai2 le.	나는 눈길을 따라 그 강까지 갔다가 돌아왔다.
131	Я перешёл реку глубиной по пояс.	我从没腰的深水里淌过来了。 wo3 cong2 mo4 yao1 de shen1 shui3 li3 tang1 guo4 lai2 le.	나는 허리까지 오는 깊은 물을 건너왔다.

1 3 8 방위종격 (elative)
(1) 동작이 이루어져 오는 방향

	러시아어	중국어	한국어
132	Лошади вернулись из леса.	马群从森林里回来了。 ma3 qun2 cong2 sen1 lin2 li3 hui2 lai le.	말들이 숲에서 돌아왔다.
133	Он упал с лошади.	他从马上掉下来了。 ta1 cong2 ma3 shang diao4 xia4 lai le.	그는 말에서 떨어졌다.
134	От озера до леса 3 часа.	从湖水到森林要三个小时。 cong2 hu2 shui3 dao4 sen1 lin2 yao4 san1 ge xiao3 shi2.	호수에서 숲까지 세 시간이 걸린다.

1 3 9 탈격 (ablative)
(1) 방향 (동작의 출발점, 출처)

	러시아어	중국어	한국어
135	Я приехал из Чувашии.	我从蒙古来。 wo3 cong2 meng3 gu3 lai2.	나는 추바시에서 왔다.
136	Алгай вернулся из Чебоксар.	巴塔勒从海拉尔回来了。 ba1 ta3 le4 cong2 hai3 la1 er3 hui2 lai2 le.	알가이는 체복사리에서 돌아왔다.

	러시아어	중국어	한국어
(2) 원인			
137	Его отец умер от болезни.	他爸爸因病去世了。 ta1 ba4 ba yin1 bing4 qu4 shi4 le.	그의 아버지는 병으로 돌아가셨다.
138	Я заплакал от радости.	我高兴得哭了。 wo3 gao1 xing4 de ku1 le.	나는 기뻐서 울었다.
(3) 비교			
139	Сегодня пришло много людей.	今天来了很多人。 jin1 tian1 lai2 le hen3 duo1 ren2.	오늘 사람들이 많이 왔다.
140	Вчера пришло больше людей, чем сегодня.	昨天比今天来的人更多。 zuo2 tian1 bi3 jin1 tian1 lai2 de ren2 geng4 duo1.	어제는 오늘보다 사람들이 더 많이 왔다.
141	Завтра придёт больше всего людей.	明天来的人可能会最多。 ming2 tian1 lai2 de ren2 ke3 neng2 hui4 zui4 duo1.	내일은 사람들이 가장 많이 올 것이다.
142	Это озеро шире, чем то озеро.	这个湖比那个湖更宽。 zhe4 ge hu2 bi3 na4 ge hu2 geng4 kuan1.	이 호수는 저 호수보다 더 넓다.
143	Старший брат старше младшего на 3 года.	哥哥比弟弟大三岁。 ge1 ge bi3 di4 di da4 san1 sui4.	형은 동생보다 세 살 더 많다.
144	Постарайтесь ещё немного.	再努力一些。 zai4 nu3 li4 yi4 xie1.	한층 더 노력하시오.

14 소유인칭표지 및 재귀 표현
(1) 소유인칭표지

	러시아어	중국어	한국어
145	Моя лошадь дома.	我的马在家。 wo3 de ma3 zai4 jia1.	나의 말은 집에 있다.
146	Твоя лошадь быстро скачет.	你的马跑得很快。 ni3 de ma3 pao3 de hen3 kuai4.	너의 말은 빨리 달린다.
147	Я учусь лучше его старшего брата.	我比他哥哥学习好。 wo3 bi3 ta1 ge1 ge xue2 xi2 hao3.	나는 그의 형보다 공부를 잘 한다.

	러시아어	중국어	한국어
148	Глаза этого ребенка похожи на глаза его матери.	这个孩子的眼睛很像他妈妈。 zhe4 ge hai2 zi de yan3 jing xiang4 ta1 ma1 ma.	이 아이의 눈은 그의 어머니의 그것 (눈)을 닮았다.
149	Наша деревня очень красивая.	我们村子很漂亮。 wo3 men cun1 zi hen3 piao4 liang.	우리 마을은 매우 아름답다.
150	Где находится ваша школа?	你的学校在哪儿? ni3 de xue2 xiao4 zai4 na3r?	너희 학교는 어디에 있느냐?
151	Он очень любит их детей.	他很爱他的孩子们。 ta1 hen3 ai4 ta1 de hai2 zi men.	그는 그들의 아이들을 무척 사랑한다.

(2) **재귀대명사**

	러시아어	중국어	한국어
152	Я пошёл туда ради себя.	我为了我自己，去了那个地方。 wo3 wei4 le wo3 zi4 ji3, qu4 le na4 ge di4 fang.	나는 나 자신을 위해 그곳으로 갔다.
153	Ты пошёл туда ради себя.	你为了你自己，去了那个地方。 ni3 wei4 le ni3 zi4 ji3, qu4 le na4 ge di4 fang.	너는 너 자신을 위해 그곳으로 갔다.
154	Он пошёл туда ради себя.	他为了他自己，去了那个地方。 ta1 wei4 le ta1 zi4 ji3, qu4 le na4 ge di4 fang.	그는 그 자신을 위해 그곳으로 갔다.
155	Мы пошли туда ради себя.	我们为了我们自己，去了那个地方。 wo3 men wei4 le wo3 men zi4 ji3, qu4 le na4 ge di4 fang.	우리는 우리 자신을 위해 그곳으로 갔다.
156	Вы пошли туда ради себя.	你们为了你们自己，去了那个地方。 ni3 men wei4 le ni3 men zi4 ji3, qu4 le na4 ge di4 fang.	너희는 너희 자신을 위해 그곳으로 갔다.
157	Они пошли туда ради себя.	他们为了他们自己，去了那个地方。 ta1 men wei4 le ta1 men zi4 ji3, qu4 le na4 ge di4 fang.	그들은 그들 자신을 위해 그곳으로 갔다.

(3) **재귀소유 표현**

	러시아어	중국어	한국어
158	Я поел и почистил зубы.	我吃完饭刷牙了。 wo3 chi1 wan2 fan4 shua1 ya2 le.	나는 밥을 먹고 양치질을 했다.

	러시아어	중국어	한국어
159	Я скучаю по своей жене.	我想妻子。 wo3 xiang3 qi1 zi.	나는 아내가 보고 싶다.
160	Я написал письмо своей жене.	我给妻子写信了。 wo3 gei3 qi1 zi xie3 xin4 le.	나는 아내에게 편지를 썼다.
161	Я попросил свою жену написать письмо.	我让妻子写信了。 wo3 rang4 qi1 zi xie3 xin4 le.	나는 아내를 시켜 편지를 썼다.
162	Я получил письмо от своей жены.	我接到妻子的信了。 wo3 jie1 dao4 qi1 zi de xin4 le.	나는 아내에게서 편지를 받았다.
163	Мы с женой вместе прочитали письмо.	我和妻子一起读了信。 wo3 he2 qi1 zi yi4 qi3 du2 le xin4.	나는 아내와 함께 편지를 읽었다.
164	Я по дороге домой зашёл на рынок.	我回家时顺路去了市场。 wo3 hui2 jia1 shi2 shun4 lu4 qu4 le shi4 chang3.	나는 집으로 가는 길에 시장에 들렀다.

15 후치사
(1)

	러시아어	중국어	한국어
165	С утра до вечера шёл снег.	雪从早下到晚。 xue3 cong3 zao3 xia4 dao4 wan3.	아침부터 저녁까지 눈이 내렸다.
166	Я сражался за родину.	我为祖国而战。 wo3 wei4 zu3 guo2 er2 zhan4.	나는 나라를 위해 싸웠다.
167	Он спит на траве.	他正在草地上睡觉。 ta1 zheng4 zai4 cao3 di4 shang shui4 jiao4.	그는 잔디 위에서 자고 있다.
168	Мы с женой вместе читали письмо.	我和妻子一起读信了。 wo3 he2 qi1 zi yi4 qi3 du2 xin4 le.	나는 아내와 함께 편지를 읽었다.
169	Я счастлив, как и ты.	我像你一样幸福。 wo3 xiang4 ni3 yi2 yang4 xing4 fu2.	나는 너처럼 행복하다.
170	Я счастлив благодаря тебе.	我因你而幸福。 wo3 yin1 ni3 er2 xing4 fu2.	나는 너 때문에 행복하다.

	러시아어	중국어	한국어
171	Каждый день я охочусь.	我每天打猎。 wo3 mei3 tian1 da3 lie4.	나는 날마다 사냥을 한다.
172	Кроме меня никто не знает этого.	除了我没有人知道。 chu2 le wo3 mei2 you3 ren2 zhi1 dao.	나 말고는 아무도 모른다.
173	После того как ушёл отец, пришла мать.	爸爸走了以后妈妈来了。 ba4 ba zou3 le yi3 hou4 ma1 ma lai2 le.	아버지께서 가신 후에 어머니께서 오셨다.
174	По сообщению новостей в Чувашии выпало много снега.	据新闻报道说蒙古下了很大的雪。 ju4 xin1 wen2 bao4 dao4 shuo1 meng3 gu3 xia4 le hen3 da4 de xue3.	뉴스에 의하면 추바시에는 눈이 많이 왔다고 한다.
175	По дороге домой я никого не встретил.	回家的路上谁也没遇到。 hui2 jia1 de lu4 shang shei2 ye3 mei2 yu4 dao4.	집으로 가는 길에 아무도 못 만났다.
176	Иди, пока не пошёл дождь.	下雨前走吧。 xia4 yu3 qian2 zou3 ba.	비가 오기 전에 가거라.
177	Иди после того, как закончится дождь.	雨停后再走吧。 yu3 ting2 hou4 zai4 zou3 ba.	비가 그친 뒤에 가거라.
178	Так как пошёл дождь, мы остались дома.	因为下雨我们呆在家里了。 yin1 wei4 xia4 yu3 wo3 men dai1 zai4 jia1 li3 le.	비가 왔기 때문에 우리는 집에 있었다.
179	Возвращайся до трёх часов.	三点钟以前回来。 san1 dian3 zhong1 yi3 qian2 hui1 lai2.	3시까지 돌아오거라.
180	С двух до трёх часов я читал книгу.	两点到三点的时候我读书了。 liang2 dian3 dao4 san1 dian3 de shi2 hou wo3 du2 shu1 le.	2시부터 3시까지 나는 책을 읽었다.
181	Отсюда до Чебоксар на машине сколько времени займёт?	从这儿到海拉尔开车多长时间？ cong2 zhe4r dao4 hai3 la1 er3 kai1 che1 duo1 chang2 shi2 jian1.	여기서 체복사리까지는 자동차로 몇 시간이 걸립니까?
182	Алгай много читает, чтобы поступить в университет.	巴塔勒为了上大学努力地学习。 ba1 ta3 le4 wei4 le shang4 da4 xue2 nu3 li4 de xue2 xi2.	알가이는 대학에 가기 위하여 책을 많이 읽는다.

	러시아어	중국어	한국어
183	Алгай часто говорит о Корее.	巴塔勒常常说一些与韩国有关的话。 ba1 ta3 le4 chang2 chang2 shuo1 yi4 xie1 yu3 han2 guo2 you3 guan1 de hua4.	알가이는 한국에 관해 자주 이야기한다.
184	Алгай ходит в школу через лес.	巴塔勒穿过树林去上学。 ba1 ta3 le4 chuan1 guo4 shu4 lin2 qu4 shang4 xue2.	알가이는 숲을 통해 학교에 다닌다.
185	Алгай шёл вдоль реки.	巴塔勒是沿着江边走的。 ba1 ta3 le4 shi4 yan2 zhe jiang1 bian1 zou3 de.	알가이는 강을 따라 걸었다.
186	Без машины до Чебоксар тяжело добираться.	没有车到海拉尔上班很难。 mei2 you3 che1 dao4 hai3 la1 er3 shang4 ban1 hen3 nan2.	자동차가 없이는 체복사리까지 통근하기가 어렵다.
187	Школа находится вдали от леса.	学校和林子是分开的。 xue2 xiao4 he2 lin2 zi shi4 fen1 kai1 de.	학교는 숲에서 떨어져 있다.
188	Алгай знает еще два языка кроме Чувашского и русского языков.	要上大学的话除了英语还要学习很多东西。 yao4 shang4 da4 xue2 de hua4 chu2 le ying1 yu3 hai2 yao4 xue2 xi2 hen3 duo1 dong1 xi.	알가이는 추바시어, 러시아어 이외에도 2개 언어를 더 안다.
189	По прогнозу погоды сегодня выпадет много снега.	天气预报说今天会下暴风雪。 tian1 qi4 yu4 bao4 shuo1 jin1 tian1 hui4 xia4 bao4 feng1 xue3.	일기예보에 따르면 오늘 폭설이 올 것이다.
190	Я проходил мимо школы.	我从学校旁边经过。 wo3 cong2 xue2 xiao4 pang2 bian1 jing1 guo4.	나는 학교 옆을 지나 걸어갔다.
191	Алгай просто школьник.	巴塔勒只不过是一个小学生。 ba1 ta3 le4 zhi3 bu2 guo4 shi4 yi2 ge4 xiao3 xue2 sheng.	알가이는 단지 어린 학생에 불과하다.
192	Алгай пошёл туда вместо меня.	巴塔勒替我去那儿的。 ba1 ta3 le4 ti4 wo3 qu4 na4r de.	알가이는 나 대신에 그곳에 갔다.

2 용언의 문법표지 (1) : 활용어미

	러시아어	중국어	한국어
2 1 직설법 **2 1 1 현재 시제** **(1) 단수**			
193	Я курю.	(一人称) 我抽烟。 (yi1 ren2 cheng1) wo3 chou1 yan1.	(1인칭) 나는 담배를 피운다.
194	Ты куришь.	(二人称) 你抽烟。 (er4 ren2 cheng1) ni3 chou1 yan1.	(2인칭) 너는 담배를 피운다.
195	Он курит.	(三人称) 他抽烟。 (san1 ren2 cheng1) ta1 chou1 yan1.	(3인칭) 그는 담배를 피운다.
(2) 복수			
196	Мы вместе курим.	(一人称) 我们一起抽烟。 (yi1 ren2 cheng1) wo3 men yi4 qi3 chou1 yan1.	(1인칭) 우리는 함께 담배를 피운다.
197	Мы курим, а вы не курите.	(一人称) 我们抽烟，可是你们不抽烟。 (yi1 ren2 cheng1) wo2 men chou1 yan1, ke3 shi4 ni3 men bu4 chou1 yan1.	(1인칭) 우리는 담배를 피우지만, 너희는 담배를 피우지 않는다.
198	Вы курите.	你们抽烟。 ni3 men chou1 yan1.	(2인칭) 너희는 담배를 피운다.
199	Они курят.	(三人称) 他们抽烟。 (san1 ren2 cheng1) ta1 men chou1 yan1.	(3인칭) 그들은 담배를 피운다.
2 1 2 과거 시제 **(1) 단수**			
200	Я вчера ходил в школу.	(一人称) 我昨天去学校了。 (yi1 ren2 cheng1) wo3 zuo2 tian1 qu4 xue2 xiao4 le.	(1인칭) 나는 어제 학교에 갔다.
201	Ты вчера ходил в школу.	(二人称) 你昨天去学校了。 (er4 ren2 cheng1) ni3 zuo2 tian1 qu4 xue2 xiao4 le.	(2인칭) 너는 어제 학교에 갔다.

		러시아어	중국어	한국어
202		Он вчера ходил в школу.	(三人称)他昨天去学校了。 (san1 ren2 cheng1) ta1 zuo2 tian1 qu4 xue2 xiao4 le.	(3인칭) 그는 어제 학교에 갔다.
(2) 복수				
203		Мы вчера вместе ходили в школу.	(一人称)我们昨天一起去学校了。 (yi1 ren2 cheng1) wo3 men zuo2 tian1 yi4 qi3 qu4 xue2 xiao4 le.	(1인칭) 우리는 어제 함께 학교에 갔다.
204		Мы вчера читали книги, а вы рисовали картины.	(一人称)我们昨天读书了，你们画画了。 (yi1 ren2 cheng1) wo3 men zuo2 tian1 du2 shu1 le, ni3 men hua4 hua4r le.	(1인칭) 우리는 어제 책을 읽었고, 너희는 그림을 그렸다.
205		Вы вчера ходили в школу.	(二人称)你们昨天去学校了。 (er4 ren2 cheng1) ni3 men zuo2 tian1 qu4 xue2 xiao4 le.	(2인칭) 너희는 어제 학교에 갔다.
206		Они вчера ходили в школу.	(三人称)他们昨天去学校了。 (san1 ren2 cheng1) ta1 men zuo tian1 qu4 xue2 xiao4 le.	(3인칭) 그들은 어제 학교에 갔다.
(3) 다양한 과거 표현				
207		Я родился в Пекине.	我出生在北京。 wo3 chu1 sheng1 zai4 bei3 jing1.	나는 베이징에서 태어났다.
208		Я родился в Чебоксарах.		나는 체복사리에서 태어났다.
209		Он родился в Пекине.	他出生在北京。 ta1 chu1 sheng1 zai4 bei3 jing1.	그는 베이징에서 태어났다.
210		Он родился в Чебоксарах.		그는 체복사리에서 태어났다.
211		Я вчера приехал в Пекин.	我是昨天来北京的。 wo3 shi4 zuo2 tian1 lai2 bei3 jing1 de.	나는 어제 베이징에 왔다.
212		Я вчера приехал в Чебоксары.		나는 어제 체복사리에 왔다.

	러시아어	중국어	한국어
213	10 лет тому назад я жил в Пекине.	我10年前在北京生活过。 wo3 shi2 nian2 qian2 zai4 bei3 jing1 sheng1 huo2 guo.	나는 10년 전에 베이징에 살았었다.
214	10 лет тому назад я жил в Чебоксарах.		나는 10년 전에 체복사리에 살았었다.
215	Вчера шёл дождь.	昨天下雨了。 zuo2 tian1 xia4 yu3 le.	어제는 비가 내렸다.
216	Дождь только что перестал.	雨马上就停了。 yu3 ma3 shang4 jiu4 ting2 le.	비가 막 그쳤다.
217	Спасибо за помощь.	谢谢你的帮忙。 xie4 xie ni3 de bang1 mang2.	도와 주셔서 감사합니다.
218	Я учил Чувашский язык в течение 10 лет.	我学蒙古语学了十年了。 wo3 xue2 meng3 gu3 yu3 xue2 le shi2 nian2 le.	나는 추바시어를 10년 동안 공부했다.
219	Я очень много слышал о Вас.	我听说了很多关于你的事儿。 wo3 ting1 shuo1 le hen3 duo1 guan1 yu2 ni3 de shi4r.	당신에 대해 말씀 많이 들었습니다.
220	Давным-давно в одной деревне жили-были дедушка и бабушка.	从前，在一个村子里住着一个老爷爷和一个老奶奶。 cong2 qian2, zai4 yi2 ge cun1 zi li3 zhu4 zhe yi2 ge lao3 ye2 ye he2 yi2 ge lao3 nai3 nai.	옛날 어느 마을에 할아버지와 할머니가 살고 계셨다.

2 1 3 미래 시제
(1) 단수

	러시아어	중국어	한국어
221	Я завтра пойду в школу.	(一人称)我明天要去学校。 (yi1 ren2 cheng1)wo3 ming2 tian1 yao4 qu4 xue2 xiao4.	(1인칭) 나는 내일 학교에 갈 것이다.
222	Ты завтра пойдёшь в школу.	(二人称)你明天要去学校。 (er4 ren2 cheng1)ni3 ming2 tian1 yao4 qu4 xue2 xiao4.	(2인칭) 너는 내일 학교에 갈 것이다.
223	Он завтра пойдёт в школу.	(三人称)他明天要去学校。 (san1 ren2 cheng1)ta1 ming2 tian1 yao4 qu4 xue2 xiao4.	(3인칭) 그는 내일 학교에 갈 것이다.

	러시아어	중국어	한국어
(2) 복수			
224	Мы вместе завтра пойдём в школу.	(一人称) 我们明天去学校，你们在家。(yi1 ren2 cheng1)wo3 men ming2 tian1 yi4 qi3 qu4 xue2 xiao4.	(1인칭) 우리는 내일 함께 학교에 갈 것이다.
225	Мы завтра пойдём в школу, а вы будете дома.	(一人称) 我们明天去学校，你们在家。(yi1 ren2 cheng1)wo3 men ming2 tian1 qu4 xue2 xiao4, ni3 men zai4 jia1.	(1인칭) 우리는 내일 학교에 갈 것이고, 너희는 집에 있을 것이다.
226	Вы завтра пойдёте в школу.	(二人称) 你们明天要去学校。(er4 ren2 cheng1)ni3 men ming2 tian1 yao4 qu4 xue2 xiao4.	(2인칭) 너희는 내일 학교에 갈 것이다.
227	Они завтра пойдут в школу.	(三人称) 他们明天要去学校。(san1 ren2 cheng1)ta1 men ming2 tian1 yao4 qu4 xue2 xiao4.	(3인칭) 그들은 내일 학교에 갈 것이다.
2 2 의도법 **(1)**			
228	Давай я туда пойду.	我要去那个地方。wo3 yao4 qu4 na4 ge di4 fang.	그곳에는 내가 가겠다.
229	Давай мы туда пойдём.	我们要去那个地方。wo3 men yao4 qu4 na4 ge di4 fang.	그곳에는 우리들이 가겠다.
2 3 명령법 **(1) 전형적 명령**			
230	Теперь иди домой.	现在回家去吧。xian4 zai4 hui2 jia1 qu4 ba.	이제 집으로 가거라.
231	Теперь идите домой.	现在请回家去吧。xian4 zai4 qing3 hui2 jia1 qu4 ba.	이제 집으로 가세요.
232	Теперь все идите домой.	现在都回家去吧。xian4 zai4 dou1 hui2 jia1 qu4 ba.	이제 모두 집으로 가거라.
233	Теперь все идите домой. (уваж.)	现在都请回家去吧。xian4 zai4 dou1 qing3 hui2 jia1 qu4 ba.	이제 모두 집으로 가세요.

		러시아어	중국어	한국어

(2) 특수한 명령: 시간 여유를 두고

		러시아어	중국어	한국어
234		Идите завтра или послезавтра.	明天或后天再走吧。 ming2 tian1 huo4 hou4 tian1 zai4 zou3 ba.	내일이나 모레 가시지요.
235		Приходите ещё к нам.	欢迎下次再来我家。 huan1 ying2 xia4 ci4 lai2 wo3 jia1.	나중에 우리 집에 또 오세요.

(3) 특수한 명령: 3인칭에 대한 명령

		러시아어	중국어	한국어
236		Пусть он пойдёт домой.	把他送回家去吧。 ba3 ta1 song4 hui2 jia1 qu4 ba.	그를 집으로 보내라.
237		Пусть они пойдут домой.	把他们送回家去吧。 ba3 ta1 men song4 hui2 jia1 qu4 ba.	그들을 집으로 보내라.

(4) 특수한 명령: 기원-소원

		러시아어	중국어	한국어
238		Желаю, чтобы ваши дела решались, как вы того хотите.	事事如愿。 shi4 shi4 ru2 yuan4.	하시는 일마다 뜻대로 되소서.
239		Простите.	请原谅。 qing3 yuan2 liang4.	용서하세요.
240		Да здравствует Родина!	祖国万岁。 zu3 guo2 wan4 sui4.	우리나라 만세!

(5) 청유

		러시아어	중국어	한국어
241		Давайте пойдем все вместе.	(我们) 都一起走吧。 (wo3 men) dou1 yi4 qi3 zou3 ba.	(우리) 모두 함께 가자.
242		Давайте читать все вместе.	(我们) 一起看书吧。 (wo3 men) yi4 qi3 kan4 shu1 ba.	(우리) 같이 책을 읽자.

2 4 동명사어미
(1) 명사절 구성

		러시아어	중국어	한국어
243		Я слышал, что Вы вчера приходили сюда.	我听说你昨天来这儿了。 wo3 ting1 shuo1 ni3 zuo2 tian1 lai2 zhe4r le.	나는 어제 당신이 여기에 왔었다는 것을 들었다.

		러시아어	중국어	한국어
244		Я рад, что Вы пришли сюда.	我很高兴你来这儿。 wo3 hen3 gao1 xing4 ni3 lai2 zhe4r.	나는 당신이 여기에 온 것이 기쁩니다.
245		Употреблять много сахара – вредно для здоровья.	糖吃多了对身体不好。 tang2 chi1 duo1 le dui4 shen1 ti3 bu4 hao3.	설탕을 많이 먹는 것은 건강에 좋지 않다.

(2) 관형절 구성

		러시아어	중국어	한국어
246		Я слышал новость, что он вернулся.	我听到他回来的消息了。 wo3 ting1 dao4 ta1 hui2 lai2 de xiao1 xi le.	그가 돌아왔다는 소식을 들었다.
247		Я читаю книгу, которую вчера купил.	我正在读昨天买的书。 wo3 zheng4 zai4 du2 zuo2 tian1 mai3 de shu1.	나는 어제 산 책을 읽고 있다.
248		Нет ни одного ученика, который знает это.	没有一个学生知道这个。 mei2 you3 yi2 ge xue2 sheng zhi1 dao zhe4 ge.	이것을 아는 학생이 하나도 없다.
249		Я купил книгу, которую буду читать.	我买了我要读的书。 wo3 mai3 le wo3 yao4 du2 de shu1.	내가 읽을 책을 샀다.
250		Учебник	教科书 jiao4 ke1 shu1	교과서

2 5 접속어미
2 5 1 동시 관계
(1) 선행절과 후행절의 행위가 동시에 이루어짐

		러시아어	중국어	한국어
251		Мы разговаривали, смеясь.	我们笑着说话。 wo3 men xiao4 zhe shuo1 hua4.	우리는 웃으면서 이야기한다.
252		Дети вбежали в комнату.	孩子们跑着回来了。 hai2 zi men pao3 zhe hui2 lai2 le.	아이들이 방으로 달려 들어왔다.

(2) 선행절과 후행절의 주어가 다른 경우

		러시아어	중국어	한국어
253		Мама ест рыбу, а папа ест баранину.	妈妈吃鱼，爸爸吃羊肉。 ma1 ma chi1 yu2, ba4 ba chi1 yang2 rou4.	엄마는 생선을 먹고, 아빠는 양고기를 먹는다.
254		Алгай пел песню, а Сарби танцевала.	巴塔勒唱歌沙拉跳舞了。 ba1 ta3 le4 chang4 ge1 sha1 la1 tiao4 wu3 le.	알가이는 노래를 불렀고 사르비는 춤을 추었다.

	러시아어	중국어	한국어
255	Алгай пел песню. А Сарби танцевала.	巴塔勒唱歌了，沙拉跳舞了。 ba1 ta3 le4 chang4 ge1 le, sha1 la1 tiao4 wu3 le.	알가이는 노래를 불렀다. 그리고 사르비는 춤을 추었다.

2 5 2 계기 관계
(1) 선행절과 후행절의 행위가 순차적으로 이루어짐

256	Я позавтракал и пошёл в школу.	我吃完早饭就去学校了。 wo3 chi1 wan2 fan4 jiu4 qu4 xue2 xiao4 le.	나는 아침을 먹고 학교에 갔다.
257	Я вчера купил книгу и пришёл домой.	我昨天买完书就回家来了。 wo3 zuo2 tian1 mai3 wan2 shu1 jiu4 hui2 jia1 lai le.	나는 어제 책을 사서 집으로 왔다.
258	Алгай спел песню, а после танцевал.	巴塔勒唱完歌后跳舞了。 ba1 ta3 le4 chang4 wan2 ge1 hou4 tiao4 wu3 le.	알가이는 노래를 부르고 나서 춤을 추었다.
259	Алгай спел песню. А после танцевал.	巴塔勒唱歌了，然后又跳舞了。 ba1 ta3 le4 chang4 ge1 le, ran2 hou4 you4 tiao4 wu3 le.	알가이는 노래를 불렀다. 그리고 나서 춤을 추었다.

2 5 3 조건 관계
(1) 선행절이 조건이나 가정을 나타냄

260	Если вы пойдёте, то и я пойду.	你走的话我也走。 ni3 zou3 de hua4 wo3 ye3 zou3.	당신이 가면 나도 가겠다.
261	Если вы будете хорошо учиться, то вас похвалят.	你如果学习好的话会得到表扬的。 ni3 ru2 guo3 xue2 xi2 hao3 de hua4 hui4 de3 dao4 biao3 yang2 de.	당신이 공부를 잘 하면, 칭찬을 받을 것이다.
262	Если они хотят сюда прийти, то пусть придут.	他们想来这儿的话就让他们来。 ta1 men xiang3 lai2 zhe4r de hua4 jiu4 rang4 ta1 men lai2.	그들이 이곳에 오고 싶어하면, 오라고 해라.

2 5 4 기회 관계
(1) 어떤 행위를 하면서 그 기회를 이용해 다른 행위도 함

263	Раз уж мы идём в горы, заодно и поохотимся.	登山的同时顺便打打猎。 deng1 shan1 de tong2 shi2 shun4 bian4 da3 da3 lie4.	산에 가는 김에 사냥도 하자.

	러시아어	중국어	한국어
264	Раз уж я иду в ту деревню, заодно я хочу зайти к тебе домой.	去那个村子的同时顺便也想去你家看看。 qu4 na4 ge cun1 zi de tong2 shi2 shun4 bian4 ye3 xiang3 qu4 ni3 jia1 kan4 kan.	그 마을에 가는 김에 너의 집에도 들르고 싶다.

255 양보 관계
(1)

	러시아어	중국어	한국어
265	Алгай пел песню, но Сарби не пела.	巴塔勒唱歌了, 沙拉没唱。 ba1 ta3 le4 chang4 ge1 le, sha1 la1 mei2 chang4 .	알가이는 노래를 불렀으나 사르비는 노래를 부르지 않았다.
266	Алгай пел песню. Но Сарби не пела.	巴塔勒唱歌了, 可是沙拉没唱歌。 ba1 ta3 le4 chang4 ge1 le ke3 shi4 sha1 la1 mei2 chang1 ge1.	알가이는 노래를 불렀다. 그러나 사르비는 노래를 부르지 않았다.

256 인과 관계
(1)

	러시아어	중국어	한국어
267	Алгай - чуваш, поэтому он хорошо поёт чувашские песни.	巴塔勒是蒙古人, 蒙古歌唱得好。 ba1 ta3 le4 shi4 meng3 gu3 ren2 meng3 gu3 ge1 chang4 de hao3.	알가이는 추바시 사람이라서 추바시 노래를 잘 부른다.
268	Алгай - чуваш. Поэтому хорошо поёт чувашские песни.	巴塔勒是蒙古人, 所以蒙古歌唱得好。 ba1 ta3 le4 shi4 meng3 gu3 ren2, suo3 yi3 meng3 gu3 ge1 chang4 de hao3.	알가이는 추바시 사람이다. 따라서 추바시 노래를 잘 부른다.
269	Алгай хорошо поёт чувашские песни, потому что он чуваш.	巴塔勒的蒙古歌唱的好, 因为他是蒙古人。 ba1 ta3 le4 de meng3 gu3 ge1 chang4 de hao3, yin1 wei4 ta1 shi4 meng3 gu3 ren2.	알가이는 추바시 노래를 잘 부른다. 왜냐하면 그는 추바시 사람이기 때문이다.

257 선택 관계
(1)

	러시아어	중국어	한국어
270	Как наступает ночь, Алгай поёт песни или танцует.	巴塔勒到晚上的时候不是唱歌就是跳舞。 ba1 ta3 le4 dao4 wan3 shang de shi2 hou bu2 shi4 chang4 ge1 jiu4 shi4 tiao4 wu3.	알가이는 밤이면 노래를 부르거나 춤을 춘다.

3 용언의 문법표지 (2) : 파생접사

	러시아어	중국어	한국어
3 1 사동태 (1)			
271	Я принёс воду.	我拿水来了。 wo3 na2 shui3 lai2 le.	내가 물을 가지고 왔다.
272	Мама сделала так, чтобы я принёс воду.	妈妈让我拿水来。 ma1 ma rang4 wo3 na2 shui3 lai.	엄마가 나에게 물을 가져 오게 했다.
(2)			
273	Я поймал одну курицу.	我抓到了一只鸡。 wo3 zhua1 dao4 le yi4 zhi1 ji1.	내가 닭을 한 마리 잡았다.
274	Я сделал так, чтобы мой брат поймал одну курицу.	我让我弟弟抓了一只鸡。 wo3 rang4 wo3 di4 di zhua1 le yi4 zhi1 ji1.	내가 내 동생으로 하여금 닭을 한 마리 잡게 했다.
(3)			
275	Мой младший брат пошёл в школу.	我弟弟去学校了。 wo3 di4 di qu4 xue2 xiao4 le.	나의 동생이 학교에 갔다.
276	Мама сделала так, чтобы мой младший брат пошёл в школу.	妈妈让我弟弟去学校了。 ma1 ma rang4 wo3 di4 di qu4 xue2 xiao4 le.	엄마가 나의 동생을 학교에 가게 했다.
3 2 피동태 (1)			
277	Охотник поймал зайца.	猎人抓到了兔子。 lie4 ren2 zhua1 dao4 le tu4 zi.	사냥꾼이 토끼를 잡았다.
278	Заяц был пойман охотником.	兔子被猎人抓到了。 tu4 zi bei4 lie4 ren2 zhua1 dao4 le.	토끼가 사냥꾼에게 잡혔다.
(2)			
279	Я услышал колокольный звон.	我听到钟声了。 wo3 ting1 dao4 zhong1 sheng1 le.	나는 종소리를 들었다.
280	Издалека слышится колокольный звон.	远处传来钟声。 yuan3 chu4 chuan2 lai2 zhong1 sheng1.	멀리서 종소리가 들린다.

		러시아어	중국어	한국어
(3)				
281		Его отец в прошлом году построил новый дом.	他爸爸去年盖了一栋新房子。 ta1 ba4 ba qu4 nian2 gai4 le yi2 dong4 xin1 fang2 zi.	그의 아버지는 작년에 새 집을 지었다.
282		Этот дом построен отцом в прошлом году.	这个房子是去年爸爸盖的。 zhe4 ge fang2 zi shi4 qu4 nian2 ba4 ba gai4 de.	이 집은 아버지에 의해서 작년에 지어졌다.

3 3 **재귀태**
(1)

		러시아어	중국어	한국어
283		Моя мать стирает.	我妈妈洗衣服。 wo3 ma1 ma xi3 yi1 fu	나의 어머니가 빨래를 한다
284		Я купаюсь в реке.	我在河里洗澡。 wo3 zai4 he2 li3 xi3 zao3.	나는 강에서 목욕한다.

(2)

		러시아어	중국어	한국어
285		Он спрятал мою книгу.	他把我的书藏起来了。 ta1 ba3 wo3 de shu1 cang2 qi3 lai le.	그는 나의 책을 숨겼다.
286		Он спрятался за дверью.	他藏在门后面。 ta1 cang2 zai4 men hou4 mian.	그는 문 뒤에 숨어 있다.

3 4 **상호태**
(1)

		러시아어	중국어	한국어
287		Моя мать и мой отец разговаривают между собой.	我妈妈和我爸爸说话。 wo3 ma1 ma he2 ba4 ba shuo1 hua4.	나의 어머니와 나의 아버지가 서로 이야기하신다.
288		Два человека ругаются (между собой).	两个人打架。 liang3 ge ren2 da3 jia4.	두 사람이 서로 싸운다.

3 5 **공동태**
(1)

		러시아어	중국어	한국어
289		Мы вдвоём побили того человека.	我们两个人把那个人打了。 wo3 men liang3 ge ren2 ba3 na4 ge ren2 da3 le.	우리 두 사람이 그 사람을 때렸다.
290		Мы с младшим братом вместе построили дом.	我和弟弟一起盖了房子。 wo3 he2 di4 di yi4 qi3 gai4 le fang2 zi.	나는 동생과 함께 집을 지었다.

		러시아어	중국어	한국어
291		Я читаю книгу в школе вместе с другом.	我在学校和朋友一起学习。 wo3 zai4 xue2 xiao4 he2 peng2 you yi4 qi3 xue2 xi2.	나는 학교에서 친구와 함께 책을 읽는다.
3 6 진행상 (1)				
292		Сейчас идёт снег.	现在在下雪。 xian4 zai4 zai4 xia4 xue3.	지금 눈이 내리고 있다.
293		Я сейчас ем рис.	我现在在吃饭。 wo3 xian4 zai4 zai4 chi1 fan4.	나는 지금 밥을 먹고 있다.
294		Он сейчас ест рис.	他现在在看书。 ta1 3 xian4 zai4 zai4 kan4 shu1.	그는 지금 밥을 먹고 있다.
3 7 반복상 (1)				
295		Я читаю книгу.	我看书。 wo3 kan4 shu1.	나는 책을 읽는다.
296		Я перечитываю эту книгу.	我反复看这本书。 wo3 fan3 fu4 kan4 zhe4 ben3 shu1.	나는 이 책을 반복해서 읽는다.
3 8 추측 양태 (1)				
297		Он сейчас читает книгу.	他现在在看书。 ta1 xian4 zai4 zai4 kan4 shu1.	그는 지금 책을 읽고 있다.
298		Он, наверное, сейчас читает книгу.	他现在好像在看书。 ta1 xian4 zai4 hao3 xiang4 zai4 kan4 shu1.	그는 지금 책을 읽고 있을 것 같다.
299		Похоже, что дождь собирается.	怎么看今天都像要下雨。 zen3 me kan4 jin1 tian1 dou1 xiang4 yao4 xia4 yu3.	아무래도 비가 올 것 같다.
(2)				
300		Отец бьёт ребёнка.	爸爸打孩子。 ba4 ba da3 hai2 zi.	아버지가 아이를 때린다.

	러시아어	중국어	한국어
301	Кажется, отец бьёт ребёнка.	好像爸爸在打孩子。 hao3 xiang4 ba4 ba zai4 da3 hai2 zi.	아버지가 아이를 때리고 있는 것 같다.

3 9 목적 양태
(1)

	러시아어	중국어	한국어
302	Он пришел в эту деревню для встречи с другом.	他是为了见朋友到这个村子来的。 ta1 shi4 wei4 le jian4 peng2 you dao4 zhe4 ge cun1 zi lai2 le.	그는 친구를 만나러 이 마을에 왔다.
303		我去商店买酒了。 wo3 qu4 shang1 dian4 mai3 jiu3 le.	나는 가게에 술을 사러 갔다.
304	Я пошёл в магазин за водкой.		나는 가게에 보드카를 사러 갔다.

4 계사

	러시아어	중국어	한국어
4 1 현재형			
305	Алгай - учитель.	巴塔勒是老师。 ba1 ta3 le4 shi4 lao3 shi1.	알가이는 선생이다.
4 2 과거형			
306	Алгай был учителем.	巴塔勒曾经是老师。 ba1 ta3 le4 ceng2 jing1 shi4 lao3 shi1.	알가이는 선생이었다.

5 보조용언 구문의 용법

	러시아어	중국어	한국어
5 1 '있다/이다' **(1) 본동사**			
307	Я был дома.	我在家了。 wo3 zai4 jia1 le.	나는 집에 있었다.

	러시아어	중국어	한국어
308	У него есть сын.	他有儿子。 ta1 you3 er2 zi.	그에게는 아들이 있다.
(2) 진행상: 현재			
309	Я сейчас читаю книгу.	我现在在看书。 wo3 xian4 zai4 zai4 kan4 shu1.	나는 지금 책을 읽고 있다.
310	Ты сейчас читаешь книгу.	你现在在看书。 ni3 xian4 zai4 zai4 kan4 shu1.	너는 지금 책을 읽고 있다.
311	Он сейчас читает книгу.	他现在在看书。 ta1 xian4 zai4 zai4 kan4 shu1.	그는 지금 책을 읽고 있다.
(3) 진행상: 과거			
312	Когда отец вернулся, я читал книгу.	爸爸回来的时候我正在看书。 ba4 ba hui2 lai2 de shi2 hou wo3 zheng4 zai4 kan4 shu1.	아버지가 돌아오셨을 때, 나는 책을 읽고 있었다.
313	Когда отец вернулся, ты читал книгу.	爸爸回来的时候你正在看书。 ba4 ba hui2 lai2 de shi2 hou ni3 zheng4 zai4 kan4 shu1.	아버지가 돌아오셨을 때, 너는 책을 읽고 있었다.
314	Когда отец вернулся, сын читал книгу.	爸爸回来的时候儿子正在看书。 ba4 ba hui2 lai2 de shi2 hou er2 zi zheng4 zai4 kan4 shu1.	아버지가 돌아오셨을 때, 아들은 책을 읽고 있었다.
(4) 진행상: 미래			
315	Я завтра буду читать книгу в школе.	我明天会在学校学习。 wo3 ming2 tian1 hui4 zai4 xue2 xiao4 xue2 xi2.	나는 내일 학교에서 책을 읽고 있을 것이다.
316	Ты завтра будешь читать книгу в школе.	你明天会在学校学习。 ni3 ming2 tian1 hui4 zai4 xue2 xiao4 xue2 xi2	너는 내일 학교에서 책을 읽고 있을 것이다.
317	Он завтра будет читать книгу в школе.	他明天会在学校学习。 ta1 ming2 tian1 hui4 zai4 xue2 xiao4 xue2 xi2.	그는 내일 학교에서 책을 읽고 있을 것이다.
(5) 상태지속상			
318	Ты (сейчас) носишь шапку.	你戴着帽子。 ni3 dai4 zhe mao4 zi.	너는 모자를 쓰고 있다.

	러시아어	중국어	한국어
319	Отец уже дома.	爸爸已经回家了。 ba4 ba yi3 jing1 hui2 jia1 le.	아버지께서 집에 이미 와 계신다.

5 2 '되다'
(1) 본동사

	러시아어	중국어	한국어
320	В прошлом году я стал студентом.	我去年成为大学生了。 wo3 qu4 nian2 cheng2 wei2 da4 xue2 sheng1 le.	나는 작년에 대학생이 되었다.

(2) '허락'의 양태

	러시아어	중국어	한국어
321	Здесь можно курить.	在这儿可以吸烟。 zai4 zhe4r ke3 yi3 xi1 yan1.	여기서 담배를 피워도 됩니다.
322	Теперь ты можешь идти.	你现在可以走了。 ni3 xian4 zai4 ke3 yi3 zou3 le.	너는 이제 가도 된다.

(3) 기동상

	러시아어	중국어	한국어
323	Дождь только что пошёл.	好像马上要下雨了。 hao3 xiang4 ma3 shang4 yao4 xia4 yu3 le.	비가 막 오기 시작했다.
324	Он только что пошёл в школу.	他刚刚去学校了。 ta1 gang1 gang1 qu4 xue2 xiao4 le.	그는 학교로 막 떠났다.

5 3 '받다'
(1) 본동사

	러시아어	중국어	한국어
325	Я получил подарок от отца.	我收到了爸爸给我的礼物了。 wo3 shou1 dao4 le ba4 ba gei3 wo3 de li3 wu4 le.	나는 아버지로부터 선물을 받았다.

(2) '수혜'의 양태

	러시아어	중국어	한국어
326	Я купил (себе) новую одежду.	我买了新衣服。 wo3 mai3 le xin1 yi1 fu.	나는 (나를 위해) 새 옷을 샀다.
327	Я усыновил (для себя) этого ребёнка.	我把他认作我的养子了。 wo3 ba3 ta1 ren4 zuo4 wo3 de yang3 zi3 le.	나는 (나를 위해) 그 아이를 양자로 삼았다.
328	Я учил (для себя) чувашский язык.	我学习了蒙古语。 wo xue2 xi2 le meng3 gu3 yu3.	나는 (나를 위해) 추바시어를 배웠다.

	러시아어	중국어	한국어
5 4 '주다' **(1) 본동사**			
329	Преподаватель дал мне книгу.	老师给了我一本书。 lao3 shi1 gei3 le wo3 yi4 ben3 shu1.	선생님께서 나에게 책 한 권을 주셨다.
330	Отец подарил мне хороший подарок.	爸爸给了我很好的礼物。 ba4 ba gei3 le wo3 hen3 hao3 de li3 wu4.	아버지께서 나에게 좋은 선물을 주셨다.
(2) '수혜'의 양태			
331	Я рассказал учителю (для учителя) о нашей деревне.	我给老师讲了关于我们村子的故事 wo3 gei3 lao3 shi1 jiang3 le guan1 yu2 wo3 men cun1 zi de gu4 shi.	나는 선생님께 (선생님을 위해) 우리 마을에 관한 일을 이야기해 드렸다.
332	Я прочитал матери (для матери) книгу.	我给妈妈读书了。 wo3 gei3 ma1 ma du2 shu1 le.	나는 어머니께 (어머니를 위해) 책을 읽어 드렸다.
333	Мать спела ребёнку (для ребёнка) колыбельную.	妈妈给孩子们唱了摇篮曲。 ma1 ma gei3 hai2 zi men chang4 yao2 lan2 qu3.	어머니가 아이에게 (아이를 위해) 자장가를 불러 주었다.
5 5 '보다' **(1) 본동사**			
334	Я увидел рыбу в речке.	我在河里看到鱼了。 wo3 zai4 he2 li3 kan4 dao4 yu2 le.	나는 강에서 물고기를 보았다.
(2) '시도'의 양태			
335	Примерьте новую одежду.	试一下儿新衣服吧。 shi4 yi2 xia4r xin1 yi1 fu ba.	새 옷을 한번 입어 보세요.
336	Я купил печенье. Попробуйте.	我买点心回来了，尝尝吧。 wo3 mai3 dian3 xin1 hui2 lai le, chang2 chang ba.	과자를 사 왔습니다. 먹어 보세요.
5 6 '할 수 있다' **(1)**			
337	Я могу читать книгу.	我能读书。 wo3 neng2 du2 shu1.	나는 책을 읽을 수 있다.
338	Он может читать книгу.	他能读书。 ta1 neng2 du2 shu1.	그는 책을 읽을 수 있다.

	러시아어	중국어	한국어
339	Он не может читать книгу.	他不能读书。 ta1 bu4 neng2 du2 shu1.	그는 책을 읽을 수 없다.

5 7 '해야(하-어야) 한다'
(1)

	러시아어	중국어	한국어
340	Мне надо уехать сегодня.	我今天得走了。 wo3 jin1 tian1 dei3 zou3 le .	나는 오늘 떠나야 한다.
341	Ты должен прочитать эту книгу за три дня.	你四天内得把这本书看完。 ni3 si4 tian1 nei4 dei3 ba3 zhe4 ben3 shu1 kan4 wan2.	너는 사흘 안에 이 책을 다 읽어야 한다.

6 부정문, 의문문, 인용문 구성

	러시아어	중국어	한국어

6 1 명사 부정문
(1)

	러시아어	중국어	한국어
342	Я студент.	我是学生。 wo3 shi4 xue2 sheng.	나는 학생이다.
343	Я не студент.	我不是学生。 wo3 bu2 shi4 xue2 sheng.	나는 학생이 아니다.
344	Тогда я не был студентом.	那个时候我不是学生。 na4 ge shi2 hou wo3 bu2 shi4 xue2 sheng.	그때 나는 학생이 아니었다.

(2)

	러시아어	중국어	한국어
345	Он взрослый.	他是大人。 ta1 shi4 da4 ren2.	그는 어른이다.
346	Он не взрослый.	他不是大人。 ta1 bu2 shi4 da4 ren2.	그는 어른이 아니다.
347	Тогда он ещё не был взрослым.	那个时候他还没长大。 na4 ge shi2 hou ta1 hai2 mei2 zhang3 da4.	그때 그는 아직 어른이 아니었다.

	러시아어	중국어	한국어
6 2 형용사 부정문 **(1)**			
348	Тот ребёнок красивый.	那个孩子漂亮。 na4 ge hai2 zi piao4 liang.	그 아이는 예쁘다.
349	Тот ребёнок не красивый.	那个孩子不漂亮。 na4 ge hai2 zi bu2 piao4 liang.	그 아이는 예쁘지 않다.
350	Тогда тот ребёнок не был красивым.	那个时候还不漂亮。 na4 ge shi2 hou hai2 bu2 piao4 liang.	그때 그 아이는 아직 예쁘지 않았다.
6 3 동사 부정문 **6 3 1 현재시제** **(1) 단순 부정**			
351	Сегодня я не иду в школу.	我今天不去学校。 wo3 jin1 tian1 bu2 qu4 xue2 xiao4.	나는 오늘 학교에 가지 않는다.
352	Сегодня ты не идёшь в школу.	你今天不去学校。 ni3 jin1 tian1 bu2 qu4 xue2 xiao4.	너는 오늘 학교에 가지 않는다.
353	Сегодня он не идёт в школу.	他今天不去学校。 ta1 jin1 tian1 bu2 qu4 xue2 xiao4.	그는 오늘 학교에 가지 않는다.
354	У него нет денег.	他没钱。 ta1 mei2 qian2.	그는 돈이 없다.
(2) 능력 부정			
355	Я сейчас не могу пойти в школу.	我现在不能去学校。 wo3 xian4 zai4 bu4 neng2 qu4 xue2 xiao4.	나는 지금 학교에 갈 수 없다.
356	Ты сейчас не можешь пойти в школу.	你现在不能去学校。 ni3 xian4 zai4 bu4 neng2 qu4 xue2 xiao4.	너는 지금 학교에 갈 수 없다.
357	Он сейчас не может пойти в школу.	他现在不能去学校。 ta1 xian4 zai4 bu4 neng2 qu4 xue2 xiao4.	그는 지금 학교에 갈 수 없다.

	러시아어	중국어	한국어
6 3 2 과거시제			
(1) 단순 부정			
358	Я вчера не ходил в школу.	我昨天没去学校。 wo3 zuo2 tian1 mei2 qu4 xue2 xiao4.	나는 어제 학교에 가지 않았다.
359	Ты вчера не ходил в школу.	你昨天没去学校。 ni3 zuo2 tian1 mei2 qu4 xue2 xiao4.	너는 어제 학교에 가지 않았다.
360	Он вчера не ходил в школу.	他昨天没去学校。 ta1 zuo2 tian1 mei2 qu4 xue2 xiao4.	그는 어제 학교에 가지 않았다.
361	У него не было денег.	他曾经没有钱。 ta1 ceng2 jing1 mei2 you3 qian2.	그는 돈이 없었다.
(2) 능력 부정			
362	Вчера я не мог пойти в школу.	我昨天没能去学校。 wo3 zuo2 tian1 mei2 neng2 qu4 xue2 xiao4.	나는 어제 학교에 갈 수 없었다.
363	Вчера ты не мог пойти в школу.	你昨天没能去学校。 ni3 zuo2 tian1 mei2 neng2 qu4 xue2 xiao4.	너는 어제 학교에 갈 수 없었다.
364	Вчера он не мог пойти в школу.	他昨天没能去学校。 ta1 zuo2 tian1 mei2 neng2 qu4 xue2 xiao4.	그는 어제 학교에 갈 수 없었다.
6 4 부정 명령문			
(1)			
365	Не надевай ту одежду.	别穿那件衣服。 bie2 chuan1 na4 jian4 yi1 fu.	그 옷을 입지 말아라.
366	Не ешь то яблоко.	别吃那个苹果。 bie2 chi1 na4 ge ping2 guo3.	그 사과를 먹지 말아라.
(2)			
367	Не касайтесь руками!	别用手摸。 bie2 yong4 shou3 mo1.	손 대지 마시오!
368	Посторонним вход воспрещён!	外人禁止出入。 wai4 ren2 jin4 zhi3 chu1 ru4.	외부인 출입 금지!

	러시아어	중국어	한국어
369	Не курить!	禁烟。 jin4 yan1.	금연!

65 부정극어
(1)

	러시아어	중국어	한국어
370	Он совсем не говорит по-чувашски.	他根本不会蒙古语。 ta1 gen1 ben3 bu2 hui4 meng3 gu3 yu3.	그는 추바시어를 전혀 못 한다.
371	Теперь, он туда никогда не пойдёт.	他最后也没有再去那个地方。 ta1 zui4 hou4 ye3 mei2 zai4 qu4 na4 ge di4 fang.	그는 결코 그곳에 다시 가지 않을 것이다.

66 의문문 형성
(1)

	러시아어	중국어	한국어
372	Ты студент?	你是学生吗? ni3 shi4 xue2 sheng ma?	너는 학생이니?
373	Он преподаватель?	他是老师吗? ta1 shi4 lao3 shi1 ma?	그는 선생님이시니?
(2)			
374	Ты вчера ходил в школу?	你昨天去学校了吗? ni3 zuo2 tian1 qu4 xue2 xiao4 le ma?	너는 어제 학교에 갔었니?
375	Бабушка приехала из России или из Чувашии?	奶奶是从俄罗斯来的, 还是从蒙古来的? nai3 nai shi4 cong2 e2 luo2 si1 lai2 de, hai2 shi cong2 meng3 gu3 lai2 de?	할머니는 러시아에서 오셨니, 아니면 추바시에서 오셨니?
(3)			
376	Ты кто?	你是谁? ni3 shi4 shei2?	너는 누구니?
377	Кто тот человек?	那位是谁? na4 wei4 shi4 shei2?	저 분은 누구니?
(4)			
378	Когда ты приехал сюда?	你是什么时候来这儿的? ni3 shi4 shen2 me shi2 hou lai2 zhe4r de ?	너는 언제 이곳에 왔니?

	러시아어	중국어	한국어
379	Сколько домов в этой деревне?	这个村子有几户人家? zhe4 ge cun1 zi you3 ji3 hu4 ren2 jia1?	이 마을에는 집이 몇 채 있니?
380	Откуда приехал дедушка?	爷爷从哪儿来? ye2 ye cong2 na3r lai?	할아버지는 어디서 오셨니?
(5)			
381	Ты вчера не ходил в школу?	你昨天没去学校吧? ni3 zuo2 tian1 mei2 qu4 xue2 xiao4 ba?	너는 어제 학교에 안 갔지?
382	Да, не ходил.	嗯，没去。 en, mei2 qu4.	예, 안 갔습니다.
383	Нет, ходил.	没有，去了。 mei2 you3, qu4 le.	아니오, 갔었습니다.

6 7 인용문 구성
(1)

	러시아어	중국어	한국어
384	Я спросил: - Отец пришёл?.	我问‘爸爸来了吗？’ wo3 wen4 'ba4 ba lai2 le ma?'	나는 아버지께서 오셨습니까? 라고 물었다.
385	Я спросил у матери, пришёл ли отец.	我问爸爸来了吗，他说没来。 wo3 wen4 ba4 ba lai2 le ma, ta1 shuo1 mei2 lai2.	나는 어머니에게 아버지께서 오셨느냐고 물었다.
386	Моя мама сказала, что он не пришёл.	妈妈说他没来。 ma1 ma shuo1 ta1 mei2 lai2	어머니는 그가 오지 않았 다고 말했다.
(2)			
387	Я подумал: - Было бы хорошо, если бы отец пришёл....	我想‘爸爸要是来了就好了’。 wo3 xiang3 'ba4 ba yao4 shi lai2 le jiu4 hao3 le'.	나는 아버지께서 오시면 좋을텐데…라고 생각했 다.
388	Я подумал, что было бы хорошо, если бы отец пришёл.	我想爸爸要是来了就好了。 wo3 xiang3 ba4 ba yao4 shi lai2 le jiu4 hao3 le.	나는 아버지께서 오시면 좋을 것이라고 생각했다.

7 특수구문

	러시아어	중국어	한국어
389	Алгай поёт песни на чувашском или на китайском языках.	巴塔勒用蒙古语或汉语唱歌。 ba1 ta3 le4 yong4 meng2 gu3 yu3 huo4 han4 yu3 chang4 ge1.	알가이는 추바시어나 중국어로 노래 부른다.
390	Если Алгай будет петь, Сарби будет танцевать.	如果巴塔勒唱歌的话，沙拉就跳舞。 ru2 guo3 ba1 ta3 le4 chang4 ge1 de hua4 sha1 la1 jiu4 tiao4 wu3.	만약 알가이가 노래를 부르면 사르비는 춤을 춘다.
391	Если Алгай начинает петь, то поёт до конца.	巴塔勒如果一开始唱歌的话，就一定唱完。 ba1 ta3 le4 ru2 guo3 yi4 kai1 shi3 chang4 ge1 de hua4, jiu4 yi2 ding4 chang4 wan2.	알가이는 일단 노래를 시작하면 끝까지 부른다.
392	Алгай, хотя и бедный, но счастливый.	巴塔勒虽然穷，可是很幸福。 ba1 ta3 le4 sui1 ran2 qiong2 ke3 shi4 hen3 xing4 fu2.	알가이는 비록 가난하지만 행복하다.
393	Раз уж начал петь, то пой до конца.	既然已经开始唱歌了，就唱完吧。 ji4 ran2 yi3 jing1 kai1 shi3 chang4 ge1 le jiu4 chang4 wan2 ba.	기왕 노래를 부르기 시작했으면, 끝까지 불러라.
394	Пой песню или танцуй.	唱歌，要不就跳舞吧。 chang4 ge1, yao4 bu jiu4 tiao4 wu3 ba.	노래를 불러라. 그렇지 않으면 춤을 추어라.